中國學術思想 研究輯刊

十七編

林慶彰 主編

第11冊

「儒家八派」的再「批判」
——早期儒學多元嬗變的學術史考察（上）

宋立林 著

花木蘭文化出版社

國家圖書館出版品預行編目資料

「儒家八派」的再「批判」——早期儒學多元嬗變的學術史考
察（上）／宋立林 著 -- 初版 -- 新北市：花木蘭文化出版社，
2013〔民 102〕
序 12+ 目 4+170 面；19×26 公分
（中國學術思想研究輯刊 十七編；第 11 冊）
ISBN：978-986-322-401-3（精裝）
1. 儒家　2. 儒學
030.8　　　　　　　　　　　　　　　　　　102014729

ISBN-978-986-322-401-3

9 789863 224013

中國學術思想研究輯刊
十七編　第十一冊　　　　　　　ISBN：978-986-322-401-3

「儒家八派」的再「批判」
——早期儒學多元嬗變的學術史考察（上）

作　　者　宋立林
主　　編　林慶彰
總 編 輯　杜潔祥
出　　版　花木蘭文化出版社
發 行 所　花木蘭文化出版社
發 行 人　高小娟
聯絡地址　235 新北市中和區中安街七二號十三樓
　　　　　電話：02-2923-1455／傳真：02-2923-1452
網　　址　http://www.huamulan.tw 信箱 sut81518@gmail.com
印　　刷　普羅文化出版廣告事業
封面設計　劉開工作室
初　　版　2013 年 9 月
定　　價　十七編 34 冊（精裝）新台幣 60,000 元　　　版權所有·請勿翻印

「儒家八派」的再「批判」
——早期儒學多元嬗變的學術史考察(上)

宋立林　著

作者簡介

　　宋立林，字逸民，號瘦竹，1978 年生，男，山東夏津人，歷史學博士，曲阜師範大學孔子研究所孔子與中國文化研究室主任，孔子研究院特聘研究員，《孔子學刊》副主編。

　　研究領域為孔子與早期儒學、儒家文獻研究。在《哲學研究》、《中國哲學史》等刊物發表文章 40 餘篇，出版《孔子家語通解》、《新出簡帛注釋論說》、《孔子文化十五講》（合著）等著作，現主持國家社科基金青年項目「孔門後學與儒學的早期詮釋研究」。

提　要

　　一部儒學思想發展史就是孔子思想在不同時代被闡釋、詮釋之歷史，而以「儒家八派」為代表的早期儒家正是此闡釋、詮釋歷程之開端，亦為孔子思想得以深化之第一階段。《韓非子·顯學》有「儒分為八」之說，關涉先秦儒學史甚巨。二十世紀四十年代郭沫若氏有「儒家八派的批判」之作，得失參半。今日簡帛文獻出土，對此公案予以「再批判」，對早期儒學傳承進行系統研究、理性反思，不僅十分必要，而且條件完全成熟。

　　本書緒論部分，回顧「儒家八派」研究史，指陳利弊得失，對以往研究方法進行批判性分析。第一章則就「儒家八派」形成之內因外緣予以考察，將之放在儒學發展史的宏觀視野和戰國時期思想學術的大背景下予以考察，既探究內因，亦考察外緣。第二章對「儒家八派」的以往舊說予以辨疑與考證，揭示韓非「儒分為八」說之非客觀性，並利用新資料就儒家八派之問題予以梳理，加以新證。第三章利用《孔子家語》與大小戴《禮記》對「儒家八派」及相關問題進行了深入研究。第四章利用新出土簡帛文獻對「儒家八派」及相關問題進行進一步探討。此二部分為本書之主體，於學界流行成說多有批駁指正。本書結語部分，指出由儒家八派之再探討，可知早期儒學的發展歷程，經歷了一個「正 - 反 - 合」的辯證的多元嬗變歷程，而子思則處於核心地位。

目

次

序　一

李紀祥

　　宋博士立林君，其所著《「儒家八派」的再「批判」》將由花木蘭文化出版社為其出繁體字版，委我寫點甚麼，我雖非此一領域的學術專門，但仍義不容辭，何以？這得從我如何認識他的因緣說起。我生平雖早想造詣聖域，然學緣未足；心中存憾，卻仍安靜等待。第一次受邀至曲阜訪學，順道為曲阜師範大學的學子們做學術報告，緣起於立林君的指導老師楊朝明教授；當日在接風席上，朝明兄特選了幾位他的高足相陪，一起啜茶論學，其中予我印象特深的一位，便是立林，也與他最有緣份。爾後我回到臺灣，立林來信，信中我們仍舊論學，一直到我再度受訪，趨聖地，得與立林二度相會。當時我身體染恙，會議期間咳不能止，立林帶著我至醫院看診，還開了藥，結果是藥愈吃而病癒重。直到會議結束後，我拖著病軀，轉往泰安，登高泰山，山頂的心曠與神怡，還有咳咳聲，在懷古緬聖的好心境中，一段病情史倒反成了最足以誌我與立林交往的一段情誼往事。

　　立林此書，觀其書名可知其所意欲處理及其所關懷者為何！特別是他的一段導言，細膩的筆法已再再傳達了他的立場與持論的基調，我讀來頗為喜歡，因為行文中全然不見我讀許多大陸博士論文的套式。我自己確實不是戰國學術思想史的專家，資料也涉足甚少，只因書案常置孔門典籍之故，遂也有些想法，積澱心中，也遙想千年前的魯地誦聲不絕、行禮不斷的容止、德操與學韻，我們的仲尼夫子究竟是如何教人且帶出這一股風氣的。不論是在孔子生前還是孔子逝後，如果他老人家沒有孕育出一批傑出優秀的弟子門人，那麼便不會有韓非子所稱的儒為顯學，「儒分為八」顯然已是狀其多而大。孔門內部固然從第一代起便出現了學問的紛歧，因之方有所謂的「分」；但孔

門內部在儒學上的「分」，卻反而正是被韓非視之為「顯學」的整體儒家在戰國時期的聲勢。若從《韓非子》的角度取用此一詞彙：「儒分為八」而挪用到對於戰國儒學與儒家思想史的考察及研究，則顯然便會出現此一語脈中的情境與非我儒家者的視域問題，因之對於「八」之一字便有確定與非確定、泛稱與可稱的對應性問題。一本博士論文或是專門著作，如欲對孔子身後「先秦儒學史」、「先漢儒學史」進行學術思想史式的研究，首先遭遇到的，便是「戰國時期」這一段儒學史的相貌模糊之問題。這還不僅是史料的缺乏問題，更涉及到秦時之「焚書」是否對此造成了影響，當年漢儒欲勾勒出由孔門弟子至先漢儒學的傳經系譜時，是否也曾遭遇過這個問題呢！新出土資料如上博、如清華、如郭店，這些史料是在何時才被視為是「新資料」的？古人是否已見過擁有過這些資料因而便不成其為「新」；因之，憑藉新資料是否能在今日因為一陣「新」驚喜，便突地冒出「重寫戰國學術思想史」的豪語，一如五四時期「新編中國哲學史」的豪語，其中隱藏的危機，正是在此！在我看來，這些仍然是陷在西方「re-writing」泥淖中語言，語言中已失去了遭遇歷代前賢對戰國一段儒家傳衍史的關懷聯線！如何善用這些新出土資料的內裏價值，又如何與前賢文本做出有意義的結合或是批評分析；更重要的是，五經六藝的本身，方才是大文本的基調與主軸，與這一段戰國時期儒家思想研究史又有何關係？為何在《春秋》學史上，漢儒要將源頭溯源至於左丘明、公羊子、穀梁子；而《尚書》學史又何以溯源時要區分為二路，一路自伏生而上，一路卻從孔安國而上銜接到孔子之宅中？這些溯源是漢儒的作為，還是本來即是相傳如此？當我們在今日研究戰國儒家思想史時，無論是早期、中期還是晚期的研究，我們走的模式是由今視古的溯源法？還是企圖宣稱我們今日掌握的、突破前賢的，就是戰國儒家學術及其學派、諸子、所據文本的「發展史」呢？我認為宣稱「發展史」的用語仍然是危險的，同時我所以提出這些方法思路語彙上的質疑，並不是要批評或否定近代性學人的近代性，正好相反，反而是出自於一種更為深刻的關懷，希望在我們這個時代中能切磋出我們這個時代的一代學風，在這樣的期待與盼望下，遂夢想有一批學人，頂好是年青的學人，能以健康的心態、恢宏的視野，觀照出後孔子時代的儒學史意義，而韓非子所謂的「儒分為八」，便成為一種側觀，相映於主調的主軸，先漢與兩漢之間的「儒林列傳」究竟有著何種版本的前世史與今世史，也就是孔門儒史。

　　魯地樸實，四方來學，孔子授學，闕里垂範。我希望出生於魯地之人，能夠以此爲傲，看待自身所在的空間於天下的東西南北向之中，尋找自身的位所。是所期盼。也以此勉於立林及其師門。

　　　　　　　　　李紀祥　序於 2013 年 3 月 6 日臺灣佛光大學雲起樓

【李紀祥，歷史學博士，臺灣佛光大學人文學院院長兼歷史系主任，教授】

序 二

楊朝明

　　宋立林博士的著作《「儒家八派」的再「批判」》即將出版，作爲他的碩士、博士指導教師，我十分欣慰。近十年來，我們朝夕相處，切磋琢磨，尤其留意中國古代文明與早期儒學研究。立林踏實向學，有處有率，孜孜不倦，在孔子儒學和中國傳統文化研究領域流連徜徉，多有心得。本書是他在博士學位論文基礎上的加工整理，包含了他近年來的一些思考成果。

　　上個世紀四十年代，郭沫若先生出版了他有名的《十批判書》，該書以「儒家八派的批判」爲題，首次就《韓非子·顯學》所說孔子以後「儒分爲八」的問題進行了系統闡述，這實際是對孔子以後以及戰國時期儒學傳承的學術歷史進行探討。時間過去了七十年，在郭先生之後對早期儒學問題進行「再批判」，進行系統研究、理性反思十分必要，而且條件已經成熟。

　　顧名思義，立林此書的選題，也是對郭沫若先生研究成果的「再研究」。今天看來，在「儒家八派」研究方面郭先生有開創之功，但他也留下了許多問題。正因如此，許多學者或有意或無意、或綜合或專題研究「儒家八派」問題，但仍有很多、很大分歧。該研究屬於學術史、思想史範疇，本書所謂「再批判」，當然同時更是對早期儒家學術史的進一步探究，是本於分析、批評、判析之意義的反思性、批評性探討。

　　事實上，《韓非子》所謂「儒分爲八」很可能只是孔子以後早期儒學分化的大略，不可信據爲早期儒學傳承的完整歷史。在韓非看來，那時儒學和墨學雖已成爲「顯學」，但不過是「愚誣之學，雜反之行」而已。他認爲，孔、墨後學「取捨相反不同」，卻皆自以爲「眞」，既然孔、墨不可復生，那麼就很難「定後世之學」？在這裏，韓非的邏輯十分簡單。他曾論證說：魯人從

君戰，三戰三敗，其原因便在於孔子倡孝，因為家有父母，身死難養。所以他得出結論說：「仲尼賞而魯民易降北」。今竟聞言，抗戰時期漢奸很多乃根源於儒學造就的國民性，不知這番高論是否受到了韓非的啟發？也正是在這一邏輯下，韓非認為仁義辯智「非所以持國」，「仁之不可以為治」。可見，今人如果希望韓非等人能夠從儒學的「真義」或「內在精神」出發進行學術論說，實在很難！

如果轉換角度，《韓非子》中的相關言論也可作為儒家學術研究的參照。比如，韓非把「儒分為八」、「墨離為三」相提並論，說明二者有許多共同之處，通過分析「墨離為三」，或可為理解「儒分為八」提供旁證和參考。學術界考察「墨離為三」問題，發現墨子後學的分化切合了當時的歷史，具有明顯的「歷時性」特徵。另一方面，墨家後學雖有分化，他們都依然師宗墨子，或者說，墨家各「派」之間雖然相互菲薄，互相批評乃至攻擊，但他們高高舉起的仍是墨子的旗幟。這對考察「儒分為八」問題都具有啟發意義。

把「儒分為八」等同於「儒家八派」雖無大錯，但必須承認它與現代意義上的所謂「學派」還是有區別的。正如《荀子》「非十二子」時也一樣批評子思、孟子、子張、子夏、子游等人，卻並不妨礙包括荀子在內他們都是儒學中人。這就像《莊子·天下篇》等文獻說到「百家之學」，或許把「儒分為八」說成「儒學八家」更為合適，因為《韓非子·顯學篇》可能僅僅是就在學術思想上標旗立幟的特定角度進行論說的。

孔子以後，儒學肯定出現了一定的分化。在傳承孔子學說過程中，各家各派的看法雖有不同，但他們也都以孔子思想的真正傳承者自居，這是博大精深孔子思想傳承中的正常現象。只要回顧儒學的傳承發展歷史，就會發現不僅在戰國時期，即使整個傳統中國的歷代儒家學者，又有哪一個不是在「宗師仲尼」？可以肯定，孔子去世後到戰國時期，儒學的傳承狀況是複雜的，「儒分為八」問題關係到孔子弟子、再傳弟子等幾代孔門後學，涉及到能否對那時期的儒學演變、發展狀況進行正確解讀。

由於中國特殊的社會歷史文化背景，中國的學術史經歷了宋代以來以「捍衛儒道」為指歸的疑古和近代以來以「摒棄傳統」為表現的疑古兩個時期，尤其後一階段的所謂「疑古辨偽」，給中國古典文獻的研究造成了極大混亂，諸如不明古書傳流規律、靜態觀察古書形成、懷疑古書記載、後置文獻年代、顛倒文獻先後順序、誤判古書學派屬性……如此等等，不一而足。

在本書的研究中，立林能夠清晰地認識中國學術發展的這一實際，充分吸收借鑒前人研究成果，廣徵博引，無徵不信，實事求是，不主一家，實屬難能可貴！

傳統學術問題的研究要取得成績，不能不依賴新的方法與研究視角，更要基於新的材料。郭沫若先生曾說：「無論作任何研究，材料的鑒別是最必要的基礎階段。材料不夠固然大成問題，而材料的真偽或時代性如未規定清楚，那比缺乏材料還要更加危險。因為材料缺乏，頂多得不出結論而已，而材料不正確便會得出錯誤的結論。這樣的結論比沒有更要有害。」這當然屬於至理名言！但是，正如本書已經指出的，實際情形卻令人深思，因為最主張辨別古書的學者反而出了很大的偏差，疑古派學者在這方面犯下了太多的錯誤！

值得欣慰的是「地不愛寶」，大量的出土材料無情地改變著長期佔據人們頭腦的「疑古」觀念，諸如馬王堆帛書、郭店楚簡、上博竹書以及陸續公佈的清華簡，給早期儒學研究領域的許多方面提供了新的材料，使人們已經可以重新思考，對一些學術問題作出時代性的總結。在本書中，無論是對孔子以後儒學早期傳承總的研究，還是對「儒家八派」和其他代表性儒者的個案研究，都是基於對出土新材料與傳世文獻的認真梳理與綜合分析。

在立林之前，我曾指導一位碩士研究生初步研究這一問題，瞭解到這一問題的複雜性，只是在研究深度上還有待開拓。立林對這樣的研究狀況有詳細瞭解和準確把握，他知難而上，由此而確定了自己的研究領域和方向。他認真總結反思學術界的研究成果，樹立正確的學術觀念，正本清源，綜合審視，系統闡發，希望將早期儒學研究置於中國古代文明的大背景中，實事求是地對孔子思想學說的早期傳承做出自己的研究。

如果把早期儒學放在中國傳統文化的視野中，更能夠彰顯出「儒分為八」問題研究的重要性。我相信，立林肯定會在這一領域繼續鑽研，拓展視野，將研究深入下去，為學術界奉獻更多更好的成果！

楊朝明

壬辰年除夕於孔子故里寓所

【楊朝明，歷史學博士，中國孔子研究院院長，教授，博士生導師】

序 三

王漢峋

　　逸民兄以書生自許，非挾學問為稻粱謀，多賦情感，有所執持，此則同於我者；予每「拒之」近乎子夏，兄能「容眾」近乎子張，此則異於我者。故於郭沫若氏，兄可有「瞭解之同情」，予嘗依大德不逾之教而生詈罵。

　　曩者檢讀有關孔墨與儒家八派之批判文章，見郭氏於儒學亦不甚隔膜而有所知，雖與諂媚歪詩出同一手筆，予亦不敢因人廢言，多生感慨而已。郭書成於己丑之前，其後亦有新出文獻可堪補正。兄讀書勤勉，於此等領域，多所措意，博士學位論文即名為「再批判」。

　　是文前列研究方法與運思依據，繼而探討八派之成因，於代表人物、典籍、思想傾向等多加辯證，又特舉《家語》、二戴《記》及新出簡帛之相關者予以申說。依予所見，兄之此作，近乎集解之體，非謂針對文獻字句，而是就八派此一中心議題論列眾家之說，並下己意。

　　除個別意氣字句外，立言差為平允切實。兄傾向「無罪推定」，非以一切皆真，欲取消考證之學，而是不滿捕風捉影之弊。不輕信《聖賢羣輔錄》，以其與可靠文獻存有牴牾，即是謹嚴之一例。予讀此長文，以為精論尚多，不煩具引。因八派同為儒家，關乎吾夫子之學，有若干淺見不同於兄者，欲在此言及。

　　兄道：「戰國儒學之多元嬗變，正是儒學富有生命力和活力的表現，而絕非儒學陷於低谷的證據。」予以為顏淵早亡，不及見夫子外王學之定論，內聖之學亦遂乏傳者，只餘若干言語可供後人推測。自先聖離世，七十子之徒或「散遊諸侯」，或「隱而不見」，大道浸微，後學決無勝於夫子之可能。

　　又道：「不過孔子的性論，相對來說，即簡略又模糊，《論語》中只有一

句『性相近也，習相遠也』，另外還有子貢所說：『夫子之言性與天道不可得而聞也。』……孔子對人性的探討仍是初步而整全的，不過孔子弟子對此問題之理解卻因才性不一，理解歧異，……我們結合《易傳》、《中庸》及《孔子家語》等相關文獻，認爲孔子人性論包含著性善論的萌芽，……思孟倡言性善，當爲孔子思想之正統；但又不能說孔子即是性善論者，同樣可以引出性惡論對後天教化的強調。」

孟子曰：「堯、舜，性之也。」予以爲〈陽貨〉篇之性字同此用例，與習並爲動詞，斷句如是：性，相近也；習，相遠也。意謂使仁內在於心（與「我欲仁，斯仁至矣」相彷彿），順此而行，所爲皆近乎道；若於外在言行上模仿仁人，則所爲與道乃遠也。而「夫子之言性與天道，不可得而聞也」之性字爲名詞，表明子貢知曉夫子曾與其他人言及「性與天道」，或者子貢「至是始得聞之，而歎其美也。」（《論語章句集注》）約略言之，仲尼似嘗將「性」與「天道」同論，故《中庸》首句所述應即以夫子之意爲本。兄以爲能從夫子言語引出「對後天教化的強調」則可，若言「引出性惡論」則不然也。

又道：「《孝經》應當是曾子所記孔子孝治思想」；「孔子是將『孝』與『仁』、『禮』上下貫通起來的，從根本上是孝治論。一方面，孝，乃修身之本，乃是『仁』的入門之功；而孝一旦推而廣之，便與家庭、社會、祭祀、婚姻等相關聯，這便進入『禮』的範疇。而『仁』，乃修身範疇，屬於『內聖』一環；『禮』，乃政治範疇，屬『外王』一環。而孝便將仁與禮，亦即內聖與外王聯繫起來，打通了儒家從內聖開出外王的通道。」

依愚意，孝爲親情之自然外現，不應逾越大義。檢《論語》一書，顏子居德行第一，卻未有其問孝言孝之記載。且「一簞食，一瓢飲，在陋巷，人不堪其憂，回也不改其樂」，夫子因稱其賢。淵死，路嘗「請子之車以爲之椁」，夫子不許，「門人厚葬」，可知顏路亦不富有。憑淵之高才，若「少貶」，何愁不能讓顏路之日常生活優裕？終懷抱「無道則隱」之志而忽略此等人之常情，孔門諸弟亦未有微詞。而《孝經》一書，本爲僞「記」，卻戴「經」之名，殊爲可笑，呂思勉謂「文簡義淺，人人可通，故用以教不能深造之人」（《經子解題》）是也。

儒門所言內聖外王，一於堯舜。聖者，任憑仁性流衍，絕無私心摻雜；王者，以公義安天下，不謀一己之利。仁即內聖（當然可外現），匪止「一環」；禮爲一德，言內聖之「一環」則可，似與「外王」尚有隔膜。言孝將「內聖

與外王聯繫起來」，此論亦不妥。克己復禮，彰明仁性，得位行道，化澤天下，方可謂內聖外王。聯結內外者，只一仁字，不與孝相干，而孝亦非「修身之本」，克己復禮庶可當之。

又道：「自公孫弘白衣爲天子三公，天下靡然鄉風。對此後世十分詬病，於今尤甚。所指責者不外使儒學津津於利祿之途，喪失了獨立性與道之純潔性。然而正如皮錫瑞所言，此『持論雖高，而三代以下即不尊師，……欲興經學，非導以利祿不可。古今選舉人才之法，至此一變，亦勢之無可如何者也。』然而，今人竟不如古人『審時識變』，明矣。」

蒙文通言：「然而『禪讓』卻是今文學一大義。儒生就是堅持這一主張來與秦的統治者作鬥爭的，所以始皇必至坑儒。但漢武帝又何嘗不如此呢？趙綰、王臧請立『明堂』，這也是今文學一大義。趙、王兩人都是武帝的老師，但因此兩人同致殺身之禍。……至於漢武帝時所謂以儒顯的，首先是公孫弘這種曲學阿世者。……但『湯、武革命』，豈非今文學一大義嗎？董仲舒卻變湯、武『革命』爲三代『改制』。……實際上，儒家最高的理想與專制君主不相容的精微部分，阿世者流一齊都打了折扣而與君權妥協了，今文學從此也就變質了。」（〈孔子和今文學〉）予認可蒙氏之見，公孫弘非興經學，實毀儒家。

又道：「只有保持儒家開放的心態，積極與其他各家思想，尤其是向西方文明學習，吸納其優秀成分，實現儒學的創造性轉化或轉化性創造；只有保持積極入世，關懷現實的精神，積極思考應對當前人類及民族發展所面臨之困境與問題的方案和策略，才能眞正爲時代和社會所接納，獲得新生，才是正途。」

嘗羨彼佛氏有道生者，說經可令群石點頭，吾儒門之精義佈散，先尋夫子定論爲第一要事。宋明儒嘗回歸先秦，而因應釋教，思孟之學亦大顯，今時對待西方文明，於制度上則有革政革命與大同選舉諸說（蒙文通與康有爲多所論及），於信仰上則有顏氏高義與性善之論。制度與信仰二者，原本密合，大處已立，須著力者多在微末，蓋吾夫子所講，全爲不易之理，可依之而解決具體問題，卻無「轉化」之可言。至於科學云云，則非中國所擅，亦不必然在吾儒外王之列也，自當取人之長。講明夫子之道，可來賢至遠，所謂「獲得新生」，實賴彰明舊說。

予與逸民兄皆尊孔，而於夫子之認知，有些許不同。長文付印之頃，兄

囑作序，峋以不及之愚，作此畫鬼之語，乔綴卷端，願博君子一笑。認同兄之所論處，無需於此多費紙墨，諸君讀兄之文應有所得。單舉異見，其不違吾夫子「和而不同」之教歟。

巳年卯月　於魯故都

緒　論

第一節　解　題

　　六十多年前，著名歷史學家郭沫若（1892～1978，字鼎堂）先生以其天才的想像力寫下了《十批判書》，其中之一即〈儒家八派的批判〉，對韓非子所提出的孔子之後「儒分爲八」的學術史懸案進行了「批判性」研究。這是第一篇眞正意義上關於孔門弟子及其後學的學術論文。郭老的這篇文章，在戰國儒家學術史的研究上具有里程碑式的意義，影響極大。然而，由於材料方面的限制，以及對材料的理解和把握所體現出的時代局限，這篇文章存在著諸多問題和偏失。

　　所謂「儒家八派」，便是郭鼎堂根據《韓非子・顯學》「儒分爲八」之說提出的學術史概念，是對先秦時期儒家學派分化的概況性說法。這裏就涉及到韓非「儒分爲八」說之是否符合儒學史實際，郭氏「儒家八派」說能否符合韓非說之本義的問題，同時，七十子及其後學中，不列於「儒家八派」者如何處理，如何理解其與八派之關係及其學術史、思想史地位。可以說，「儒家八派」的研究，便是對整個早期儒家學術史的梳理。

　　郭氏之後，對「儒家八派」以及戰國儒家學術史的研究逐漸深入，推動了這一課題的深化，但問題依舊甚多。半個多世紀以後的今天，尤其是隨著出土文獻的大量問世，儒家學術史的研究有了新的材料依據，許多待發之覆和歷史懸案都展露出可獲解決的曙光。不言而喻，繼郭鼎堂先生之後對這一重大歷史問題進行「再批判」，對早期儒學傳承進行系統研究、理性反思，不

僅十分必要,而且條件也已成熟。

所謂「再批判」,就是對早期儒家學術史的批判性研究,屬於學術史和思想史研究的範疇。這裏所謂「批判」,是指反思性的、批評性的研究。批判一詞,在今人眼中自然易於與大陸「文革」聯繫起來,其實,郭氏使用「批判」亦本於分析、批評、判析、研究之義。而我們之所以沿襲「批判」一詞,一是為了強調或突出和尊重郭先生〈儒家八派的批判〉(1944)對此項課題研究的學術史地位,更是要著重凸顯本文研究的「反思性」和「批判性」立場。當然,如果從康德批判哲學的角度去理解,其實也是一樣的。這一研究將深化早期儒學多元嬗變的學術史認知,把握儒家發展的內在邏輯和外在因素。在早期儒學的研究過程中,以往研究主要集中於孔、孟、荀三位大師,這固然是由於文獻資料的限制,但在很大程度上也反映了人們過於注重思想大師,而忽視思想演進這一學術盲點。今天,隨著新出土文獻的問世,人們對傳世文獻的看法也在悄然發生變化,對早期儒學的認識也在發生改變。但對於早期儒家多元嬗變的特質和其思想進路,尚缺乏全方位的系統梳理和研究。因此,我們希望通過以「儒家八派」的批判性研究為切入點,來把握早期儒學多元嬗變發展的內在脈絡。

七十年前,近代史學巨擘義寧陳寅恪(1890~1969)先生首倡學術「預流」之說,曰:「一時代之學術,必有其新材料與新問題,取用此材料,以研求問題,則為此時代學術之新潮流。治學之士,得預於此潮流者,謂之預流(借用佛教初果之名)。其未得預者,謂之未入流。此古今學術史之通義,非彼閉門造車之徒,所能同喻者也。」[註1]二十世紀七十年代以來,機緣湊泊,大量簡帛資料重見天日,對於中國古代文明研究而言,「簡帛學」已成「顯學」,這一領域可謂「群賢畢至,少長咸集」,成果異常豐碩。而就早期儒學研究而言,所謂「預流」者,當應結合此新材料,研究問題,以推進學術之發展。

然就整個時代而言,儒學研究亦可謂此時代之「顯學」。如今華族貞下起元,文化主體意識漸趨覺醒,「孔子歸來」,儒學之思想價值重受肯定,以期通過創造性轉化,建構中華民族新文化,維護世界多元文明生態格局,故得一反百餘年來批判孔子儒學之「時代潮流」,以「同情之瞭解」,懷「溫情與

[註1] 陳寅恪:〈陳垣敦煌劫餘錄序〉,《金明館叢稿二編》,北京:生活·讀書·新知三聯書店,2001年,第266頁。

敬意」，回歸原典，回歸軸心時代，去理解和詮釋孔子與儒學，成為新時代之「新問題」。故以新材料研究此新問題，得謂「預流」。

軸心時代的早期儒學，兩千多年來受到學者關注，或考鏡源流，或闡發大義，其書汗牛充棟。立於當今時代，重新審視早期儒學，諸多問題依然未獲解決，甚至更多了誤讀、誤解與遮蔽。能否利用新發現之文獻，重新審視傳統文獻，反思既往研究範式與方法，成為早期儒學研究者面臨的亟待解決而又需長期過程的重大使命。不佞「十有五而志於學」，然限於才力與學殖之淺陋，對此預流雖心嚮往之，但自知距此理想其路也漫漫。本書僅一初步努力而已。

孔子是中國文化第一大聖人，儒家在中國文化中居於主流與正統地位，基本上是當世的共識。孔子思想與中國文化淵源甚深，他不僅集此前數千年文明之大成，而且其思想影響此後幾千年尤巨大而深遠。兩千年間，孔子思想對中國社會的各層面發生不可估量之影響。然而一種思想何以能有如此能力，又是如何發揮作用的，一直以來是人們探求的問題。有學者從政治、社會等外在方面尋求答案，我們則希望從孔子思想本身的傳承、發展、衍變等內在理路進行探索。一部儒學思想發展史就是孔子思想在不同時代被闡釋、詮釋的歷史，而以「儒家八派」為代表的先秦早期儒家正是這一闡釋、詮釋歷程的開端，也是孔子思想得到第一次深化的階段。

早期儒學，是指先秦儒學，亦稱原典儒學、原始儒學，乃儒學之根與源，因之先秦儒學之研究，自古迄今，受到歷代學者的關注，幾乎所有儒學研究者無不涉獵或研究過早期儒學，但弔詭的是，早期儒學研究之最為紛雜，問題之繁複、觀點之對立，實際皆源於材料之缺乏與問題之重要之間的張力。由於受到材料的限制和觀念的束縛，原先對於早期儒學的認識還不夠深入，並存在著不少偏失之處。尤其是對儒家思想流派的傳承與流變，在理解上更是歧義紛紜，莫衷一是。而且，在以往的先秦儒學研究中，學者的用力所在，也往往限於孔、孟、荀的研究，對於遠為複雜的「七十子及其後學」、「儒家八派」等諸問題之研究和探索則略顯蒼白。隨著郭店簡的問世，人們欣喜地看到了關於七十子及其後學的寶貴文獻，龐樸先生稱之為「孔孟之間的驛站」〔註2〕，可謂十分允當。原來我們難以搞清楚的儒學思想的演進問題，隨著這批材料的問世，有了進一步解決的可能。比如「思孟學派」的問題，因為

〔註2〕　龐樸：〈孔孟之間的驛站〉，《中國青年報》1999 年 11 月 7 日第 3 版。

有了郭店簡和上博簡等材料，便有了獲得「徹底」解決的希望。當然，既有的研究，雖然已經將此類問題向前推進了一大步，但許多問題的爭議依然相當大，需要繼續探討的領域還有很多。這需要我們採用新的視角，從整體上去把握傳世文獻與出土文獻，重新思考其中所存在的重大問題。孔子思想的複雜性或者「矛盾性」與此後儒學內部思想的分歧，到底如何估量，同樣需要我們做出回答。

戰國初年，孔子弟子「散遊諸侯」，宣傳孔子學說，儒學成爲《韓非子》所謂的「顯學」，儒學達至極盛時期，如蔣伯潛（1892～1956，名起龍）先生所云：「戰國初，爲儒家全盛時期。」〔註 3〕可是，對於如此重要的一段學術史，學界卻嚴重忽視。李零先生在〈重見「七十子」〉〔註 4〕一文中說：「向來的思想史研究，其實有個很大的漏洞，就是近代以來，我們對孔門學案最早的一段，即所謂『七十子』，太不重視，認爲《禮記》是漢代文獻，《論語》以外，免談孔子，老是用『孔—孟—荀』三段式講早期儒家，把本來最重要的一段給忽略掉了。」其實，早在六十年代，經學史家周予同（1898～1981）先生在《中國經學史講義》談到「儒分爲八」問題時，就曾感慨道：「現代學者往往講完孔墨問題之後，接著就講孟荀問題。對此，我不太贊同。……從孔子直接到孟子，這是唐朝韓愈〈原道〉之後的一套理論，是不正確的。研究思想史的人要注意這個問題。」他並提示道：「《小戴禮記》與《大戴禮記》，是研究儒家八派的主要文獻。……如能闡述大小戴記，就可以弄清楚儒家八派。」〔註 5〕可惜，數十年來情況並未有太多的改觀，翻看大多數的儒學史、思想史或學術史著作，對「儒家八派」或孔門「七十子」及其後學這一段要麼數筆帶過，要麼根本不提。如果說，馮友蘭（1895～1990，字芝生）先生早年著名的《中國哲學史》沒有提及，恐怕是局限於所謂「哲學」的西方式理解；那麼，至於晚年所撰《中國哲學史新編》同樣也沒有「儒家八派」的地位，則恐怕是限於材料缺乏的不得已之舉。只是隨著郭店簡和上博簡的問世，「七十子」及其後學才重新回到學者的視野之中，予以探討。本書的目的，就在於利用新出土文獻，以及諸多以往被視爲「僞書」而實際不僞的傳世文獻，結合當前學界的研究成果，對涉及中國傳統學

〔註 3〕 蔣伯潛：《諸子通考》，杭州：浙江古籍出版社，1985 年，第 110 頁。
〔註 4〕 載《讀書》2002 年第 4 期。
〔註 5〕 朱維錚編：《周予同經學史論著選集》（增訂本），上海：上海人民出版社，1996年，第 878～879 頁。

術核心內容的先秦儒學的重大問題進行梳理和總結，甚至是諸多問題的清理性工作。

當今時代，儒學和中國傳統文化進入了一個漸趨復興的時期，但是如何理解儒學與其他各家文化的關係，尤其是以儒學爲代表的傳統文化與西方外來文化的關係，如何把握儒學復興的走向，都成爲亟待解決的問題。本課題從「儒家八派」，亦即儒學的第一期發展的演變入手，分析儒學發展多元路徑這一思想史現象，對於我們當前更開放地理解儒學將起到更大的作用。

漢代之後儒學被定於一尊，使儒學的發展日益僵化，嚴重妨礙儒學的正常發展，扼殺了儒學的發展活力。而先秦時代儒學則是在學術自由爭鳴中發展起來的。不僅與儒家之外的思想流派有著互相爭鳴論辯，即使在儒家內部也存在著不同的思想傾向和流派，這一多元共生的思想文化生態是思想文化事業發展的必然要求和必要條件。今天我們對於儒學的認識也要抱持這種客觀和開放的心態，要抵制和摒棄「原教旨主義」式的思維和定於一尊的心態，要充分繼承和吸收歷史上各個時期儒學的合理思想成果，積極地推動儒學與當下社會的互動，實現儒學的現代化轉換。尤其要充分吸收各家思想的有益成分，在爭鳴與辯論中回應思想的挑戰和時代的要求，實現思想的飛躍。

第二節　研究史回顧

韓非在《韓非子·顯學》中提出「儒分爲八」的說法，彼云：「自孔子之死也，有子張之儒，有子思之儒，有顏氏之儒，有孟氏之儒，有漆雕氏之儒，有仲良氏之儒，有孫氏之儒，有樂正氏之儒。故孔、墨之後，儒分爲八，墨離爲三。」就現存資料來看，這恐怕是先秦時期對儒家分化問題做出的最爲全面的論述，儘管這一說法本身存在很多問題。

其實，戰國時期的很多文獻都有關於儒家學派的看法。如《荀子》對子張、子游、子夏、子弓的不同看法等。《呂氏春秋》、《淮南子》、《史記》、《漢書》等也有相關論述。到了東晉陶潛（約 365～427，字淵明）的〈聖賢群輔錄〉，將此與孔子「六經之教」相配合，提出了自己的看法，指出：「顏氏傳《詩》爲道，爲諷諫之儒；孟氏傳《書》爲道，爲疏通致遠之儒；漆雕氏傳《禮》爲道，爲恭儉莊敬之儒；仲良氏傳《樂》爲道，以和陰陽，爲移風易俗之儒；樂正氏傳《春秋》爲道，爲屬辭比事之儒；公孫氏傳《易》爲道，

為絜靜精微之儒。」〔註6〕〈顯學〉「八儒」中的孫氏之儒，此處則作「公孫氏」。但此書清代以來定為「偽書」，直到現在才有學者提出，清代學者將之定為偽書是沒有合理根據的。李學勤先生在〈談《聖賢群輔錄》八儒三墨之說〉一文中對此有較為詳盡的論述。但是即使陶書不偽，在時間上也屬於後起的說法，尤其是某氏傳某經之說，尤為無據。此後如清代學者朱彝尊（1629～1709，字錫鬯，號竹垞）、顧廣圻（1766～1835，字千里）、皮錫瑞（1850～1908，字鹿門）等對此俱有自己的見解。

　　在現代學術意義上，真正對此問題進行研究的是梁啟超（1873～1929，字卓如，號任公）先生。他在作於1902～1904年的《論中國學術思想變遷之大勢》一書中，對早期儒家的流派進行了分析，並提出以學派來研究學術史的看法。在該書中，梁氏將孔學分為如下幾派：其一，小康一派。傳此學者為荀子，而法家也源於此。其二，大同一派。傳諸子游，中經子思，至孟子而大昌明之。其三，天人相與一派。陰陽家為其流裔。其四，心性一派。世子、漆雕子傳之。孟子、荀子、告子，皆各明一義。其五為考證一派。荀子受之。其六為記纂一派。左丘明可為代表。〔註7〕隨後在其《孔子》（1920）、《儒家哲學》（1926）二書中對此進行了更為詳盡的闡述。不過，他不再堅持《論中國學術思想變遷之大勢》一書的分法，而是更強調有子（包括子張、子夏、子游）之學與曾子之學的分立。現代哲學史學科的創立者胡適（1891～1962，字適之）先生，在其《中國哲學史大綱》（1919）中對「儒分為八」問題提出了自己的看法，指出韓非所謂「八儒」並非同時產生的，並認為曾子、子夏、子游可以作為孔門的正傳的代表，但沒有展開論述。〔註8〕馬宗霍（1897～1976，字承堃）先生在其《中國經學史》（商務印書館，1936）中也對「八儒」說提出看法，認為韓非學出於荀卿，其說當有所本，他指出：「雖曰某氏之儒，或指在某氏之門者而言，未必即是本人。而所謂某氏者，似應皆指孔子之徒。」〔註9〕對朱竹垞、顧千里、皮鹿門等人的說法予以批評，比如他認為子思之儒當為孔子弟子原憲等。而錢穆（1895～1990，字賓

〔註6〕 〔元〕李公煥：《箋注陶淵明集》卷十，四部叢刊本。轉引自李學勤〈讀《聖賢群輔錄》八儒三墨之說〉，載《儒家思孟學派論集》，濟南：齊魯書社，2008年，第2頁。

〔註7〕 梁啟超：《論中國學術思想變遷之大勢》，上海：上海古籍出版社，2001年，第28頁所列表。

〔註8〕 胡適：《中國哲學史大綱》，上海：上海古籍出版社，1997年，第88～90頁。

〔註9〕 馬宗霍：《中國經學史》，上海：上海書店，1984年，第16頁。

四）先生之《先秦諸子繫年》〔註 10〕（1935）列有《孔門弟子通考》專節及其他條目，對孔子弟子及孟荀等孔門後學都有專門考證，多發前人所未發，是第一部系統的研究先秦諸子年代的專著。錢賓四先生對孔門弟子及後學之年代、事迹進行了系統考辨，解決了諸多歷史上聚訟不決之公案，提出了諸多具有啓示性的看法。其具體結論或可商榷，但是其考證方法具有不可忽視的指導意義。不過，賓四先生雖然十分自信其考證之精確，自許其書「差勝昔人」者三，云：「余之此書，上溯孔子生年，下逮李斯卒歲。前後二百年，排比聯絡，一以貫之。如常山之蛇，擊其首則尾應，擊其尾則首應，擊其中則首尾皆應。以諸子之年證成一子，一子有錯，諸子皆搖。用力較勤，所得較實。」〔註 11〕然而，在今日看來，其考證亦多不可信從者。後文中將會隨時點評與審正。其中原因在於，賓四先生也不免受到疑古風氣之影響，對於很多典籍的眞僞存在偏見，以致其考證出現偏差，這是很可惋惜的。〔註 12〕

如前所述，第一個以此爲題進行專門論述的是郭沫若先生。他在〈儒家八派的批判〉（作於 1944 年，收入《十批判書》，重慶群益出版社，1945 年）文中提出了系統的看法。他根據韓非所說「儒分爲八」提出「儒家八派」的概念，爲後來者所通用。這些看法大都是開創性的，比如他認爲韓非之不提「子夏之儒」，是因爲子夏乃法家之所從出；他將子游與子思之儒、孟氏之儒和樂正氏之儒聯繫起來，劃爲一系；顏氏之儒指顏淵，而與莊子有密切關係；將漆雕氏之儒歸爲任俠派；子張之儒歸爲過激派，指出其與墨家之淵源等，給後人留下了許多繼續研究的思路。

在該文中，郭氏對於孔子、儒學保持著那個時代難得的客觀、公允、理性的態度，而不是秉承「五四」以來的批孔傳統，是非常難能可貴的。以至後來受到毛澤東的點名批評。毛澤東（1893～1976，字潤之）在 1973 的《七律・讀〈封建論〉呈郭老》一詩中寫道：「勸君少罵秦始皇，焚坑事業要商

〔註 10〕關於郭著《十批判書》與錢著《先秦諸子繫年》尚有一段公案。錢先生高弟、著名歷史學家余英時先生曾於學生時代的 1954 年撰文，後又有所補正，於1991 年公開發表，題爲《十批判書》與《先秦諸子繫年》互校記〉，提出郭著抄襲錢著一說。

〔註 11〕錢穆：《先秦諸子繫年・自序》，北京：商務印書館，2001 年，第 21～22 頁。

〔註 12〕關於錢賓四先生與疑古派之關係，廖名春先生有深入的考察。見廖名春：〈錢穆與疑古學派〉、〈錢穆先生關於孔子與《周易》關係說考辨〉，載氏著：《中國學術史新證》，成都：四川大學出版社，2005 年，第 178～209 頁。

量。祖龍魂死秦猶在，孔學名高實秕糠。百代都行秦政法，『十批』不是好文章。熟讀唐人〈封建論〉，莫從子厚返文王。」毛澤東之批評顯然超出了學術的範疇。不過，拋開政治和意識形態的因素不論，單就學術層面而論，也可以看出，該書確實也存在著很多問題。

其實，郭氏《十批判書》甫一問世便遭到學者譏評。著名史學家齊思和（1907～1981，字致中）先生評論此書時先揚後抑，先說：「郭氏為當代大文學家，其想像力之富，與著述之勤，均極可佩。而其研究範圍之廣博，尤足驚異。」而後筆鋒一轉：「然郭氏本為天才文人，其治文字學與史學，亦頗表現文學家之色彩。故其所論，創獲固多，偏宕處亦不少，蓋其天才超邁，想像力如天馬行空，絕非真理與邏輯之所能控制也。……故是書於先秦諸子之考證，遠不及錢穆《先秦諸子繫年》之精，論思想則更不及馮友蘭氏之細，二氏書之價值，世已有定評，而郭氏對之皆甚輕蔑，亦足見郭氏個性之強與文人氣味之重矣。」〔註13〕

不過，隨著 1949 年後郭氏在學術界的特殊地位的確立，其關於「儒家八派」的看法同其別的觀點一樣，為大多數論著所遵從和沿襲。經學史家周予同先生〈從孔子到孟荀〉〔註14〕一文及張豈之先生《中國儒學思想史》（陝西人民出版社，1990）、趙吉惠（1934～2005）等《中國儒學史》（中州古籍出版社，1991）、劉蔚華、趙宗正等《中國儒家學術思想史》（山東教育出版社，1996）等著作對孔門後學的分化，都基本採取了郭說。作為馬克思主義史學家的侯外廬（1903～1987）先生沒有膠著於「儒家八派」問題，而是針對孔子後學的思想路線發展，提出評判：「孔子死後的儒家，除了戰國末期的荀子（孫氏之儒）綜合各家思想，代表了向上的發展並與法家結合以外，其餘各派均已失去孔學的優良傳統，或古言古服，固執著孔子所批判的形式文化而自謂真儒，實則仍繼承鄒魯搢紳先生的傳統儒術──形式說教，……另一個流派則抹煞實踐與感覺，斤斤於容貌辭氣，求遠於鄙倍，戰戰兢兢於日三省吾身，陷入於神秘的唯心主義。……凡此兩個支流，都在思想上反映著社會的落後殘餘，而表現為孔學積極精神的萎縮。」〔註15〕其所謂兩個

〔註13〕齊思和：《〈十批判書〉》，《燕京學報》第 30 期，1946 年 6 月。引自桑兵、張凱、於梅舫編《近代中國學術批評》，中華書局，2008 年，第 111～112 頁。
〔註14〕載《學術月刊》1979 年第 4 期，收入朱維錚編《周予同經學史論著選集》（增訂本），第 807～811 頁。
〔註15〕侯外廬等：《中國思想通史》第 1 卷，人民出版社，1957 年，第 191～192 頁。

支流，一個是子張、子游、子夏之儒，一個是曾子、子思、孟子一系。由此看來，侯先生是對孔門後學大體感到不滿的，其唯一推崇的是孫氏之儒。這對於後來尤其是「文革」時期將荀子拉入法家陣營，予以肯定，而將孔孟之道大肆批判，恐怕也有所影響。最起碼，二者的看法有其一致性。當然，也有學者對此做了進一步的梳理和考證，提出了一些新的看法。將這一問題引向深入。

任繼愈（1916～2009）先生主編、孔繁先生撰寫之《中國哲學發展史・先秦卷》「孔孟之間的儒家傳承」章，將先秦諸子書中提到的儒家學派分為三種情況：一種是根本無法考證的，第二種是當時曾經存在而後來失傳的，第三種是當時存在並對後來有重大影響的。其實這一分法本身存在矛盾。〔註16〕不過，其對「儒家八派」的分析亦有新意。如他指出子張是得孔子正傳的弟子之一，在仁義與禮的問題上是孔子學說的忠實繼承者，便足以糾正郭氏以來的成說。

四川學者李耀仙（1920～2005）先生在其〈闢韓非「儒分為八」說〉〔註17〕一文中明確指出，韓非「儒分為八」說不可信，不能據以認為是早期儒家分化的真實歷史。儒家分派是多次性的，既有共時性，又有歷時性，情況十分複雜。

吳龍輝先生則撰〈「儒家八派」別解〉〔註18〕一文，對郭沫若提出批評，提出「儒家八派」是歷時性的，是戰國時期在正統之爭中湧現出的八大強家的看法。吳氏這一說法，在學界影響很大，得到了很多學者的認可。

馬勇先生在《中國儒學》（龐樸主編，東方出版中心，1997）第一卷「孔子之後的儒學分化」一章中，對孔門弟子分化進行了較為深入的分析。他不僅對韓非子的說法提出新的挑戰，也對郭鼎堂的看法予以顛覆。他提出了許

〔註16〕顏炳罡先生對此已提出批評，他認為，先秦諸子書中所提到的儒家學派只有兩種情況：一種是有完整的著作流傳且對後世影響重大者，如孟子學派、荀子學派；一種是對後世有影響但至今沒有發現有完整的理論著述流傳下來者，如子張之儒、子夏之儒、子游之儒、子思之儒（原憲）、顏氏之儒、漆雕氏之儒、仲良氏之儒等。見氏著〈「儒分為八」的再審視〉一文，載龐樸主編：《儒林》第 1 輯，濟南：山東大學出版社，2005 年，第 137 頁。

〔註17〕收入氏著《先秦儒學新論》，成都：巴蜀書社，1991 年，又收入《梅堂述儒》，成都：四川大學出版社，2005 年。

〔註18〕載《文獻》1994 年第 3 期，亦見氏著《原始儒家考述》，北京：中國社會科學出版社，1996 年，106～116 頁。

多新的看法，如所謂「儒家八派」的劃分，只是韓非個人的學術觀念，他的主要依據與其說是學術史的客觀過程，不如說是韓非的主觀感受。這一點對理解所謂「儒家八派」問題，頗具啓發意義。不過他提出的許多具體見解，如顏氏之儒是顏濁鄒及其後學；推測孟氏之儒指孟懿子，漆雕氏之儒吸收了墨家學派的思想等，雖屬新奇之見，卻立異有餘，證據不足。

龐樸先生對「儒分爲八」說提出異議：「韓非此言多有誇張，我們不必過於認眞，眞的以爲孔子以後，儒學便八瓣開荷花了；其實並沒有那麼多，邏輯地說來，也不可能有那麼多。事實大概是，『自孔子卒後，七十子之徒，散遊諸侯，大者爲師傅卿相，小者友教士大夫，或隱而不見』，眞正能『遵夫子之業而潤色之，以學顯於當世』者，只有『威、宣之際』的『孟子、荀卿之列』而已。」〔註19〕

李零先生〈重見「七十子」〉〔註20〕一文，對所謂「儒家八派」提出了自己的意見。他認爲「儒家八派」是戰國晚期的儒家。他說：「戰國晚期的『儒家八派』，就是從『七十子』發展而來：『子張之儒』、『子思之儒』，無疑義。『孟氏之儒』是孟子的學派，『漆雕氏之儒』是漆雕啓的學派，『孫氏之儒』是荀子的學派，也不成問題。『仲良氏之儒』是仲梁子的學派，『樂正氏之儒』是樂正子春的學派。樂正子春是曾子的學生，仲梁子可能也是，他們都是傳曾子之學，這點也還算清楚。惟『顏氏之儒』，多以爲是顏回的學派，則有疑問。案孔門弟子以『顏』爲氏者有九，未必即顏回。又據上博楚簡，言游之『言』與顏回之『顏』無別，它也可能是言游的學派。我們從古書引用的情況看，戰國中晚期，儒家的主要派別可能是子張、曾子、子思、言游、漆雕啓，以及孟子、荀子的學派。儒家八派無子夏，是一大疑問。」

顏炳罡先生的〈「儒分爲八」的再審視〉〔註21〕一文，提出「儒分爲八」是概稱，不是全稱。他認爲，韓非的「儒分爲八」之說並非想一網打盡孔子之後至戰國晚期一切儒家派別，肯定有些學術派別沒有納入韓非的論域。韓非所列「八派」是對孔子學說「取捨相反不同」而自稱是「眞孔」學的八派。這些學派既有思想的交叉，又有思想觀念上的衝突。他不贊成對先秦儒家派

〔註19〕 龐樸：〈孔孟之間──郭店楚簡中的儒家心性說〉，載姜廣輝主編《中國哲學》第20輯《郭店楚簡研究》，瀋陽：遼寧教育出版社，1999年，第22～23頁。
〔註20〕 載《讀書》2002年第4期。
〔註21〕 載龐樸主編：《儒林》第1輯，山東大學出版社，2005年，第136～153頁。

別進行強制性歸約，尤其不贊成那種將先秦儒學不歸於孟，則歸於荀的非此即彼的做法。不可歸約，但並不是不能歸類。他將孔門後學以道、學、政爲核心分爲三派，即傳道之儒、傳經之儒和政事之儒。傳道之儒可分爲天道派、心性派、孝行派，顏氏之儒是天道派，思孟之儒是心性派，曾子、樂正氏之儒是孝行派。傳經之儒可分爲現實派和理想派，子夏之儒是現實派，子游之儒是理想派；現實派反而重經典文獻的理論詮釋，而理想派反而重禮的實踐與落實。子張之儒、孫氏之儒、乃至子貢、宰我、冉有之門徒等等是政事系。顯然，這種看法與龐樸先生的看法正相反對。就現有各家的論述而言，我們認爲顏炳罡先生這一劃分，是最爲理想的一種。

而郭沂先生則提出「韓非子提出儒家八派的根據，在我看來可以用司馬遷的『究天人之際』和『成一家之言』二語來表達。也就是說，只有建構了一套獨特的哲學體系的早期儒者，才可以入選儒家八派。」並推測「八儒多屬孔子弟子和再傳弟子，最晚也不超過三傳弟子，正處在孔孟之間。」〔註22〕這一分析雖然有些道理，但就現有資料而言，這一「標準」恐怕有些陳義過高，也未必符合韓非子的本意。

對於孔門發生分化的原因，也有學者進行了分析。蒙文通（1894～1968）先生〈論經學遺稿三篇·丙篇〉云：「《韓非子》言儒分爲八、墨離爲三，試詳究之，知儒之分爲八者，正以儒與九流百家之學相蕩相激，左右採獲，或取之道，或取之法，或取之墨，故分裂而爲八耳。」〔註23〕依蒙先生此言，則儒分爲八當是戰國晚期之事也，其原因則在於戰國諸子蠭起、百家爭鳴對儒學產生的影響。尤驥先生在〈孔門弟子的不同思想傾向和儒家的分化〉〔註24〕一文中對孔子弟子的不同思想傾向進行了分析，指出了儒家分化的必然性。梁濤先生在〈孔子思想中的矛盾與孔門後學的分化〉〔註25〕文中，不同意以「儒家八派」來涵括孔子之後儒學的分化情況，他從孔子思想的內在矛盾入手對孔門後學的分化進行了探討。而吳學琴先生〈儒家八派嬗變探因〉〔註26〕也

〔註22〕載〈當代儒學範式——一個初步的儒學改革方案〉，《國際儒學研究》第 16輯。引文又見〈儒家八派與戰國儒學〉，「先秦文本與思想」國際學術研討會論文，2010 年 8 月 7～8 日，臺灣大學。

〔註23〕蒙文通：《經學抉原》，上海：上海世紀出版集團，2006 年，第 210 頁。

〔註24〕載《孔子研究》1993 年第 2 期。

〔註25〕載《西北大學學報》1999 年第期。

〔註26〕載《安徽史學》1996 年第 3 期。

指出其分化的根本原因在於孔子思想中蘊含著分化變革的可能。著名學者李零先生指出：「孔子的一生有多面性，他既有道德追求，也有事功考慮。過去，大家對他有一些固定印象，比如說，他不講『怪力亂神』，也罕言『天道性命』（和道家愛談宇宙論和養生問題形成對比），興趣更多是在仁義道德和禮樂制度。他更關心現實問題、世俗問題，而不是宗教問題、哲學問題，這不能說是虛構。但他的思想還是包含了多種發展的可能（比如他說『性相近，習相遠也』，就涉及到心性問題）。他的後學，出身背景不同，性格志趣各異，本身也有各自的選擇。不但『七十子』和他們的老師不一樣，而且『七十子』之間，『七十子』與『儒家八派』，他們也不一樣。很多問題是，老師不講學生講；或老師語焉不詳，學生大肆發揮。」〔註27〕諸先生之說均屬精到的見解。

李學功先生〈洙泗之學與西河之學——孔子歿後的儒家道路〉〔註28〕一文分析了孔子後學第一代的分化。唐宏先生在〈孔門師徒的思想差異〉〔註29〕文中從孔子的思想及教育實踐入手分析了孔子弟子與孔子思想的差異。尤其引人矚目的是李珺平先生〈《論語》：孔子弟子博弈之成果——兼談戰國後期儒家八派之爭與荀卿的態度〉〔註30〕一文，根據美國學者白牧之（E. Bruce Brooks）和白妙子（A.Taeko Brooks）夫婦之《論語》研究成果《論語辨》〔註31〕的論斷，將《論語》視為「孔門弟子在博弈中層累地形成的」「早期儒學的傾軋史」，繪聲繪色地描述了孔子之後其弟子後學互相攻訐、鬥爭和傾軋的歷史場景。其立論之主觀和大膽，其分析之臆測與荒唐，鹵莽滅裂，所表現出來的恰是作者的「鬥爭心態」「陰暗心理」。〔註32〕

〔註27〕李零：〈重見「七十子」〉，《讀書》2002 年第 4 期。

〔註28〕載《齊魯學刊》1991 年第 4 期。

〔註29〕載《人文雜誌》2007 年第 4 期。

〔註30〕載《社會科學》2007 年第 10 期。

〔註31〕E. Bruce Brooks & A.Taeko Brooks The Original Analects: Sayings of Confucius and His Successors，New York: Columbia University Press, 1998.

〔註32〕西方的很多學者對此也進行了深刻的批評。如澳大利亞阿德萊德大學的梅約翰博士（John Makeham, "Confucius and the Scholar", China Review International, Vol.6,No.1（1999）pp.1～33.），美國南加州大學東亞系森舸瀾（Edward Slingerland, "Why Philosophy Is Not 'Extra' in Understanding the Analects", Philosophy East and West, Vol.50,No.1〔Jan 2000〕, pp.137～141.），加州大學洛杉磯分校史嘉柏博士（David Schaberg, "'Sell it!Sell it!'：Recent Translations of Lunyu", Chinese Literature :Essays, Articles, Review，ol.23

　　馬士遠先生〈孔門弟子傳《書》考〉〔註33〕文中指出，孔門弟子在早期
《書》的傳播過程中，形成了南、北四個傳播中心區域。在北方，以魯地爲
中心，形成了以子思爲首、傳播子游等所授《書》學思想的子思之儒《書》
學流派；以衛地爲中心，形成了以子夏之儒爲軸心的《書》學流派；在南方，
以蔡地爲中心，形成了以漆雕開爲首、傳授孔子早期《書》學思想爲主的漆
雕氏之儒《書》學流派；以陳地爲中心，形成了以子張爲首、傳播孔子後期
《書》學思想爲主的子張之儒《書》學流派。這一說法，於孔子學術的早期
傳承脈絡雖有「清晰勾勒」，然缺乏應有的材料支持。羅新慧女史〈從郭店楚
簡看孔、孟之間的儒學變遷〉〔註34〕一文，則將郭店楚簡中的儒學理論與孔、
孟相關思想比較，認爲郭店楚簡中仁、聖兩概念，較孔子所設定的意義、內
涵有所變化，且高遠性有所降低，而其關於「禮」的論述，則沿著孔子所提
出的注重內心情感的軌跡繼續發展，認爲就仁學理論及理想人格的闡述看，
簡文似乎並不代表儒家思想的主流，儒家學說的發展在孔子之後直至孟子，
實經歷了一個「出於幽谷，遷於喬木」的階段。這也是一種值得關注的看法。
　　除了研究「儒家八派」的論著外，學界對於孔門弟子的研究也值得關注。
李啓謙（1932～1997）先生對孔門弟子進行專門的研究，在孔子弟子研究領
域，其《孔門弟子研究》（齊魯書社，1987）有開創之功。不過，其更多偏重
於生平事迹考述，較少在學術傳承方面進行比對分析。高專誠先生的《孔子‧
孔子弟子》（山西人民出版社，1991）一書也專門分析了孔子後學分化的原因，
並對孔子後學中的重要人物如顏子、子路、子張、宰我、子思、曾參、孟氏
之儒、孫氏之儒、漆雕氏之儒等進行了深入探討，提出了新的見解。在港臺
方面，臺灣學者蔡仁厚先生《孔門弟子志行考述》（臺灣商務印書館，1969）
對孔門重要弟子的事迹與思想、氣象、境界進行了考述。在其《孔孟荀哲學》
（臺灣學生書局，1984）之「孔門流派簡述」一節，將孔子弟子分爲三派，
分別爲傳道之儒，傳經之儒和曾點傳統。傳道之儒以顏、曾二子爲代表，下

　　〔Dec.2001〕，pp.115～139）請參看金學勤：〈《論語》成書「層累論」及西
　　方漢學界的相關評論〉，《孔子研究》2009（3）。另外，美國華裔學者李淳玲
　　對白氏夫婦該書的思路及錯謬之處進行了詳細的評述，見氏著〈論索隱派僞
　　書《論語辨》及其學問分際的問題〉，載馮天瑜主編：《人文論叢》2006 年
　　卷，武漢：武漢大學出版社，2007 年，第 648～659 頁。李文對白書的分析
　　較爲詳細而深刻，可以參看。
〔註33〕載《齊魯學刊》2009 年第 1 期。
〔註34〕載《中國哲學史》2000 年第 2 期。

傳子思、孟子、《中庸》、《易傳》，再下及宋明儒者。傳經之儒則以子夏、荀子爲主，下啓漢儒。另外曾子之於《論語》、子游之於《禮記》諸篇等亦可屬之。以上關於孔門弟子研究之論著，多因時代關係，未及新出簡帛，故而缺憾甚大。

另外，一些博士、碩士論文也對此有所研究。如北京大學胡蘭江的博士論文《七十子研究》（2002）利用考古材料對孔子弟子進行研究，也提出了對「儒家八派」的新看法。山東大學的王春博士所作《孔門弟子思想分化研究》（2005）就避開了「儒家八派」的問題而從另外的角度將孔子後學的分化進行了分類。他將孔子後學分爲守道之儒、干濟之儒、禮樂之儒和歧出之儒等不同類別，富有新意。郭凱《「儒分爲八」問題再研究》（曲阜師範大學碩士學位論文，2007）對「儒分爲八」問題在前人研究基礎上，利用新材料、新視角進行了再研究，但有許多問題的探討並未深入下去。劉萍《〈孔子家語〉與孔子弟子研究》（曲阜師範大學碩士學位論文，2006），利用《孔子家語》的材料，與其他記載相比較，對孔子弟子進行了新的研究，提出了一些有價值的看法。

總體來看，「儒家八派」的研究雖然出現一些有代表性的說法，但是其中的觀點和立場聚訟紛紜依舊，故仍無法使人們真正把握「儒分爲八」的面貌。新材料的出土推動了這一研究的新進展，但是人們對材料的理解不同，看法也相差很大。我們應當從戰國時期的社會和思想文化大背景出發，從孔子思想的博大精深出發，融會貫通地理解傳世文獻與出土文獻，從而校正學術界的偏頗認識。

第三節　以往研究方法的檢討與反思

郭鼎堂先生曾在其《十批判書·古代研究的自我批判》中說：「無論作任何研究，材料的鑒別是最必要的基礎階段。材料不夠固然大成問題，而材料的眞僞或時代性如未規定清楚，那比缺乏材料還要更加危險。因爲材料缺乏，頂多得不出結論而已，而材料不正確便會得出錯誤的結論。這樣的結論比沒有更要有害。」〔註35〕這眞是至理名言！惜乎，郭氏自己和其他疑古學者一樣，雖然都認識到了「材料眞僞」問題性，但卻在研究中犯下了相當多的錯

────────────────

〔註35〕郭沫若：《郭沫若全集·歷史編》第 2 冊，第 3～4 頁。

誤。今天，隨著考古學的發展，大量出土材料問世引起的反思，正改變著此前長期佔據人們頭腦的「疑古」觀念，對古籍真偽問題的認識也進入一個新階段。重新審查史料，以新的視域來審視「儒家八派」這一先秦學術史、思想史問題成為可能。

一、出土文獻與「重寫學術史」

　　上個世紀九十年代以來，學術史研究成為學界新的熱點。無論宏觀還是微觀、無論視野抑或方法，都取得了長足的進展，這是有目共覩的事實。僅就學術通史而言，舉其大端便有李學勤先生主編的《中國學術史》（七卷十一冊，至今仍未出全）、張立文先生主編的《中國學術通史》（六卷）、周山先生主編的《中國學術思潮》（八卷）、張豈之先生主編的《中國思想學說史》（六卷九冊）、《中國學術思想編年》（六卷）等，足見學術史研究之隆盛景象。在研究中國學術發展的歷史時，作為中國文化源頭的先秦學術與思想，自然格外受到重視，更何況，近幾十年來不斷給人帶來驚喜的一批批先秦秦漢新材料的出土，使得先秦學術史研究發生根本性的改觀。李學勤、龐樸、杜維明諸先生都提出了「重寫學術史」的主張，指出了隨著考古材料的大量問世，將改變我們對傳統學術的認識，一方面需要改寫學術史，另一方面則要續寫學術史。

　　龐樸先生曾指出，隨著郭店楚簡等簡帛文獻的面世，「我們的學術史真得重新寫了。尤其是先秦儒學發展史，過去前面一段太模糊，現在的線索就清楚得多了」〔註36〕。杜維明先生更明確提出：「郭店楚墓竹簡出土以後，整個中國哲學史、中國學術史都需要重寫。」「郭店楚簡為我們提供了有關先秦學術的許多新知識，因此，對於『五四』以來，特別是『疑古派』所提出的許多觀點，現在都需要重新認識；甚至對整個中國傳統文化，都需要重新定位。」〔註37〕杜先生還說：「從郭店楚簡的材料來看，孔孟之間先秦儒學的發展，是多元多樣的。……這些資料和死海所出的《聖經》的早期的資料一樣的重要，在很多地方可能更重要，因為它們可以幫助建立起先秦儒家傳承的譜系和線索。通過這些資料，我們要對戰國末期直至漢代的許多資料，重新進行定位。

〔註36〕龐樸、王博：〈震驚世界學術界的地下文獻——關於郭店竹簡的對話〉，載《龐樸文集》第2卷《古墓新知》，濟南：山東大學出版社，2005年，第47頁。
〔註37〕杜維明：〈郭店楚簡與先秦儒道思想的重新定位〉，載姜廣輝主編：《中國哲學》第20輯，第4頁。

我們對孔孟之間先秦儒家資料的認識，會有質的飛躍，也會有許多新的發現。」
〔註38〕我們知道，韓非所謂「儒分為八」，本來已經指示出孔子之後儒學多元
發展嬗變的格局，只是因為資料的佚失與闕如，我們無法得知其詳罷了。而
今，一大批重要簡帛文獻陸續問世，雖然那肯定僅僅是冰山之一角，但已足
以改變我們對先秦學術的既有認識了。

對簡帛佚籍與學術史的關係，李學勤先生曾反覆強調，這從其著作《簡
帛佚籍與學術史》和《重寫學術史》等的書名就可窺見。他指出：「新出土簡
帛書籍與學術史研究的關係尤為密切。學術史的研究在最近幾年趨於興盛，
已逐漸成為文史領域內的熱門學科，而簡帛書籍的大量湧現，正在改變著古
代學術史的面貌，影響甚為深遠。」如今簡帛佚籍的內容已經涉及到六經、
諸子、術數和方技等古書的諸多內容，而諸子更是涉及到儒、墨、道、黃老、
陰陽、兵等，具有重要的思想價值和學術史意義。「總之，新出簡帛古籍對學
術史的很多方面都有非常重大的關係。不妨說，我國的古代學術史由於這些
發現，是必須重寫了。」他強調：「把考古學的成果與學術史的研究溝通起來，
是一項非常艱難的工作。就簡帛佚籍而言，不限於利用已有的簡帛釋文去談
學術史，而是要把考古學、古文字學的研究方法，與文獻學、歷史學真正打
成一片，一方面以學術史已有的成果去考察衡量新發現的佚籍，另一方面則
以考古學的知識和方法來整理研究簡帛，同傳世文獻對比參照，從而推進學
術史研究的發展。」〔註39〕這是極具指導意義的看法。他還說，由於郭店簡
和上博簡的問世，揭示和探討這些書籍代表的孔孟之間儒家的傳流演變，是
學術史研究中的一件大事。近幾十年來出土的簡帛文獻，數量之多，內容之
珍貴，是孔壁書與汲冢書無法比擬的。其意義具體表現在：首先，可以使一
些古史的「冤假錯案」得到平反。其次，可以對一些古籍的成書時代重作估
價。其三，通過對戰國秦漢簡帛作綜合考察，可以對這一時期的學術源流作
出新的判斷。〔註40〕李先生「重寫學術史」的意見，是他長期從事考古研究
與簡帛研究的學術實踐的理論提升，也是其「重新估價中國古代文明」和「走
出疑古時代」思想的進一步深化。

〔註38〕杜維明：〈郭店楚簡與先秦儒道思想的重新定位〉，載姜廣輝主編：《中國哲學》
第 20 輯，第 5 頁。

〔註39〕李學勤：《簡帛佚籍與學術史》，南昌：江西教育出版社，2001 年，第 7、12、
400 頁。

〔註40〕李學勤：《重寫學術史》，石家莊：河北教育出版社，2002 年，第 359、428～
431 頁。

　　當然「重寫學術史」或「改寫思想史」等類似的主張，也應當限定在一定的範圍內，正如有論者指出的：我們必須思考的問題是，出土文獻爲改寫中國思想史提供了哪些可能性，利用出土文獻改寫中國思想史要注意材料的局限性和研究方法的局限性。一方面，出土文獻爲我們改寫學術史和思想史提供了可能。「出土文獻爲我們提供了大量新鮮的材料，豐富了思想史的內容，開拓了新的研究領域，盤活了一批長期未受到重視的傳世文獻，引發了史料的重新評估和排列，爲一些長期未能解決的問題提供了新的機會，從各個側面對中國思想史產生了影響，使所有研究古典學的人都不得不關心出土文獻。在這些意義上講，出土文獻具備了改變思想史面貌的可能性。」〔註41〕然而，這一改寫或重寫受制於很多局限。如出土文獻在數量上的有限性，有時尚不足以提供足以改變思想史主線的材料，而只能起到局部改寫或補寫思想史的作用。同時，我們或許可以追問，出土文獻爲何會在歷史上遭到淘汰和毀滅，其意義眞的要大於傳世文獻嗎？顯然這不是一個簡單的問題。一方面，歷史文獻的傳播都是有限的，有的被一些人去世後帶入地下，其珍貴可見一斑，但也因此中斷了對後世的影響；另一方面，這些曾經中斷了流傳的文獻被重新發現後，還需要一個長期的艱困的文本整理和復原工作方能放心使用。〔註42〕但是，我們必須正視的是，如果其出土沒有什麼問題，這些文獻畢竟沒有「經過後人加工」的爭議！

二、「畫地爲牢」與「突出重圍」：「疑古」與「走出疑古」之爭

　　當然，對於文獻的認識，更爲關鍵的還在於方法問題引起的爭議。而這

〔註41〕曹峰：〈出土文獻可以改寫思想史嗎？〉，《文史哲》2007年第5期。其修改稿以〈價值與局限：思想史視野下的出土文獻研究〉刊載於劉笑敢主編：《中國哲學與文化》第6輯《簡帛文獻與新啓示》，桂林：廣西師範大學出版社，2009年，第69～99頁。

〔註42〕對於出土文獻是否比傳世文獻具有優勢，很多學者都進行了說明。其實，出土文獻的最大優勢就是讓我們看到了那個時代的「第一手」資料，沒有被後世所「改動」，至於這些資料是否就比傳世文獻爲優，則是不確定的。一方面，我們經常有這樣的邏輯，即傳世的東西是經過歷史選擇的，是經過實踐檢驗的，屬於精華的部分；但在另一方面，又存在著這樣的可能，即歷史留下的未必盡是精華，而遭淘汰的也不全是垃圾。歷史研究證明，歷史本身似乎存在一種「精英淘汰機制」，令人徒歎奈何！可見，歷史的邏輯未必是合理的。因此，對於出土文獻與傳世文獻，我們應該通過具體的研究來判斷孰優孰劣，甚至可以放棄孰優孰劣的判定。

方法問題的爭議，便是「疑古」與「走出疑古」之爭了。

　　1992 年，李學勤先生在一次座談會上明確提出「走出疑古時代」，於是，一個新的學術時代出現了。宋代出現的疑古思潮，在清代大盛，而經民國初年顧頡剛（1893～1980，字銘堅）先生為代表的「《古史辨》派」的努力，成為引領和籠罩一個時代的學術思潮。儘管後來因為唯物史觀成為主流，疑古思潮作為一個明顯的時代主流特徵不復存在，但其「流風餘韻」卻綿遠久長，至今仍在諸多領域研究者那裏發揮著影響。「疑古」與「走出疑古」之爭，便顯示了這兩種思潮的互競和對立，當然，在這對立和互競的過程中，也會發生互相影響，各自吸收對方的優長，彌補自家的不足。不過，隨著簡帛文獻的大量面世，疑古思潮受到了前所未有的衝擊，不僅其諸多具體結論被推翻，而且其治學範式和研究方法也遭到了更深層次的反思和質疑。

　　簡帛文獻研究的一個重大理論意義就是帶來了「對古書的反思」，也就是對傳統辨偽學的反思和檢討。疑古思潮的具體做法是由辨別古史而辨偽古書。梁任公先生曾撰寫《古書真偽及其年代》，歸納辨偽方法〔註43〕，而顧頡剛先生等主持的《古史辨》七冊，不論「辨偽成果」還是「辨偽方法」都有較深廣的體現。作為「辨偽古書集大成」的民國時期張心澂（1887～1973，字仲清）先生所編《偽書通考》（1939），所彙集的歷代辨偽成果涉案古書達 1059 部，令人咋舌！此後鄭良樹先生又有《續偽書通考》（臺灣學生書局，1984），皇皇三巨冊。不過，他對傳統辨偽學提出了反思，已經發現了傳統辨偽學的致命不足。

　　晚清大儒俞樾（1821～1907，字蔭甫，號曲園）在其《古書疑義舉例》一書的序言中說：「執今日傳刻之書而以為是古人之真本，猶聞人言筍可食，歸而煮其簀也。」已經啟示我們對古書之傳流應該用一個變動的眼光來審

〔註43〕 對於梁氏的辨偽方法問題，廖名春先生已經撰文予以逐條批駁，基本皆不成立。見廖名春：〈梁啟超古書辨偽方法平議〉，載氏著：《中國學術史新證》，成都：四川大學出版社，2005 年，第 129～153 頁。司馬朝軍先生也對梁氏所謂十二條「辨偽公例」予以批駁。司馬先生總結說：梁啟超的「十二公例」大多經不起推敲。其態度不客觀，方法多疏漏，影響也相當壞。許多人受其影響，動輒以「辨偽」為名，結果造成了一大批冤假錯案。辨偽之事，談何容易！不深知辨偽之害者，不能得辨偽之利。好學深思之士，當以此為迴戒。文獻辨偽學的進展，要求對舊方法進行全面反思。見其〈梁啟超辨偽「公例」質疑〉，載氏著《文獻辨偽學研究》，武漢：武漢大學出版社，2008 年，第 97～106 頁。

視。但細觀俞氏所言，其所說與疑古派之「僞書」論並不等同。對古書成書和流傳規律的研究，早在余嘉錫（1883～1955，字季豫）先生《古書通例》中就有了很好的總結。〔註 44〕呂思勉（1884～1957，字誠之）先生也明確指出：「近二十年來，所謂『疑古』之風大盛，學者每訾古書之不可信，其實古書自有其讀法，今之疑古者，每援後世書籍之體例，訾議古書，適見其魯莽滅裂耳。」〔註 45〕疑古派之失誤，關鍵在以今律古，不明古書之體例。隨著上世紀七十年代以來大批出土簡帛的問世，余先生的觀點得到了一次次證實。李學勤、李零等先生對古書成書和流傳問題也進行了深入探討。李學勤先生提出了「對古書的第二次反思」的學術命題。李零先生還總結了古書體例，且指出了顧頡剛先生等疑古派的諸多流弊：

其一，疑古派對古史形成的複雜過程理解過於簡單，以爲其傳述既出於年代較晚的古書，則必屬後人造作，只能算是「僞古史、眞神話」。從而把原有的古史系統一筆勾銷，完全讓位給考古學，形成「考古自考古，神話自神話」的局面。其二，把先秦古書的年代普遍拉後，往往把它們說成是劉歆（前50？～23，字子駿）僞造或更晚的僞造。這不僅對古書的形成過程是一種曲解，而且對古書的流傳和整理也是一種曲解，在目錄學史和秦漢學術史的研究上也造成了一定的混亂。其三，沿襲了經今文派對經古文派的偏見。對上述流弊從方法上進行檢討，我們將不難發現，它往往是把古書本身的年代與古書內容的年代混爲一談，對古書形成的漫長過程也只是取其晚而不取其早。這種偏頗，是由多方面的誤解所造成。它實際上是把「層累造成」理解爲「層累造僞」。

針對顧頡剛先生「戰國秦漢間造僞運動」的說法，李零先生也根據古書成書的規律指出：「在我們看來，既然古書並沒有如同後世一樣的明確著作權，當時人很少想到借著書而自名，加上書籍傳播的不易，則他們不僅應比後世更少作僞之動機，而且應比後世更少作僞之可能。」〔註 46〕這很有力地回應了顧先生武斷懷疑戰國秦漢人喜歡造僞的說法。

〔註44〕　余嘉錫：《古書通例》，劉夢溪主編：《中國現代學術經典‧余嘉錫　楊樹達卷》，石家莊：河北教育出版社，1996 年。

〔註45〕　呂思勉：《先秦史》，上海：上海古籍出版社，2005 年，第 6 頁。

〔註46〕　李零：〈出土發現與古書年代的再認識〉，《李零自選集》，桂林：廣西師範大學出版社，1998 年，第 24、31 頁。

　　在簡帛文獻的大量出現之後，不少學者對傳統辨偽學或考據學進行反思，傳統考據方法受到質疑和挑戰。除了李學勤、李零諸位先生，劉笑敢先生也做了相當系統而深入的反思和檢討。他對以「思想線索」爲根據的前提條件、以「默證」爲根據的推論前提和以「合理推測」爲基礎的考證前提的三種傳統的考據學方法提出了自己的質疑。

　　劉笑敢先生指出：「思想前後之發展有順承者，有逆反者；有由淺入深者，亦有前深而後淺者；有徘徊於邊緣者，亦有異峰突起者，無法歸結爲單一發展的線索。而所謂單一線索的發現，不過是一時、一地以及一些人的見解和總結，未必能據之以斷定某種觀點和概念之先後。」「如果沒有明確的歷史記載爲依據，僅僅根據所謂『思想線索』判斷作品的年代是可疑的。」他還指出，「歷史上流傳千年的原初記載大多有一定的客觀性，雖然記載失誤、不夠準確的情況是不可避免的，但隨意編造的比例比較低。我們沒有足夠理由斷定，一種原初記載如果缺少旁證就完全不可信。正確的態度應該是對歷史文獻的內容和價值作全面的分析，而不應該要麼全信，要麼完全不信。……對歷史記載的不足和漏洞有理由提出懷疑，但還不能作爲另立新論的根據，懷疑的理由不足以作爲立論的基礎。……某物遍尋不見，我們有理由懷疑它丟失了或乾脆原本就不存在，但絕沒有理由斷定它本來就不存在，更不能因此而認爲我們假設此物並不存在的推理或故事就是一種『學術研究』或『文獻考證』」。他還警告說：「現代人高明的邏輯推理和聰明的建構不一定比似乎難以理解的歷史記載更可靠。」劉先生還批評了現代人的一種「虛妄的信心」和「理性的傲慢」：「將歷史記載打成碎片並借助豐富的想像而重新建構的似乎完滿的假說比歷史文獻的記載更可靠」。因爲「古籍的流傳或遺失的情況可能相當複雜，不可能是按照現代人的邏輯發生的。因此完全擺脫已有的歷史記載單靠現代人的邏輯推理來斷定古代發生了什麼事情，正確或準確的機會很低，而且越是具體的假設，錯誤的可能性越高。」〔註 47〕讀過這些精闢的論述，我們不能不佩服劉先生的高明和清醒。

　　他對疑古派對待文獻的態度也表示異議：「因爲歷史文獻中有不准確和模糊之處就輕易地將整部文獻當作不可靠的無用之物、棄之如敝屣的做法是粗

〔註47〕 以上引文均見劉笑敢：〈出土簡帛對文獻考據方法的啓示（之一）：反思三種考據方法的推論前提〉，載劉笑敢主編：《中國哲學與文化》第 6 輯《簡帛文獻與新啓示》，桂林：廣西師範大學出版社，2009 年，第 25～43 頁。

率的，不是一個研究者應有的態度。作爲研究者，我們既不能輕易地毫無保留地完全相信一種史料，也不能輕易地將一種經過長期自然篩選而流傳已久的歷史文獻看得毫無價值。實際上，任何歷史記載都可能有某些錯誤，但不能因此而認爲其記載就完全沒有任何大體可靠的內容。在沒有更有力的證據發現之前，不應該將僅有的若干歷史記載全盤否定。」〔註48〕這同樣是難得的持平之論。

可以看出，疑古派的極端懷疑論、古人好造僞論，不過是學者的「畫地爲牢」，給本來已經十分複雜的古史和古文獻研究帶來更大的麻煩。作爲顧頡剛好友的王伯祥（1890～1975，名鍾麟）先生對此曾有一番深刻評論：「斥誣崇實，去僞存眞，本爲學術之公器，無論域內域外，此心同，此理亦同。固倡導之不暇，又何可厚非耶？然學術紛爭，每假攻駁異己而自申，故自百家爭鳴之後，……於是門戶立而攻駁愈烈，攻駁愈烈則雙方之著作必皆有漸失其說服力者，則古籍之數，不削自減，……蓋從此之後，只須任拾一方之牙慧，餘都可以一概屛絕而不觀。及姚書（引者按：指《古今僞書考》）一出，羅列古來赫赫名著，概斥爲僞，一若分列罪等，名捕逋犯之官牒，拍手稱慶者不啻驟得一佐證，天降一護符，從此可以不究內容，肆意斥責，而人亦不敢致其詰難矣。此風一扇，每下愈況，逮近人《古史辨》出，更一切否定，而古籍之足用者星鳳不若焉。承學之士，竟以疑古派自矜，而老師宿儒只得鈐口結舌，以抱殘守缺自娛而解嘲。學風窒息，恐將一蹶而不可復振矣。昔人譏學派相爭曰黨同伐異，專己守殘。今日者，上一語固久已不成問題，而下一語卻不甚確，蓋專己則誠是矣，守殘之殘又何居乎？其尤悍者對他人則否定一切，自詡則一貫正確，是亦一天不變道亦不變之論矣，又何爲令二千數百年前之董仲舒獨尸其咎，使澤畔行吟之屈原而在今日，又將何從呵壁而問天哉？」〔註49〕其實，王氏這一看法，卻有異代同調，在晚清大儒朱一新就已發論：「近人動輒疑經，唐以前無是也。《皇清經解》中頗有此弊。大率

〔註48〕劉笑敢：〈出土簡帛對文獻考據方法的啓示（之二）——文獻析讀、證據比較及文本演變〉，《中國哲學史》2010年第2期。

〔註49〕王伯祥：《庋榢偶識》，北京：中華書局，2008年，第141～142頁。朱一新《無邪堂答問》卷一云：「姚氏（際恒立方）《古今僞書考》多出臆斷。古來僞書惟子部最多，經部作僞不易。漢、魏、六朝經師，一字之殊，斷斷考辨，若張霸、劉炫之僞造者，終不能售其奸。」可詳參看。見朱一新：《無邪堂答問》，北京：中華書局，2000年，第2頁。

以己之意見治經，有不合者，則鍛鍊周內，以證古書之偽，而後可伸其私說。若推此不已，其禍殆烈於焚書。」〔註50〕幸而，學者對此有了及時的檢討和反思。

學術研究起於懷疑，考證之學遂成為學術研究的前提和基礎。如馮芝生先生所說：「真正的史學家，對於史料，沒有不加以審查而即直信其票面價值的。」〔註51〕然而，疑古學者預設了一個前提：「古人好作偽」。於是，「辨偽」又成為考證的代名詞。於是，在沒有考證清楚之前，任何史料都有了「偽造」的嫌疑。王元化先生曾尖銳地指出：「以懷疑精神探究古史本無可非議，但以辨偽規範古史，則未免過於簡單。蓋如此難免胸中橫亙先入之見，所見莫非偽書。倘再率爾斷案，則其弊尤甚。」〔註52〕事實上正是如此，在經過如此這般的辨偽考證之後，中國的古代典籍幾乎被「一網打盡」，辨偽學的單向性，即由真而「偽」，沒有反過來由「偽」而真，由此可見這一預設的危險性所在，也可以看出，疑古學者的懷疑矛頭指向的是不能自我辯護的史料，而從來不指向自身的懷疑。也就是說，只有懷疑，而缺少了自我懷疑的精神，這種研究往往是危險的。因此，「走出疑古」的意義實際上就是古代學術研究本身的「突出重圍」，是一次研究範式及研究思維的轉變。

不過，就現今學術界的基本狀況而言，顧先生「戰國秦漢間造偽運動」之類的觀念已被打破，劉歆、王肅（195～256，字子雍）等人曾「遍偽群經」的說法也沒有了市場。學者提出，對於古籍的考察，不應該以書為單位，而應該以章、段為單位進行考證。這是一種具體分析的方法，能夠避免以偏概全的失誤。不過，人們還是保持著「謹慎」的態度，對史料進行著過於苛刻的審查，而有些懷疑則近乎捕風捉影，毫無實據。如關於史籍中大量的「子曰」、「孔子曰」文獻，也就是那大批的「孔子遺說」，很多學者依然認為其中某某部分可能為後人所假託或偽造。

前揭美國學者白牧之、白妙子夫婦曾撰《論語辨》，繼承清人崔述（1740～1816，號東壁）遺志，可以說是對《論語》進行的「最為徹底」的一次「考

〔註50〕 朱一新：《無邪堂答問》，北京：中華書局，2000年，第2～3頁。此條因讀王元化先生《九十年代日記》而得見之，未記卷次，翻檢朱氏之書，見於卷一「答勞植楠問文中子真偽」條自注小字之中。而王氏所引亦有錯字也。

〔註51〕 馮友蘭：《〈古史辨〉第六冊序》，《三松堂學術文集》，北京：北京大學出版社，1984年，第410頁。

〔註52〕 王元化：《思辨錄》，上海：上海古籍出版社，2004年，第177頁。

辨」。在他們考證之下，《論語》竟然只有〈里仁〉前 24 章爲眞正原始的孔子語錄，其餘皆是孔子弟子及再傳、三傳乃至四傳弟子在數百年的時間裏陸續添加上去的，其可靠性自然大大折扣。這種極端的看法，其問題十分明顯，宜乎其未能得到大多數人認可。不過，大多數學者仍在以《論語》爲研究孔子的唯一資料，對除此之外的其他文獻資料則保持著高度的警惕和懷疑。如陳桐生先生在討論上博〈孔子詩論〉時就認爲，戰國時期有一個重塑孔子形象的過程，他將很多文獻如《易傳》、《孝經》、大小戴《禮記》、《春秋》三傳以及竹書〈孔子詩論〉等中的「孔子曰」或「子曰」都看作後儒假託孔子以爭奪「話語霸權」之語。〔註53〕再如王葆玹先生指出：「對《論語》之外的『子曰』應加分析，區別眞僞，《左傳》所引的孔子言論大致上是可信的，而《禮記》、《易傳》、《孝經》等書所引的孔子言論或是經過了後人的潤色，或是後人所僞託。作這種潤色和委託的後人，當主要是孔氏家族的人物，以子思爲最早，以孔僖爲最晚。」〔註 54〕細讀之下，這些論斷多是一種先入爲主的成見，縱有所謂「證據」亦多似是而非。

　　我們看到，隨著出土文獻的大量問世，很多疑古派的觀點遭到了動搖乃至顚覆，但是所改變的也僅僅是具體的觀點，很多學者的思維方式和論證方式仍然是基於疑古的。對此，廖名春先生有過很多精到的論述。他以《周易》研究爲例，指出：「現在雖然還沒有春秋時期、戰國初年的《周易》本子出土，但從帛書《易傳》孔子論易和郭店楚簡有關的記載看，春秋說和戰國初年說也是不可信的。我們不能奢望古書的記載能全部被出土文獻證實，但從已經證實的部分裏，研究者應該從方法論上反省自己致誤的原因。如果基本不相信文獻的記載，只是一味地畫地爲牢，出土的漢代的帛書本，就說《周易》成書於戰國末期；出土了戰國中期本，就說《周易》成書於戰國初年……這種所謂的嚴謹，總是會受到出土文獻的嘲弄的。」〔註55〕廖先生從具體研

〔註53〕陳桐生：《〈孔子詩論〉研究》，北京：中華書局，2004 年，第 36～96 頁。

〔註54〕王葆玹：〈晚出的「子曰」及其與孔氏家學的關係〉，《紀念孔子誕辰 2550 週年國際學術研討會論文集》下冊，北京：國際文化出版公司，2000 年，第 1820頁。關於「子曰」的問題，很多學者都有過關注。如曹峰以〈魯邦大旱〉的「子曰」爲例，指出傳世文獻及出土文獻中的大量「子曰」既有眞實的成分，也不乏編造和假託。輕率地將之視爲可靠資料，並不是嚴格的思想史研究方法。曹峰：〈出土文獻可以改寫思想史嗎？〉，《文史哲》2007 年第 5 期。

〔註55〕廖名春：《〈周易〉經傳與易學史新論》，濟南：齊魯書社，2001 年，第 60～61 頁。

究入手，對疑古思潮及辨僞方法的反思具有極爲重要的價值。這與只是根據史學理論而進行的論辯要可靠得多。其實，廖先生所舉的只不過是近年來關於出土文獻所印證的古籍辨僞和疑古思潮之失誤或錯誤的一個典型個案而已，這樣的案例還有很多。從這些辨僞成果的這些失誤本身，足以應該引起疑古學者的反省。

三、「二重證據法」與所謂「顧頡剛難題」

「二重證據法」是現代簡帛文獻研究中最爲流行的研究方法。1925 年，王國維（1877～1927，字靜安，號觀堂）先生提出：「吾輩生於今日，幸於紙上之材料外，更得地下之新材料。由此種材料，我輩固得據以補正紙上之材料，亦得證明古書之某部分全爲實錄，即百家不雅馴之言亦不無表示一面之事實。此二重證據法，惟在今日始得爲之。雖古書之未得證明者，不能加以否定；而其已得證明者，不能不加以肯定，可以斷言矣。」〔註 56〕王靜安先生以其對甲骨文和殷商世系的研究，認爲《史記·殷本紀》的基本可靠，又推論《夏本紀》當屬可信。

顧頡剛先生對觀堂這一說法提出了質疑。大約在 1946 年至 1947 年間，他對王氏的說法進行了反駁：「今人恒謂某書上某點已證明其爲事實，以此本書別點縱未得證明，亦可由此一點而推知其爲事實，言下好像只要有一點眞便可證爲全部眞。其實，任何謬妄之書亦必有幾點是事實。《封神榜》，背謬史實之處占百分之九十九，然其中商王紂、微子、箕子、比干、周文、武等人物與其結果亦皆與史相合。《今本竹書紀年》，僞書也，而其搜輯《古本紀年》亦略備，豈可因一部之眞而證實其爲全部眞邪！」〔註 57〕顧頡剛先生這段話的關鍵意思是「不能以一部分之眞證全部皆眞」。今人張京華先生把顧氏這一命題稱爲「顧頡剛難題」。他認爲，所謂「顧頡剛難題」包含兩方面的含義：其一，考古學所印證的文獻的數量：考古學能否提供全部可印證的文字內容？其二，考古學所印證的文獻的年代：考古學能否提供出第一時間的原始記錄？他說：「上古實物特別是文字與文獻的遺失，使得『以全部之眞證全部皆眞』爲不可能，使得古史重建『拿證據來』爲不可能，使得

〔註 56〕王國維：《古史新證——王國維最後的講義》，北京：清華大學出版社，1994 年版，第 2～3 頁。
〔註 57〕顧頡剛：《顧頡剛讀書筆記》卷四，北京：中華書局，2011 年，第 298 頁。

疑古『永遠有理』。」〔註 58〕

　　對此，李學勤先生進一步指出，所謂「顧頡剛難題」其實是一個偽命題：「這裏存在著一個方法論的問題。我們不能企望古籍記述的所有事迹一一取得地下的證據。能夠保存到今天的文物，終究只能反映古代的一小部分。對於一種文獻來說，如果其中某些關鍵的因素得到證明，或者許多要點反覆經過印證，就應該相信這種文獻整體大概是可信的。」〔註 59〕「我們對於任何史料，包括近現代的史料，要求證明它的所有內容為眞，這是做不到的，根本就做不到。所有的史料，都不能要求將其所有各點證明為眞。……史料不是只用眞假來判斷，而是有可信性高低的問題。沒有任何記錄是十全十美的，任何一個史書也不能說什麼都是眞的。……我們能證明一個古代文獻有一點為眞，那麼其他各點的可信性就會增加；如果我們證明三點為眞，就比那一點為眞的可信性又大為增加。應當從量的方面看這個問題，而不能簡單的用二分法來講這個問題。」〔註 60〕張京華對李先生這一論斷和態度表示贊同。他說：「實際上，疑古學者對於古書古史的辨偽就其篇幅而言也往往只限於若干部分，同理亦可質問：能否以一部分之偽證全部皆偽？」〔註 61〕更何況，疑古學者所謂「偽」未必是「偽」呢？

　　葛兆光先生感歎道：「疑古者那裏幾乎所有的古書都有作偽的嫌疑，小心翼翼地把古代中國的史料剔得只剩下幾根骨架，好像在愛克斯光透視下的人體。」又說：「那個時代的史學家彷彿一個過分嚴厲和挑剔的檢察官拿著一個過細的篩子，歷史文獻稍有疑問就不能通過他的關卡。」這種苛刻的篩選，其後果便是，「在精確中犧牲了想像，在小心中放棄了可能，因噎廢食、劃地為牢，既拒絕了線索，也喪失了歷史的豐富。」〔註 62〕所說眞是入木三分！其實，簡帛文獻的出土已經證明傳世文獻比我們原來想像得要更可靠，或者

〔註 58〕張京華：《古史辨派與中國現代學術走向》，廈門：廈門大學出版社，2009 年，第 141、144 頁。

〔註 59〕李學勤：《李學勤集》，哈爾濱：黑龍江教育出版社，1989 年，第 4 頁。筆者曾就此專門請教李先生。其說仍同上述。見宋立林整理：〈中國古代文明之重估與孔子思想的再認識──李學勤先生專訪〉，楊朝明主編：《孔子學刊》第 1 輯，上海：上海古籍出版社，2010 年，第 5 頁。

〔註 60〕李學勤：〈中國學術的緣起〉，載氏著《通向文明之路》，北京：商務印書館，2010 年，第 276～277 頁。

〔註 61〕張京華：《古史辨派與中國現代學術走向》，第 148 頁，注 16。

〔註 62〕葛兆光：〈古代中國還有多少奧秘？──讀李學勤《簡帛佚籍與學術史》〉，《讀書》1995 年第 11 期。

說相當可靠。我們認爲的歷史文獻內容的模糊不清，並非一定是文獻本身的錯誤，而是因爲相關文獻的失傳。〔註63〕

　　對於「二重證據法」，以符號學研究著稱的李幼蒸先生曾大加批判，他指責「二重證據法」是違反科學原則、以情代理的。他將近幾十年對疑古思潮的否定和超越認定是幼稚的思維邏輯，證明了海內外幾十年來社會科學思維能力的普遍退步。他認爲，科學的歷史學就是懷疑，反對懷疑就是反對科學。〔註64〕其實，反對疑古的學者並非缺乏懷疑精神，他們所提倡的「溫情與敬意」與「懷疑精神」並非水火不容。他們所反對的只是武斷的、隨意的懷疑。我們可以發現，疑古學者往往執「懷疑」爲利器，可以所向披靡，無往而不「勝」，但缺乏的卻是對「懷疑」本身的懷疑。他們將歷史文獻當作毫無生命的物體，像自然科學那樣純客觀地去分析和研究〔註65〕，甚至將歷史文獻首先當作「嫌犯」進行審查，首先假定其爲「僞」的，然後再進行取證，在沒有證據證明其爲眞的情況下，就可以斷定其爲「僞」。在梁任公、胡適之、顧頡剛等疑古派學者那裏，很明顯有這樣一種傾向：「寧疑而失之，不信而失之」，「寧信其僞，不信其眞」，不但有疑點的書被斥之爲僞，而且深文周納、濫用丐辭，將無疑看作有疑，以疑古爲榮，以疑古爲能，這種武斷的態度，實際上與科學精神並不搭界，反而是背離了眞正的科學精神。所反映的恰恰是近代中國落後挨打狀態下國人的自卑心理。〔註66〕

〔註63〕　參劉笑敢：〈出土簡帛對文獻考據方法的啓示（之二）——文獻析讀、證據比較及文本演變〉，《中國哲學史》2010年第2期。

〔註64〕　詳參李幼蒸：《儒學解釋學》上册，北京：中國人民大學出版社，2009年，第62～104頁。李幼蒸先生具有深湛的理論思維能力，而且其對儒學與仁學的區隔，也未始不是一種值得重視的意見。但是，李先生對於史學研究的唯科學主義取向，並將顧頡剛先生視爲中國學術走向科學化的幾乎唯一一位學者等看法，則未免過於情緒化了，大有眾人皆醉我獨醒之概。

〔註65〕　這種歷史學研究的客觀主義取向，很顯然受到西方蘭克史學的影響。傅斯年先生在其中起到了很大作用。他在〈歷史語言研究所工作之旨趣〉中提出「要把歷史語言學建設得和生物學地質學同樣，乃是我們的同志」。（劉夢溪主編：《中國現代學術經典·傅斯年卷》，石家莊：河北教育出版社，1996年，第350頁。）這一說法雖不必然導致疑古，但卻與之密切相關。而且，在今天看來，歷史學到底是人文學科還是科學，也一直在爭議中。不佞更傾向於認爲，近代歷史學的科學化，雖然推動了現代史學的建立和發展，也帶來了很大的問題，尤其是喪失了其人文價值和教化的功能。

〔註66〕　參見廖名春：〈梁啓超古書辨僞方法平議〉，載氏著《中國學術史新證》，成都：四川大學出版社，2005年，第129～154頁。

　　思想史家徐復觀（1903～1982，字佛觀）先生曾對學界流行的以辨僞爲
能事的風氣予以針砭。他用十分嚴厲的口吻說：「以標榜辨僞的人，多是非愚
即妄，或懶惰而又好名的人。」因此他主張：「沒有經過『再考證』以前，寧
可暫守傳統的說法，以免因好奇而陷入泥淖。考古上的新發現，許多是在打
輕立新說者的嘴巴。」〔註67〕徐先生的話，看似很「不中聽」，卻是基於其學
術研究經驗的有感而發。歷史文獻不同於自然科學的對象物，它是祖先留給
後世的財富，我們沒有權利不尊重它，不愛惜它，而且還應當更好地傳承下
去。因此，不應當僅僅把歷史學作爲一門「科學」來對待，尤其是在素有歷
史傳統的中國。正如有學者在討論《論語》研究時指出的那樣：「請容我再重
申一次，漢學家的大膽和『無情』乃是名正言順的事，但是作爲我們自己卻
要愼之再三，因爲他們的大膽轉移到我們身上就是魯莽滅裂，他們的『無情』
轉移到我們身上就是對自家物事毫不珍惜。對於我們中國人來說，《論語》不
僅僅是一部古代文獻，更是兩千多年來無數學者閱讀、誦習、講論、注釋，
甚至身體力行的『經書』。實際上不光是歷代知識分子，就是粗通文墨的普通
百姓、乃至不識字的人也都能背誦幾句《論語》，用來作爲立身行事的基本原
則。這樣看來，我們對於《論語》的態度應當有別於漢學家的純『科學』精
神。這並不是說我們要放棄批評精神和歷史研究，而是說，我們必須用一種
對本民族文化的信仰和關愛『凌駕』於學術研究之上。在研究像《論語》這
樣的經典時，我們一定要『戰戰兢兢、如臨深淵、如履薄冰』，一定要比西方
漢學家加倍地小心翼翼。自家經書永遠是自家經書，所以在純粹歷史研究之
上，我們還需要『信而好古』，需要『敝帚自珍』，甚至需要一種清醒、明達
而且健康的『迷信』。」〔註68〕李幼蒸先生罔顧疑古派史學對中國歷史文化所

〔註67〕　徐復觀：〈治古代思想史方法——答輔仁大學歷史學會問〉，載韋政通主編：《中
　　　　國思想史方法論文選集》，上海：上海人民出版社，2009年，第131～133頁。
〔註68〕　高峰楓：〈《論語》是不是「孔門福音書」？〉，《讀書》2002年第5期。不過，
　　　　高氏在若干年後的認識發生了變化。他在將該文收入《古典的回聲》文集時
　　　　將上引一段芟夷了。他在該書〈前言〉中這樣「反思」道：「此文作於2001
　　　　年，評論的是美國兩位漢學家白牧〈牧〉之、白妙子的《論語辨》一書。我
　　　　當時識見淺陋，誤信對傳統典籍應保有『溫情和敬意』，所以在最後兩段對白
　　　　氏夫婦作了一番強詞奪理的批評。思想之迂腐，如今讀起來，實在是羞愧難
　　　　當。這次結集，就趁機將這兩段盡數刪去。」見《古典的回聲·前言》，杭州：
　　　　浙江大學出版社，2012年，第1～2頁。因此，這段話已經不能作爲高氏如今
　　　　的立場。不過，在不佞看來，不管高氏出於何種因緣改變了認識，但上引那
　　　　段文字依然有「獨立存在」的價值，依然可以代表一部分學者的認識。

造成的負面不良影響，將顧氏奉為中國科學史學的真正代表，將幾十年來反對疑古、反思疑古的學者貶低為逆流，這似乎更多的是一種「以情代理」的表現吧。

對於辨偽學的「合法性」，也有學者提出了異議。張岩先生將傳統辨偽學與刑事案件的司法程序進行了類比。正如刑事案件的司法程序一樣，辨偽學的程序結果決定古代文獻的命運。但辨偽學不似刑事司法程序那樣，具有刑事犯罪的事實作為前提，辨偽學沒有這樣的前提，在辨偽學的起點上，一部古代文獻是否為偽無法確定。是否存在作偽者，是否發生作偽過程，都是待證事實。因此，辨偽學應該叫做「甄別學」更加合理。以往辨偽學的邏輯起點是所謂「大膽假設」的有罪推定，也就是先定罪名再找證據。這樣的研究方法，有悖於法理，有違於學理。這樣的研究方法，是鼓動研究者在「科學」的名義下放棄謹慎，將極不嚴謹的研究和結論叫做「科學」，是疑古思潮在邏輯起點誤入歧途的一塊路標。他提出，古代文獻應當有權享有當代刑事司法程序中的「犯罪嫌疑人」的「同等待遇」：「無罪推定」。這樣的收斂機制可以在一定程度上將辨偽學還原到甄別學的邏輯起點。從學理上說，在對辨偽學進行證據審查的程序中，審核者在足以證實指控證據不足的情況下，原則上是不負有舉證證明文獻不偽的義務的。另外，在「辨偽學」中，證據不能存疑，或者說存疑的證據不能採信。如果使用「存疑的證據」將具有重要史料價值的真文獻誤判為「偽書」，將直接導致嚴重的後果。通過考察可以發現，在至今為止對先秦文獻的辨偽指控中，第一，不存在「犯罪事實」發生的可靠證據；第二，不存在嚴格意義上的直接證據；第三，辨偽學現有全部證據都屬於法學意義上的間接證據。古文獻的「無罪推定」原則具體體現在，在文獻真偽的甄別過程結束前，作為甄別對象的古文獻應當被推定為真文獻。〔註69〕

謝維揚先生也對古書辨偽的舉證責任進行了分析。他提出了古籍辨偽的標準問題和舉證責任問題。他認為，鑒於傳統辨偽學存在著的大量問題，「對先秦古書證偽的最終標準應該來自書外，即應該找到正面反映作偽行為的足夠證據或證明」。對於舉證責任問題，他認為，「就中國早期文獻的實際而言，堅持證真方舉證立場的效果是不好的」。他同樣主張「證偽方負有舉證責任」。

〔註69〕詳參張岩：《審核古文〈尚書〉案》，北京：中華書局，2006年，第280～313頁。

〔註 70〕其實，這符合現代司法程序的「誰主張，誰舉證」的原則，即「被告人」不負有舉證證明自己無罪的義務。這一點同樣重要，比如現在很多學者都堅持「子曰」除了《論語》之外都存在問題，是後儒依託或假託孔子的話。但這樣的說法或「定論」卻又舉不出堅實的證據予以證明，其指控自然落空。「懷疑」不能作為「結論」。我們只能說不排除這種可能性，但要證明這一點，必須有足夠的證據。

　　這裏要聲明的是，所謂「無罪推定」不是放棄對史料的審查，而是指在很多情況下，審查所需要的證據根本不存在，或其證據的效力不足，我們就不應當「懷疑到底」，認定其為偽而了事。我們需要做的仍然是謹慎的可靠性審查。姜廣輝先生就曾經提出：「對待傳說，現在歷史學上基本採取『存疑』的態度，因為沒有證據，只好存疑。用這個邏輯，也可以倒過來說，這些東西既然是古代傳下來的，我們沒有證據說它不存在，那就應該『存信』，而不是『存疑』。」〔註 71〕同理，對於現存的有關孔子及孔子學派的相關文獻，在沒有足夠的證據證明存在假託偽造的情況下，穩妥的辦法是「存信」。

　　另外，作為辨偽學的一個重要理論基礎的「層累說」，本身也存在問題。正如論者所指出的那樣，「顧頡剛的『層累造成說』有一個相當突出的特質，這個特質是：他把『層累』看成是有意造偽的結果，而不是自然累積而成的」〔註 72〕。另外一個問題是，「我國上古的舊史體系固然是『層累地造成的古史』，然另一方面還有『層累地遺失的古史』與之相輔構成古史的實際情況。因此對一些史料毀失過甚、史實面貌不清的問題只應當存疑，不應當疑定。」〔註 73〕也就是葛兆光先生所指出的，歷史的加法和減法問題。〔註 74〕在這兩個方面，顧頡剛以及疑古學者往往有所忽視。尤其是在「層累說」的指導下，辨偽學最大的特點是運用「默證法」，這一點早經張蔭麟（1905～1942，字素

〔註 70〕謝維揚：〈古書成書情況與古史史料學問題〉，載謝維揚、朱淵清主編：《新出土文獻與古代文明研究》，上海：上海大學出版社，2004 年，第 283～286 頁。

〔註 71〕姜先生的說法見洛陽大學東方文化研究院主編《疑古思潮回顧與前瞻》（北京：京華出版社，2003 年，第 313 頁）所載「眾議疑古思潮──『二十世紀疑古思潮回顧』學術研討會紀要」中姜先生的發言。

〔註 72〕王汎森：《古史辨運動的興起──一個思想史的分析》，臺北：允晨文化實業股份有限公司，1987 年，第 293 頁。

〔註 73〕劉起釪：《顧頡剛先生學述》，北京：中華書局，1986 年，第 150 頁。

〔註 74〕參見葛兆光：〈思想史研究中的加法與減法〉，載氏著：《思想史研究課堂講錄》，北京：生活·讀書·新知三聯書店，2005 年，第 313～335 頁。

癡）先生所指出，得到了學者的廣泛認可。〔註75〕雖然最近有學者撰文將張蔭麟之「默證」說斥爲「僞命題」，但隨即有學者對此進行了批駁。〔註76〕可以說，在疑古學者的研究中，往往因爲「默證」法之運用而得出他們所需要的結論，但也正是因此而在研究方法上走向了歧途。

四、學派研究的「陷阱」和「可能」

在出土文獻及一些傳世文獻研究中，確定篇章的作者或時代，或者大而化之，確定其學派屬性——這裏學派屬性包括儒、墨、道、法等，也包括學派內部的細化，如儒家內部的曾子學派、思孟學派，抑或是子游學派、子夏學派、子張學派等——是常見的做法。儘管困難重重，爭議不斷，但學者從未放棄這一努力。葉國良先生認爲，這一努力，「其主要目的，便是想辨識這些篇章所代表的學術譜系，從而掌握先秦儒家各學派之學說的異同。」〔註77〕

我們研究所謂「儒家八派」問題，必然涉及「學派」的劃分。然而，我們應該清楚，所謂「學派」的概念，是後世方才出現的，在先秦時期尚無此概念。在先秦時期，使用最廣的是「家」或「子」的概念。今天我們習慣使用的儒家、道家等概念，並非先秦時期的固有說法，而是漢代之後的劃分。關於先秦諸子學派的劃分，主要有百家、六家和九流十家等說法，這些後世的劃分是否合乎先秦思想史的實際，已經引起了學者的討論。〔註78〕我們雖

〔註75〕 張蔭麟：〈評近人對於中國古史之討論〉，原載《學衡》第40期（1925年），後收入《古史辨》第2冊，張氏對顧頡剛「默證」之批評見該文第一節「根本方法之謬誤」，見顧頡剛編著：《古史辨》第2冊，海口：海南出版社，2005年，第199～200頁。

〔註76〕 參彭國良：〈一個流傳了八十餘年的僞命題——對張蔭麟「默證」說的重新審視〉，《文史哲》2007年第1期。對此之反駁文章有寧鎮疆：〈「層累」說之「默證」問題再討論〉，《學術月刊》2010年第7期。寧先生指出，史書中之因承性內容，決定了「層累」說以史書之年代決史書內容之年代的做法每每陷於偏頗。因此，「層累」說對歷史本體的「移置」認識，實質上是割斷了歷史發展中的因承，突出強調「造作」。歷史研究上「一分材料說一分話」強調嚴謹固然不錯，但如果因此否定在現有材料基礎之上的觸類旁通和推論，則不免流於「冰山」式的直觀反映論。這都是對「層累說」十分精到的認識，值得反思。

〔註77〕 葉國良：〈郭店儒家著作的學術譜系問題〉，載姜廣輝主編：《中國哲學》第24輯《經學今詮三編》，瀋陽：遼寧教育出版社，2002年，第226頁。

〔註78〕 可參看李銳：《新出簡帛的學術探索》，北京：北京師範大學出版社，2010年，第65～83頁。

然認爲這些用法確實存在很多問題，但是既已成爲約定俗成的共識，我們權且使用儒家、道家等名目。另外，在所謂的儒家內部，也存在著不同的學派。如韓非所說的某氏之儒，在今天看來也可以作爲學派來劃分。而郭鼎堂提出的「儒家八派」之說，正是如此運用的。當然，這裏的學派或某派之稱，並非嚴格的。

　　然而，在對文獻進行學派劃分的過程中，不僅眾說紛紜，莫能定於一是，而且種種無根之說、臆測之論，紛紛出爐，徒增混亂。於是，學者提出警告。李零先生批評說：「現在的研究者，特別是思想史的研究者，他們比較喜歡對號入座，即給每部作品一一找到作者，然後按自己心中的譜系，給它們排列順序。這些想法對調動想像，活躍討論，可能很有必要，但它們多屬推測，可以落實的其實太少。」〔註 79〕這裏將問題給點了出來。有學者提出，學派劃分可能是一條走不通的路，與其言之鑿鑿地劃分學派，不如就材料言思想。如郭齊勇先生指出：「郭店儒家簡諸篇並不屬於一家一派，將其全部或大部視作《子思子》，似難以令人信服。筆者不是把它作爲某一學派的資料，而是把它視作孔子、七十子及其後學的部分言論與論文的彙編、集合，亦即某一階段（孔子與孟子之間）的思想史料來處理的。」〔註 80〕其弟子歐陽禎人先生以《性自命出》爲例，指出關於其作者的種種說法，「不過大多推斷猜測的多，眞憑實據的少，史影迷茫，實在是勉爲其難。」因此，他認爲，「有鑒於此，目前慎重的做法可能是，暫時不要硬性地斷言《性自命出》的學派歸屬，只是以文本爲依託，實事求是，做一些切實的解讀工作，或許可以使人少出一些謬誤。」〔註 81〕這是放棄了作者和學派屬性的考證的努力。

　　胡蘭江博士也指出，「在先秦時代，學術乃天下之公器，並沒有現在的所謂著作權。材料、故事，乃至言論，都可以爲各家各派取來運用。」「材料是公共的，話題是共有的，即使是言論也是可以拿來用的。如果據此就推斷有著相同字句的文章爲同一學派或同一人所著，其結論恐怕要與事實相去甚遠。這種依照相同的字句去判斷學派屬性的做法本來是一種不得已而爲之的辦法，它讓我們在考古資料與傳世文獻之間搭起了一個橋梁，爲我們的釋

〔註 79〕 李零：《郭店楚簡校讀記》（增訂本），北京：北京大學出版社，2002 年，第40～41 頁。

〔註 80〕 郭齊勇：《儒學與儒學史新論》，臺北：臺灣學生書局，2002 年，第 3 頁。

〔註 81〕 歐陽禎人：《從簡帛中挖掘出來的政治哲學》，武漢：武漢大學出版社，2010 年，第 225～226 頁。

讀提供方便，並可以藉此糾正傳世文獻中的一些錯誤。但其作用僅此而已。
如果一定要賦予它更多責任，把它作為推論的主要依據，恐怕就不可取了。」
〔註82〕

　　李銳先生對此表示贊同，但他同時指出：「如果過於重視共性，恐怕會抹
煞諸子之不同。諸子因為知識、學術背景等接近，確實會表現出相近之處；
但是在這些相近之處的背後，還是存在『同中之異』及原因，否則學派就不
會分化了，百家就不會爭鳴了。要從相近的材料、話題、言論之中，區分不
同的思想傾向。只是這種對於『同中之異』的區分，比較困難，尤其對於生
於兩千載之後典籍闕佚的今人。」他提示了學派屬性討論中的一個盲點，他
說：「我們判斷學派，實際上是拿對於《漢書·藝文志》中諸子書的想像，來
作討論的基礎。……也就是說，將漢代所整理出的、所認為的學派著作，等
同為先秦的學派。這樣做顯然是值得懷疑的。」〔註83〕因此他不太贊同對出
土簡帛等文獻進行學派屬性的探討，而是將郭店儒簡看作孔子後學編著作
品，將其中記錄的孔子言論作為研究孔子思想的材料。

　　既然學者對於文獻尤其是新出簡帛文獻的作者或學派劃分心存疑慮，放
棄這一做法，那麼本書對「儒家八派」與新出簡帛文獻和某些傳世文獻的關
係的考察，是否就屬於畫蛇添足，強作解人呢？

　　我們認為，儘管學派劃分難以得到公認的結果，但並不是所有的學派推
斷都是毫無根據的臆測。對於某些文獻，在證據較為充足的情況下，我們不
妨將其作者或學派屬性予以明晰。這樣做將有利於對古代思想的深入理解，
也有助於對古代學術史的把握。如果完全放棄這一努力，那麼我們的研究將
會喪失對歷史進一步理解的機會。即使在某些證據並不十分充足的情況下，
根據幾點論據來做出一定的推測，為文獻的作者或學派屬性提供一種「可能
的」線索，也並不是沒有意義的。

　　當然，這樣的推論，必須建立在一定的基礎之上，不能作無根之談。研
究時尤其需要保持頭腦的清晰和冷靜，不能將這種「可能性」想像為歷史的
真實，一定要時刻意識到這只不過是一種推測而已。正如李存山先生所建議

〔註82〕　胡蘭江：《七十子考》，北京大學中文系博士學位論文，2002 年，第 63～64
　　　　　頁。
〔註83〕　李銳：《孔孟之間「性」論研究──以郭店、上博簡為基礎》，清華大學博士
　　　　　學位論文，2005 年，第 19 頁。

的：其一，「注意某一或某些證據是否只能推出一種結論（即自己所持的觀點），或者說是否可以排除其他的結論和觀點。……例如，與楚簡的某篇或某幾篇屬於某作者或某學派，雖然可從楚簡形制的異同以及思想側重點的異同，提出種種假設，但形制的異同並非劃分學派的可靠證據，所舉思想方面的證據也還不足以排除他說的可能性。因此，注意證據所能證明的程度，而不要立論太果或排斥他說太過，這是當前『解說各異』而進行討論以求得研究進展所需要的。提出此點，亦在於如孔夫子所說：『毋意、毋必、毋固、毋我』。」其二，「注意『求否定的例』。此點之所以重要，是因爲科學之證實是使用歸納方法，從眾多證據推出的結論並不具有絕對有效性，而證僞則只需一兩條『否定的例』就可具有證僞的有效性。……『求否定的例』一可使假設不致與定論相混，二亦可能縮小或減少一些假設的範圍。」〔註84〕

　　佛家因明學有一種「遮詮法」，即所謂「遣其所非」。我們亦可以借用來表達我們對學派問題之看法。在學界對於某些文獻的學派屬性歷來十分關注，尤其是出土文獻大量面世的情形下，更激發了人們對文獻學派屬性的探討。有些根據較爲充分，易於得到學界的公認，但有些便屬於利用一點「蛛絲馬迹」進行推測，則多屬一家之言。在前人研究基礎上，我們對相關「儒家八派」或學界認爲相關的文獻進行分析，發現很多學界對文獻的「學派」定性存在問題，甚至是非常嚴重的問題，這不僅體現在某些「一家之言」，也體現在諸多廣爲認可的公論中。因此，我們結合各種分析，對於某些既有的說法進行了否定，但因爲無新的證據，無法提出明確的學派屬性的「新知」，故而有破無立，可謂之「遮詮」。這也是學術研究的不得已。不過，這非常符合孔夫子的「四毋」主張：「毋意、毋必、毋固、毋我」（《論語·子罕》）。

　　因此，我們力求做到，一方面在綜合各種資料和信息的情況下，對文獻之學派屬性做出推測，努力提供進一步研究的「可能」；另一方面又要保持「闕疑」精神，不做過分的推斷，對既有的推斷也保持謹慎。

〔註84〕 李存山：〈郭店楚簡研究散論〉，《孔子研究》2000 年第 3 期。

第一章 「儒家八派」形成因緣考

　　韓非子提出「儒分爲八」之說，並非出於學術史之考量，而是意欲指出孔子後學「取捨相反不同」，卻「皆自謂眞孔」，從而無法楷定眞孔子，進而也就無法確認堯舜之道，如此「明據先王，必定堯舜者，非愚則誣」，則儒雖爲顯學，「明主弗受」。言下之意，孔子之道，儒家之學，必在排斥之列。

　　然而，韓非子這一論說，卻極富影響力，以致近人在論述戰國儒學時，往往將「儒分爲八」作爲孔子之後儒家分化的重要事件，以爲「儒分爲八」乃儒學發展史上的一個「低谷」！然而，表面看來這是孔子儒學之分化乃至分裂，而從深層來看，適可說明孔子思想之博大、儒學發展之多元。揆諸整部中國儒學發展的歷史，在兩千多年的歷史發展過程中，它經歷了原始儒學、漢唐經學、魏晉玄學、宋明理學、清代樸學和現代新儒學等諸種不同形態，而且在同一時期，儒家內部也往往學派林立，思想之碰撞與交鋒，甚至不亞於儒學與其他學派之間的對立。正說明儒學從來是開放而不是封閉的。

　　眾所周知，一個學派之成立，往往需要有宗師與門徒組成，還要有一個基本一致的思想觀念。孔子和他的弟子們組成了這樣一個學派，被漢代學者稱爲「儒者」、「儒家者流」。《淮南子・要略》云：「孔子修成康之道，述周公之訓，以教七十子，使服其衣冠，修其典籍，故儒者之學生焉。」《漢書・藝文志》說：「儒家者流，蓋出於司徒之官，助人君順陽陽明教化者也。遊文於六經之中，留意於仁義之際，祖述堯舜，憲章文武，宗師仲尼，以重其言，於道最爲高。」班固（32～92，字孟堅）的這個說法來源於劉歆的《七略》。這個學派在後世不斷壯大，但基本上都「宗師仲尼」，「咸遵夫子之業」，這是判斷一個學者是否爲儒家的標誌或標準。

　　不過，在這個基本的前提下，歷史上儒學的形態往往千姿百態，呈現出「多元嬗變」的發展格局。而這一格局的底定便在先秦時代。戰國儒學之多元嬗變，正是儒學富有生命力和活力的表現，而絕非儒學陷於低谷之表徵。其實，在人類思想史上，大凡一個偉大的思想家創立或發展了一套思想體系或學說之後，往往會出現其後學據一端以發揮思想的局面，甚而出現分化，這是十分普遍而正常的現象，亦可說是學術思想發展的規律。正如大江大河，往往同源而異流，流亦分流，最終彙入大江大海；參天大樹，大凡一幹而多枝，枝又分枝，方能冠蓋成蔭。分是發展，合亦是發展，有分有合，方是思想發展的常態。而那些沒有發展變化的封閉保守者，則往往會被歷史所淘汰。一個學說之發展，必然要結合不同的時代情勢，發揮思想家本人之思想個性，從而形成異說紛紜、多姿多彩的思想盛況。因循守舊，泥古不化，絕非思想發展的應有狀態，而必然是自尋死路。梁任公對此曾有一番精到的分析和概括。他說：「大凡一種大學派成立後，必有幾種現象：一、注解。因為內容豐富，門下加以解釋。這種工作的結果，使活動的性質，變為固定，好像人的血管硬化一樣，由活的變成死的，這是應有的現象之一。二、分裂。一大學派，內容既然豐富，解釋各各不同，有幾種解釋，就可以發生幾種派別。往往一大師的門下，分裂為無數幾家。這也是應有現象之一。三、修正。有一種主張，就有一種反抗。既然有反抗學說發生，本派的人，想維持發展固有學說，就發生新努力，因受他派的影響，反而對於本派，加以補充或修正。這是應有的現象之一。」〔註1〕這段話對於孔門來說，自然也是非常適用的。

　　對於孔子之後戰國時期儒家學派的分化之原因，學者們進行了較為深入的探究和分析。如尤鋭先生在〈孔門弟子的不同思想傾向和儒家的分化〉〔註2〕中對孔子弟子的不同思想傾向進行了分析，指出了儒家分化的必然性。梁濤先生在〈孔子思想中的矛盾與孔門後學的分化〉〔註3〕一文中，從孔子思想的內在矛盾入手對孔門後學的分化進行了探討。而吳學琴〈儒家八派嬗變探因〉〔註4〕也指出其分化的根本原因在於孔子思想中蘊含著分化變革的可能。尤、梁、吳之說均屬精到的見解。李學功先生的〈洙泗之學與西河之學

〔註1〕　梁啓超著，干春松編校：《儒家哲學》，上海：世紀出版集團，2009年，第52頁。

〔註2〕　《孔子研究》1993年第2期。

〔註3〕　《西北大學學報》1999年第2期。

〔註4〕　《安徽史學》1996年第3期。

——孔子歿後的儒家道路〉〔註5〕一文分析了孔子後學第一代的分化。唐宏先生〈孔門師徒的思想差異〉〔註6〕一文從孔子的思想及教育實踐入手分析了孔子弟子與孔子思想的差異。

我們認爲，欲探求孔門後學之分化原因，必須將之放在儒學發展史的宏觀視野和戰國時期思想學術的大背景下考察。我們不僅要弄清楚戰國時期儒家分化的內因，也要考察其不得不分化的外緣。正如蔣伯潛先生《諸子通考》所云：「諸子之學，興於春秋之末，至戰國之初而大盛，至西漢而漸以衰替。其興盛，其衰替，自有其所以興替之故。此所以興替之故，在學術自身者，謂之『因』；在當時環境者，謂之『緣』。事物之發生或消滅，皆有其內在之『因』，外界之『緣』。」〔註7〕因緣際會，方才造就了無比輝煌的多元嬗變格局。我們知道，著名歷史學家余英時先生曾提出過一個思想史研究的「內在理路」法。他說：「現在西方研究 intellectual history 或 history of ideas，有很多種看法。其中有一個最重要的觀念，就是把思想史本身看作有生命的、有傳統的。這個生命、這個傳統的成長並不是完全仰賴於外在刺激的，因此單純地用外緣來解釋思想史是不完備的。同樣的外在條件、同樣的政治壓迫、同樣的經濟背景，在不同的思想史傳統中可以產生不同的後果，得到不同的反應。所以在外緣之外，我們還特別要講到思想史的內在發展。我稱之爲內在的理路（inner logic），也就是每一個特定的思想傳統本身都有一套問題，需要不斷地解決。」〔註8〕他又強調：「我自己提出的『內在理路』的新解釋更不能代替……各種外緣論，而不過是它們的一種補充、一種修正罷了。學術思想的發展絕不可能不受種種外在環境的刺激，然而只講外緣，忽略了『內在理路』，則學術思想史終無法講得到家，無法講得細緻入微。」〔註9〕

基於上述理解，我們擬從內因與外緣兩個方面入手，對於孔子之後儒家之分化，戰國儒學多元嬗變形成之原因做一全面梳理，希望能較以往之分析有所深入和細緻。這兩個方面包括五個層面的問題：（1）內在根源之一：孔

〔註5〕　《齊魯學刊》1991 年第 4 期。
〔註6〕　《人文雜誌》2007 年第 4 期。
〔註7〕　蔣伯潛：《諸子通考》，杭州：浙江古籍出版社，1985 年，第 27 頁。
〔註8〕　余英時：〈清代思想史的一個新解釋〉，載《余英時文集》第 2 卷《中國思想傳統及其現代變遷》，桂林：廣西師範大學出版社，2004 年，第 187 頁。
〔註9〕　余英時：〈清代思想史的一個新解釋〉，載《余英時文集》第 2 卷《中國思想傳統及其現代變遷》，第 210 頁。

子思想之發展性、豐富性與多歧性；（2）內在根源之二：孔子六經之教的差異性與孔子教學之開放性、包容性與非限定性；（3）外在條件之一：先秦社會的轉型與思想學術的變遷；（4）外在條件之二：儒學思想的傳佈與地域文化的滲透；（5）外在條件之三：諸子百家的爭鳴。

第一節　內因之一：孔子思想之發展性、豐富性與多歧性

作為儒學的奠立者，作為儒學之源，孔子思想博大精深，然而又具有初創者的複雜性和混沌性，豐富性和多歧性，這就為其門人後學向不同的方向發展提供了更大可能。而作為孔子思想的第一批接受者，孔門弟子本身就具有十分龐雜的特徵，這又為儒學之分化提供了條件。

孔子「敏而好學」，其思想也一直在不斷的發展變化。學界過去探討孔子思想，往往糾結於何為孔子思想之核心，或謂「仁」，或謂「禮」，或謂「和」，或謂「中」，不一而足。然而，學者卻往往忽略了一個問題，這就是孔子思想並非一成不變的，而是在不斷發展變化著的。清末思想家康有為（1958～1927，字廣廈，號長素）曾自稱「吾學三十歲已成，此後不復有進，亦不必求進」，但根據學者研究，尚可以發現其思想前後之不同，更何況孔子這樣一位「鍥而不捨」的終身學習者呢！所以，孔子思想之歧異，與其思想之階段發展有必然的聯繫。而孔子一生之教學時間長久，因此其所授生徒之思想亦必然存在較大的差異。

關於孔子思想的發展階段性，學者已經做了初步的分析。《論語·為政》記載孔子自述其學思歷程：「吾十有五而志於學，三十而立，四十而不惑，五十而知天命，六十而耳順，七十而從心所欲，不逾矩。」這段話，可以看作孔子思想不斷發展而富有階段性的明證。不過，這裏並沒有體現出孔子思想之發展階段性的具體內容。在孔子言行資料中，我們發現孔子晚年的資料較為充足，這可以從與之對話的對象推測出來。如孔子與晚期弟子子張、子夏、曾子等的對話，都可以斷定出自晚年，與魯哀公、季康子的對話，甚至可以斷定為孔子自衛反魯以後，是在去生命的最後五六年的思想體現。不過，通過認真排比，我們也能發現孔子周遊列國之前的思想和周遊期間的思想資料。再結合《史記·孔子世家》等的描述，我們可以大體上推斷出孔子

思想之發展的脈絡。

對此，一些學者也進行了初步的探索。如業師楊朝明先生說：

> 孔子思想也像任何事物一樣有一個不斷發展的過程，在他人生的不
> 同時期，他的思想所表現出的具體特徵也有不同。有的學者已經注
> 意到孔子思想發展的階段性表現，只是還未見具體而深入的分析。
> 根據我們的看法，孔子思想的發展歷程可以分成三個階段：孔子思
> 想產生之初，孔子所關注最多的是「禮」，即周禮。孔子步入社會之
> 初，名聲日隆，從學弟子眾多，原因在於他對周代禮樂的精深造詣。
> 這一時期，孔子談論最多的也是周禮，他所念念於懷的，是怎樣以
> 周代禮樂重整社會。隨著時間的推移，孔子對社會的認識逐漸深化。
> 他到處推行自己的「禮」的主張，企圖用自己的學說改造社會，但
> 卻事與願違，處處碰壁。他不得不進一步思考「禮」之不行的深層
> 原因，於是，他開始越來越多地提到「仁」，議論「仁」與「禮」之
> 間的關係。這時期，孔子「仁」的學說得到了充分的拓展和完善。
> 進入「知命」之年以後，孔子的人生境界逐漸提高，以致於最後達
> 到了「從心所欲不逾矩」的佳境。他晚而喜易，並作易傳，對自己
> 的哲學思想進行了具體的闡發，他的「中庸」的方法論也臻於成熟。
> 如果把孔子的一生進行這樣整體的分析，或者會有助於對其思想核
> 心問題的理解。〔註10〕

郭沂先生更是明確提出孔子思想的的三階段說，同楊先生一樣，他將禮
學作爲孔子思想發展的第一階段，仁學爲第二階段，易學爲第三階段，分別
對應孔子的早年、中年和晚年。〔註11〕楊朝明師、郭沂先生等如此清晰地描

〔註10〕楊朝明師在所主編的《儒家文化面面觀》（濟南：齊魯書社，2000 年 3 月）一
　　　　書中曾專門談論這一問題。又見於其著作《魯文化史》（濟南：齊魯書社，2001
　　　　年，第 347～348 頁）。

〔註11〕郭沂：《郭店竹簡與先秦學術思想》，上海：上海教育出版社，2001 年，563
　　　　～593 頁。另見林存光、郭沂《曠世大儒——孔子》，石家莊：河北人民出版
　　　　社，2000 年，第 4、5、6 章：張豈之總主編，劉寶才、方光華主編：《中國思
　　　　想學說史·先秦卷》，桂林：廣西師範大學出版社，2008 年，第二篇「儒學篇」
　　　　之第一章「孔子的思想和學說」。這一觀點可能在其 1993 年的博士論文《盡
　　　　心·知性·知天——老莊孔孟哲學的底蘊及其貫通》中就已經提出了。後來，
　　　　郭沂先生對此說有所補充。他將孔子思想的三個階段表述爲：「以『禮』爲核
　　　　心的教化思想、以『仁』爲核心的內省思想和以『易』爲核心的形上學思想。」
　　　　「這三個階段也意味著孔子思想的三個組成部份。但這三個部份或階段之間

述孔子思想不同發展階段的重心，固然有過於簡單化的嫌疑，我們從資料中可以看到晚年的孔子對禮樂文化的十分廣泛的強調，可知以「禮－仁－易（或中庸、中和）」來規定孔子思想的階段性有失偏頗，不過，如果從粗線條來看其思想發展的不同階段的話，則這一描述也可以接受。既然孔子思想存在著不同的發展階段，那麼，在不同階段受教於孔子的弟子們，也必然會受到這一影響，會形成前後不同的一些思想特徵。

孔子一生教授弟子有三千多人，入門早晚不同，有的學者分爲早晚兩期，有的學者分爲三期，有的學者分爲四期。如錢賓四先生將孔門弟子按先進與後進分爲前輩與後輩兩期。他說：

> 孔門弟子蓋有前輩後輩之分。前輩問學孔子去魯之先，後輩則從遊於孔子返魯之後。如子路、冉有、宰我、子貢、顏淵、閔子騫、冉伯牛、仲弓、原憲、子羔、公西華，則孔門前輩也。游、夏、子張、曾子、有若、樊遲、漆雕開、澹臺滅明，則孔門後輩也。〔註12〕

李零先生則將孔門弟子分爲三期，第一期爲孔子早年居魯時招收的第一批學生，人數較少，較著者有顏無繇、仲由、漆雕啓、閔損、曾皙（年齡無考，可能爲第一期，也可能爲第二期）等；第二期爲自齊返魯後招收的第二批學生，較著者有冉雍、冉求、顏子、宰予、端木賜等；第三期爲周遊列國期間所收學生，較著者爲有若、卜商、言偃、曾參、顓孫師等。而有學者所謂第四期則指孔子返魯之後所收，其實是將第三期中的部分弟子歸入第四期。

其實，如果以孔子周遊列國爲界，我們可以將孔子弟子大體上分爲兩期：前期與後期。我們發現，孔子早期弟子和晚期弟子，確實有可以區分的特徵。錢賓四先生對此有所評論：

> 雖同列孔子之門，而前後風尚已有不同。由、求、予、賜志在從政，游、夏、有、曾乃攻文學，前輩則致力於事功，後輩則精研禮樂。

當然，前、後輩的區別只是大體而言，並非皆然，不過：

> 大抵先進渾厚，後進則有棱角。先進樸實，後進則務聲華。先進極之爲具體而微，後進則別立宗派。先進之淡於仕進者，蘊而爲德行；

並不是截然分開和相互獨立的，更不是相互牴觸的，而是遞次包容、交互滲透的關係。」見〈出土文獻背景下的儒家核心經典系統之重構〉，載郭齊勇主編：《儒家文化研究》第1輯，北京：生活・讀書・新知三聯書店，2007年，第90頁。

〔註12〕錢穆：《先秦諸子繫年》，第94頁。

後進之不博文學者，矯而爲瑋奇。

高專誠先生也說：

> 先進弟子重實效、重行，後進弟子則重思想建構本身、重知。先進
> 弟子又多從政，後進弟子則大多去搞學術或教育活動。〔註13〕

之所以出現如此差別，也可能與孔子本人在早期與晚年的不同教學側重有
關。劉汝霖先生曾說：

> 孔子教授弟子的方法，可分爲很不同的兩個時代。孔子早年，有
> 志用世，所以他講學問，注重實際。就造就出許多政治經濟和品
> 行端正的人材。到了晚年，因爲在列國周遊十餘年的經驗，知道
> 道不能行。這時的講學，就偏重學理的討論，所以就造就出許多
> 學者。〔註14〕

錢、高、劉三位先生的上述說法，只能是就「大體」而言，如果細鑿，則不
免與事實牴牾。這裏需要注意一個現象。孔子所招收之弟子，與今日之學校
教育不同。今日學生入校肄業，有學業年限，屆時畢業，故有「鐵打的營盤
流水的兵」之喻。而孔門則不然，孔子師徒能組成一個教與學的群體，更多
的不是以「知識」的傳授和獲得爲目的，而是以「道」的認同爲紐帶。孔子
之教乃內聖外王之道，修己安人之道，故而沒有年限限制，也無「畢業」之
說。職是之故，孔子的早期弟子可以與晚期弟子「同學」，其所受孔子思想階
段性的影響也會模糊起來，不易分別。

試以孔子易學爲例。因爲孔子早年與晚年對《易》有著截然不同的認識，
故而當「夫子老而好《易》」之時，其早年弟子如子貢便表示異議。馬王堆
帛書《要》篇可以爲證。《要》篇記載了子貢與孔子關於《易》的對話，子
貢對孔子「好易」提出了明確的不滿或不解：

> 子贛曰：「夫子它日教此弟子曰：德行亡者，神靈之趨；知謀遠者，
> 卜筮之蔡。賜以此爲然矣。以此言取之，賜緡行之爲也。夫子何以
> 老而好之乎？」

> 子贛曰：「賜聞於夫子曰：必於□□□□如是，則君子已重過矣。賜
> 聞諸夫子曰：遜正而行義，則人不惑矣。夫子今不安其用而樂其辭，
> 則是用倚於人也，而可乎？」

〔註13〕高專誠：《孔子・孔子弟子》，太原：山西人民出版社，1991年，第58頁。
〔註14〕劉汝霖：《周秦諸子考》上冊，文化學社，1929年，第143～144頁。

　　子贛曰：「夫子亦信其筮乎？」

這表明孔子思想的前後發展的階段性變化，勢必影響到其弟子思想的形成和發展。我們從子貢身上可以發現，孔子早年的思想特徵更多地烙印在前期弟子身上，當孔子思想發生變化時，早期弟子未必能夠完全理解而順之發展變化，而可能會固守孔子的早年之教。當然並非所有的弟子都會與子貢的表現一樣，如顏淵便可能受到孔子易學的影響，對孔子的形上思考深有體悟。

　　如果說孔子思想發展的階段性特徵對孔子弟子思想的差異和分化所起的影響較為模糊的話，那麼孔子思想本身的豐富性和多歧性則必然導致其弟子向不同的方向分化，這也是孔門弟子分化的最重要的內在根源。

　　關於孔子思想的豐富性和多歧性，學者也有較多分析。孔子「述而不作」，創立儒學，一生以承繼「斯文」為己任，栖栖遑遑以復興周道。他「祖述堯舜，憲章文武」，集上古文明之大成。《中庸》說：「仲尼祖述堯舜、憲章文武」，朱子（1130～1200，名熹，字元晦）解釋說：「祖述，遠宗其道；憲章，近守其法。」《論語》、《中庸》、《孔子家語》等文獻表明，孔子對堯、舜、禹、湯、文、武、周公，屢屢稱頌，樹為偶像。但由於時代的關係，孔子對於文武之道，較之對堯舜更為清楚。如《家語‧哀公問政》和《禮記‧中庸》都記載孔子說：「文武之政，布在方策。」而商、夏以上至堯舜等五帝，在孔子看來，則有「文獻不足徵」的限制。由於時代的原因，孔子所接觸的周代文獻最為豐富，他對於周代歷史和文化的認識更為真切。而「周文」之開創者，則為文王，是周文王奠定了周代文化的基色，其子周公則予以系統化。因此在《詩經》、《尚書》等文獻中，處處可見周人對文王的極度讚譽。而孔子、孟子皆於文王極為傾心嚮往。孔子所謂「斯文在茲」，便以文王為「斯文」之傳承中堅。孔子以繼承文王之斯文為己任，也便可以理解了。《孔子家語‧辯樂解》所載孔子向師襄子學習《文王操》的經歷中，也可證明孔子對文王的崇敬其來有自。馬王堆帛書《要》篇記載孔子說《易》有「古之遺言」，又說「文王仁，不得其志，以成其慮，紂乃無道，文王作，諱而闢咎，然後易始興也」，學者指出，這裏的「古之遺言」即指文王而言。因此，我們對於仲尼「憲章文武」可以理解得較為充分。但孔子所「憲章」的「文武」與「祖述」的「堯舜」之間的關係，過去文獻不足，一直無法驗證。而清華簡《保訓》篇則恰巧涉及到了「堯、舜、湯、文、武」等「聖王」，而且體現了文王對堯舜之繼承，對武王之傳授，這是先前文獻所未曾見的，為

我們深入探討上古政治思想史提供了線索。正如姜廣輝先生所言:「如果《保訓》是眞的先秦文獻,那不僅印證了韓愈和宋儒的『道統』說,而且還補上了文王向武王傳授『中道』的道統論的實證環節,其文獻價值當然極爲珍貴。」〔註15〕

　　由此,我們知道,《中庸》所謂孔子「祖述堯舜,憲章文武」絕非空穴來風,確實反映了孔子對上古文明之繼承。孔子思想的這種「集大成」特徵,必然使其思想本身呈現出極爲濃厚的多元色彩和複雜性格,這就是我們所稱的「豐富性」與「多歧性」。作爲儒家宗師的孔子這一思想性格,決定了其弟子後學必然走向分化,呈現多元發展狀態。

　　對於古代思想成果,孔子當然並非照單全收,而是頗有取捨的。但是,我們應當承認,孔子思想具有較爲鮮明的開放性特點。他的思想之豐富,乃是他的「和而不同」思想的一種表現,也是這一思想理念之有效見證。孔子絕不像其他宗教之教主,封閉而狹隘,固步而自封。孔子之成爲孔子,從一個沒落的士人,成爲一代宗師,千古聖人,無疑與其好學有關。而其好學的特點是「學無常師」。他「入太廟,每事問」;曾經問禮於老聃,學樂於萇弘,習琴於師襄,問史於郯子,而且他廣涉歷史典籍,祖述堯舜、憲章文武,《史記·仲尼弟子列傳》云:「孔子之所嚴事:於周則老子;於衛,蘧伯玉;於齊,晏平仲;於楚,老萊子;於鄭,子產;於魯,孟公綽。數稱臧文仲、柳下惠、銅鞮伯華、介山子然,孔子皆後之,不並世。」揆諸《論語》、《家語》等典籍所載,太史公之說誠不誣也。孔子之學習,眞正如後世所謂「讀萬卷書,行萬里路」,不僅習讀詩書,而且四處周遊。如他自謂:「我欲觀夏道,是故之杞,而不足徵也,吾得《夏時》焉。我欲觀殷道,是故之宋,吾得《坤乾》焉。」(《禮記·禮運》)又比如,他在齊聞韶樂,三月不知肉味。他還曾經向小孩子項橐請教,不恥下問。

　　孔子不同於西方的哲學家,他不以構建一套明晰的哲學體系爲鵠的,儘管他一再聲稱「吾道一以貫之」,「吾一以貫之」。今天我們也可以根據自己的標準將孔子思想按照不同的模子組裝成一個「系統」,但我們從《論語》、《孔

〔註15〕　姜廣輝:〈《保訓》十疑〉,《光明日報》2009-5-4。對於清華簡的可靠性問題,儘管有學者表示懷疑,但是我們綜合專家的意見以爲,清華簡應爲眞簡。其實,不僅清華簡的眞實性遭到質疑,上博簡當年也有如此遭遇。不過,有意思的是,很多堅持質疑竹簡眞實性的,主要是來自思想史、哲學史領域的學者,而非古文字、文物領域的專家。

子家語》、大小戴《禮記》中看到的孔子思想學說，是豐富的，然而也是多歧
的，給後學以不同選擇和不同詮釋的機會。史華慈對於師徒之間的思想或哲
學繼承關係做了很好的闡述：

> 始祖自己很少是一個一心想建立一種嚴格條理化的體系的學院哲學
> 家，在大多數情況下，他只不過是為一種他必須說出來的強大的觀
> 念所支配的人。他不一定關心他所說的全部內容的相互一致性；而
> 且在許多問題上，他的思想可能是意義豐富而模棱兩可的。其中可
> 能隱藏著使他偉大的一個秘密。他一般也不在意與他的思想並不緊
> 密接觸的現實的方方面面。通常是那些傳人承擔了保衛這種思想而
> 反對故意挑戰的義務，他們必須試圖將這種思想與始祖漏述的經驗
> 的那些方面聯繫起來。〔註16〕

他並且還列舉了幾對「極點」，即孔子學說中比較重要的一些主題，如「修身
與平天下」（內聖與外王）、「內在王國與外在王國」（仁與禮）、「知與行」等，
在這些極點上，孔子的傳人走向了不同的路向，這就是孔子思想必然出現分
化的原因。

　　對於孔子思想「體系」的博大與精深，學人多有分析探討。如崔大華先
生指出：孔子思想有三個既相互聯繫，又有所區別的層面構成，即超越層面
的「天命」，社會層面的「禮」和心性層面的「仁」。這三個層面構成了一個
十分周延的人生範圍和哲學領域。〔註17〕在如此豐富和龐大的思想「體系」
面前，弟子自然有「高山仰止，景行行止」之感，連孔子最為得意的弟子顏
淵都「喟然歎曰」：「仰之彌高，鑽之彌堅。瞻之在前，忽焉在後。夫子循循
然善誘人，博我以文，約我以禮，欲罷不能。既竭吾才，如有所立卓爾，雖
欲從之，末由也已。」（《論語·子罕》）賢能如顏子者，也只能做到「具體而
微」，其他弟子就可想而知了。

　　在這裏，我們可以借用「盲人摸象」的寓言故事，來理解孔門弟子對老
師思想的接受。如果將孔子思想比喻為一個整全而龐大的「象」，那麼，他的
弟子們則大多如寓言中的盲人一般，只摸到了夫子思想的「一隅」，便以為「得

〔註16〕〔美〕本傑明·史華慈：〈儒家思想中的幾個極點〉，載許紀霖、宋宏編《史
　　　　華慈論中國》，北京：新星出版社，2006年，第48頁。本篇由吳豔紅譯，何
　　　　兆武校。

〔註17〕崔大華：《儒學引論》，北京：人民出版社，2001年，第23～39頁。

其全」了。韓非子在〈顯學〉中所批評的「取舍相反不同」而「皆自謂眞孔」的現象就不難理解了。其中的原因，出自孔門弟子自覺「別立宗派」的成分與不自覺的「維護師說」的成分併存，但前者顯然不如後者分量重。這似乎是思想史上無可奈何的事情。人類的思想史已經表明，一種偉大的思想的眞正傳承，往往只能依靠少數天分高與肯努力的學生。至於一般弟子，往往根據自己的程度來接受和傳承老師的思想，如子貢所自陳的那樣：「臣終身戴天，不知天之高也；終身踐地，不知地之厚也。若臣之事仲尼，譬猶渴操壺杓，就江海而飲之，腹滿而去，又安知江海之深乎？」〔註18〕（《韓詩外傳》卷八）如此看來，儘管這些登堂入室的弟子都曉得孔子思想之博大精深，但也只能「得一察焉以自好」（《莊子・天下》）了，所以雖然同時受教於孔子，但所得卻各不相同，自然便會出現「同源異流」的現象了。何況還有那些對孔子思想「不得其門」者呢？正如子貢所感慨的那樣：「譬之宮牆，……夫子之牆數仞，不得其門而入，不見宮室之美，百官之富。得其門者或寡矣。」（《論語・子張》）而「大師之後無大師」，正是思想史留給人們的缺憾之美。〔註19〕

　對於孔子思想的多歧性或多面性，我們也沒有必要作過多的分析〔註20〕，

〔註18〕《韓詩外傳》的這一記載，或出於好事者的假託或造作，也可能有事實的素地。所以不管如何，我們從中可以看到子貢之辯才無礙及其對孔子的推崇。這與《論語》所載是相合的。

〔註19〕龐樸先生對此現象也有論述：「大思想家之所以爲大，不僅在於他提出的問題異常深刻，思人之所不敢思，發人之所未曾發，而且往往也由於他涉及的問題異常廣泛，觸及人類知識的方方面面。他所達到的思想上的深度與廣度，標誌著那個時代所可能達到的深度與廣度，非一般人之力所能及。所以，一位大思想家一旦故去，他的弟子們，縱以恪守師說爲務，其實所能做到的，往往是各守一說各執一端，舉一隅而不以三隅反，像粉碎了的玉璧一樣，分崩離析以去。歷史越是靠前，情況越是如此。」見氏著：〈孔孟之間——郭店楚簡中的儒家心性說〉，《龐樸文集》第2卷《古墓新知》，濟南：山東大學出版社，2005年，第15頁。

〔註20〕李零先生說，孔子的一生有多面性，他既有道德追求，也有事功考慮。他的思想包含了多種發展的可能。他的後學，出身背景不同，性格志趣各異，本身也有各自的選擇。一個兩千多年被人反覆解釋的孔子，不可能是一個有固定面貌的孔子。見〈郭店楚簡校讀記・前言〉，《郭店楚簡校讀記》（增訂本），第5～6頁。孔子思想本身有前後的發展，也有內在的矛盾。而其思想又蘊含著不同的發展路向，最起碼可以區分爲內聖與外王兩種路向，其後學限於時勢、志趣、資質、性向等不同而各有選擇，上焉者「具體而微」，次焉者「有聖人之一體」，等而下之者則「不得其門而入，不見宮室之美，百官之富」，遺憾的是「得其門者或寡矣」。

只消舉證幾個例子，便可舉一反三，以管窺豹了。

比如「天」，在孔子那裏便具有多種意涵，而並不具有一致性、明晰性。馮芝生先生曾將「天」的含義分爲五種：

> 在中國文字中，所謂天有五義：曰物質之天，即與地相對之天。曰主宰之天，即所謂皇天上帝，有人格的天、帝。曰運命之天，乃指人生中吾人所無奈何者，如孟子所謂「若夫成功則天也」之天是也。曰自然之天，乃指自然之運行，如《荀子・天論篇》所說之天是也。曰義理之天，乃謂宇宙之最高原理，如《中庸》所說「天命之爲性」之天是也。《詩》、《書》、《左傳》、《國語》中所謂之天，除指物質之天外，似皆指主宰之天。《論語》中孔子所說之天，亦皆主宰之天也。
> 〔註21〕

馮先生對「天」之含義的區分雖然尚有可議之處，不過較爲全面。但是他謂「孔子所說之天，皆主宰之天」則大謬不然。其弟子蒙培元先生在馮先生基礎上進一步對《論語》中的十九條論「天」章句進行了分析，指出其中大體可分爲四種涵義：

> 第一種涵義是指人格化的「意志之天」。……第二種涵義是指自然界即「自然之天」。……第三種涵義是指不可改變的命運即「命定之天」。……第四種涵義是從價值上說的，即所謂「義理之天」。〔註22〕

並提出，孔子是天人之學這一中國哲學的「原問題」的開創者之一。由此可見，在孔子思想中，天有不止一種涵義，有的是繼承了上古時期的天論，有的則是其創新之處。僅僅《論語》一書中就涉及到如此複雜的「天」，可想而知，這樣的豐富而不確定的天論，對於弟子來說必然造成理解上的分歧。

與之相關的，孔子對於天命，對於鬼神，都有著較爲複雜的態度。孔子一方面呈現出理性主義、人文主義的精神，「子不語：怪力，亂神」，另一方面又講「祭如在，祭神如神在」；既要「神道設教」，又要「敬鬼神而遠之」；這些看似矛盾的思想，必定令後學不知所從。以至墨子便公開抨擊儒家：「執無鬼而學祭禮，是猶無客而學客禮也，是猶無魚而爲魚罟也。」（《墨子・公孟》）

〔註21〕 馮友蘭：《中國哲學史》上冊，上海：華東師範大學出版社，2000 年，第 35 頁。

〔註22〕 蒙培元：《蒙培元講孔子》，北京：北京大學出版社，2005 年，第 34～35 頁。

　　再比如，孔子論「性」。人性論是中國哲學的核心命題之一，儒家對此尤爲強調與關注。對於「人性」的理性思考，起碼從西周初年即已開始萌芽。《逸周書》所存文獻中有很多後世儒家人性論思想的源頭。不過，眞正意義上的人性論研究，應該是從孔子開始的。〔註 23〕不過孔子的性論，相對來說，既簡略又模糊，《論語》中只有一句「性相近也，習相遠也」（〈陽貨〉），另外還有子貢所說：「夫子之言性與天道不可得而聞也。」（〈公治長〉）這句話同樣啓人疑竇，後世歧解紛紜。不過，從傳世文獻和出土文獻的記載中，我們還是可以大體分析出孔子人性論的特點的。有學者對此做了分析，指出孔子人性論具有多向度的特徵和多層次的內涵。孔子從人之自然性、人之道德性與人之超越性三個維度探索了人性問題，成爲後世儒家各派人性論的共同的思想源頭。〔註 24〕孔子對人性的探討仍是初步而整全的，不過其孔子弟子對此問題之理解卻因才性不一、理解歧異，必然發生分化，各具己見而解說之、傳授之。以至《論衡》中說，漆雕開、宓子賤等皆有性情論之主張，孟子道性善，荀子言性惡，更有許多中間說法，如「性無善無不善論」，「可以爲善可以爲不善論」，「有性善有性不善論」等等。這都源於孔子對人性問題的較爲模糊的表述。我們結合《易傳》、《中庸》及《孔子家語》等相關文獻，認爲孔子人性論包涵著性善論的萌芽，其所謂「性相近」也當指「近善」而言〔註 25〕，思孟倡言性善，當爲孔子思想之正統；但又不能說孔子就是性善論者，同樣可以引出性惡論對後天教化的強調。

〔註 23〕業師楊朝明先生對《逸周書》中的某些篇章如「周訓」所蘊含的儒家人性論思想淵源進行過考察，見其〈「周訓」：儒家人性學說的重要來源〉，《儒家文獻與早期儒學研究》，濟南：齊魯書社，2002 年，第 97～118 頁。陳桐生先生原來否定孔子有人性學說，認爲孔子那個時代不可能有深入思考人性問題的條件，儒家人性論是戰國時期由孔子的弟子和再傳弟子開創的。見其《〈孔子詩論〉研究》，北京：中華書局，2004 年。不過後來改變了看法，認爲中國人性論的眞正開創者是春秋末年的孔子。見氏著〈孔子的人性論〉，《中國文化研究》2010 年夏之卷。
〔註 24〕趙法生：〈孔子人性論的三個向度〉，《哲學研究》2010 年第 8 期。
〔註 25〕李存山先生認爲：「孔子沒有以善惡論性。」又說：「孔子所說的『性相近』不可能是指人的性惡相近，而是說人的善或向善的本性相近。」見氏著《中國傳統哲學綱要》，北京：中國社會科學出版社，2008 年，第 151 頁。我們認爲這一觀察是對的。孔子雖然未明言性善，但其論仁，謂「仁者，人也」、「我欲仁，斯仁至矣」等便蘊含著性善的因子。

第二節　內因之二：孔子教育之開放性、包容性與非限定性──以「六經之教」為中心的討論

陶潛〈聖賢群輔錄〉有一段資料，對韓非所說的「儒分為八，墨離為三」進行了進一步的述說，其中論「八儒」曰：

> 二子沒後，散於天下，設於中國，成百氏之源，為綱紀之儒。
>
> 居環堵之室，蓽門圭竇，甕牖繩樞，並日而食，以道自居者，有道之儒，子思氏之所行也。
>
> 衣冠中，動作順，大讓如慢，小讓如偽者，子張氏之所行也。
>
> 顏氏傳《詩》為道，為諷諫之儒。
>
> 孟氏傳《書》為道，為疏通致遠之儒。
>
> 漆雕氏傳《禮》為道，為恭儉莊敬之儒。
>
> 仲良氏傳《樂》為道，以和陰陽，為移風易俗之儒。
>
> 樂正氏傳《春秋》為道，為屬辭比事之儒。
>
> 公孫氏傳《易》為道，為絜靜精微之儒。

這是對韓非「八儒」進行的第一次也是「近世以前」「唯一的系統」論述。他的看法得到了不少經學史家的重視，如皮鹿門、錢賓四、馬宗霍等先生都對此有所分析和論述，不管贊同也好，非議也罷，它作為對「八儒」分化進行分析的一種古說，卻值得認真對待。《四庫全書總目提要》對〈聖賢群輔錄〉作了「偽書」的定性。在「子部類書類存目」中有云：「〈聖賢群輔錄〉二卷，一名〈四八目〉，舊附載《陶潛集》中，唐宋以來相沿引用，承訛踵謬，莫悟其非。邇以編錄遺書，始蒙睿鑒高深，斷為偽託」，看來這偽書的定性乃是乾隆的「聖裁」了。根據《提要》，北宋宋庠（996～1066，字公序）曾經校定「八儒、三墨」為後人所竄入，至此將全書定為偽書。周予同先生便根據這一定性，認為該書「係晚出偽書，不足憑信」，「實無史料的價值」。不過，近來李學勤先生專門對此問題進行了考辨，認為四庫館臣的說法不足為據，該書雖未必真的出自陶淵明，但卻不會遲於北齊的陽休之。李先生還分析說，該書「八儒」條是有一定道理的。〔註26〕我們可以看到，它將「八儒」與孔

〔註26〕李學勤：〈談《聖賢群輔錄》八儒三墨之說〉，載《儒家思孟學派論集》，齊魯書社，2008 年，第 1～5 頁。

子的「六經之教」結合起來，顯示出孔子六經之教對儒學分化所產生的重要
影響。我們可以不同意這一說法的過分拘泥坐實之處，但它卻給我們一個很
好的探求孔門後學分化的方向，那就是孔子「六經之教」的異同。因孔子有
六經之教，而孔子弟子又「各得聖人之一體」，分別走向了各自的道路，這便
是孔子後學分化的最爲重要的原因所在。

自孔子開始，儒家便以「教化」爲職志與旨趣，形成源遠流長的教化傳
統。據《說文》，「教，上所施下所效也」。所謂教化，即教而化之，可對應
英文中的 Enlightenment 一詞。〔註27〕孔子之教（Confucian Enlightenment），
正是希冀以「春風化雨」的方式使人爲「成人」，這是一種「精神的造就與陶
冶」，是一種人格的「型塑」，即思想脫離蒙昧與偏曲，心靈得以安頓，生命
呈現意義，政治運行有序，社會達致和諧，這便是孔子「人文化成」之王道
政治理想。這正與西哲伽達默爾關於教化的理解有異曲同工之妙：人是以教
化的方式的存在的。在教化中不斷脫離動物性而向著普遍的人性提升。〔註28〕
孔子「述而不作」，以承繼和發揚先王之道爲理想，刪定六經，並以之爲載
體，闡發詮釋出儒家的教化深義，形成六經（或稱六藝）之教。〔註29〕「經
典的傳習，所重在教養教化」〔註30〕；「儒家經典就是儒家企慕聖境的心靈
記錄」〔註31〕。杜維明先生認爲，六經中，《詩經》代表人是感情的動物，
《書經》代表人是政治的動物，《禮記》代表人是社會的動物，《春秋》代表
人是歷史的動物，《易經》代表人是有終極關懷的動物。六經各具特色，分
別涉及情感、禮法、形上等多個層面。〔註32〕因此具體到六經的教化，功用

〔註27〕黃玉順：〈儒教論綱：儒家之仁愛、信仰、教化及宗教觀念〉，載《儒學評論》
第 5 輯，保定：河北大學出版社，2009 年。
〔註28〕轉引自姜廣輝：〈經學思想研究的新方向及其相關問題〉，載氏著《義理與考
據——思想史研究中的價值關懷與實證方法》，北京：中華書局，2010 年，第
144 頁。詳細討論參看伽達默爾著、洪漢鼎譯：《眞理與方法》第 1 卷，北京：
商務印書館，2007 年，第 19～32 頁，及中譯者注（14），見該書第 2 卷，第
632～633 頁。
〔註29〕參見楊朝明師：〈「六經」之教和孔子遺說——略談孔子研究的資料問題〉，載
《周秦社會與文化研究——紀念中國先秦史學會成立20週年學術研討會論文
集》，西安：陝西師範大學出版社，2003 年。
〔註30〕李景林：《教化的哲學——儒學思想的一種新詮釋》，哈爾濱：黑龍江人民出
版社，2006 年，第 2 頁。
〔註31〕黃俊傑：〈試論儒學的宗教性內涵〉，載氏著《東亞儒學史的新視野》，上海：
華東師範大學出版社，2008 年，第 87 頁。
〔註32〕參見氏著：〈郭店楚簡與先秦儒道思想的重新定位〉，載姜廣輝主編：《中國哲

又各有不同。關於孔子六經之教的記載,最爲系統的要算《禮記‧經解》和《孔子家語‧問玉》了。

一、〈經解〉「孔子曰」之可靠性

《禮記‧經解》載孔子曰:

> 入其國,其教可知也。其爲人也,溫柔敦厚,《詩》教也;疏通知遠,《書》教也;廣博易良,《樂》教也;絜靜精微,《易》教也;恭儉莊敬,《禮》教也;屬辭比事,《春秋》教也。

此是見諸記載的孔子「六經之教」的唯一系統論述。宋人衛湜(約 12 世紀末～13 世紀前葉,字正叔)《禮記集說》引山陰陸氏曰:「《周官》曰教國子以六德:知、仁、聖、義、中、和,蓋兼之矣。疏通知遠,知也。溫柔敦厚,仁也。絜靜精微,聖也。屬辭比事,義也。恭儉莊敬,中也。廣博易良,和也。」用六個字將孔子「六經之教」的精義表而出之。孔子不僅對「六經之教」的意義有所概括,對所潛存的過失危害也同時予以揭示。他說:「故《詩》之失,愚;《書》之失,誣;《樂》之失,奢;《易》之失,賊;《禮》之失,煩;《春秋》之失,亂。」對此,李景林先生指出:「儒學六藝,……其趣歸,則要在於其德性教養和敦民化俗之功。」〔註33〕這是十分正確的看法。

〈經解〉在今本《禮記》爲第二十六篇。鄭玄(127～200,字康成)〈禮記目錄〉云:「名曰『經解』者,以其記六藝政教之得失也。此於《別錄》屬通論。」孔穎達(574～648,字仲達)《正義》云:

> 人君以六經之道,各隨其民教之,民從上教,各從六經之性。觀民風俗,則知其教。
>
> 凡人君行此等六經之教,以化於下。在下染習其教,還有六經之性,故云《詩》教《書》教之等。

然而,關於本則資料中「子曰」部分的可靠性,歷代卻有不同的說法。

一爲「肯定說」。孔穎達以爲:「〈經解〉一篇總是孔子之言。」此是歷代認識的主流。如宋代衛湜《禮記集說》引金華應鏞曰:「蓋自夫子刪定、贊繫、筆削之餘,而後傳習滋廣,經術流行。夫子既廣其所傳而又慮其所蔽,

---

學》第 20 輯,第 4～5 頁。另外黃玉順對此亦有論斷,見氏著:〈儒教論綱:儒家之仁愛、信仰、教化及宗教觀念〉。

〔註33〕 李景林:《教化的哲學》,第 2 頁。

故有此言，然入其國即知其教，非見遠察微者不能也，觀其教即防其失，非慮遠防微者不能也。」清人納蘭性德（1655～1685，字容若）指出，「此記乃作乎孔子刪定之後，謂六經有益乎人君之教如此，既有以教，又防其失，此亦理之自然也。」清儒孫希旦（1736～1784，字紹周）云：「孔氏贊《周易》，刪《詩》、《書》，定《禮》、《樂》，修《春秋》，因舉六者而言其教之得失，然其時猶未有經之名。孔子沒後，七十子之徒尊孔子之所刪定者，名之爲經，因謂孔子所語六者之教爲〈經解〉爾。」〔註34〕

一爲「否定說」，如康熙（1654～1722，愛新覺羅・玄燁，1661～1722在位）《日講禮記解義》、納蘭性德《陳氏禮記集說補正》引石梁王氏等皆以此非孔子之言。如石梁王氏云：「孔子時《春秋》之筆削未出，又曰『加我數年，卒以學易』，性與天道不可得聞，豈遽以此教人哉！」他堅定地判斷「此決非孔子之言」。

另一種意見則認定首句「入其國其教可知」爲孔子語，其下皆非孔子之言。持此說者有鄭元慶（1600～？，字子餘）《禮記集說》引元儒吳澄（1249～1333，字伯清）和《禮記質疑》的作者清儒郭嵩燾（1818～1891，字伯琛，號筠仙）。如郭嵩燾云：「六經皆聖人手定。……自『其爲人也』以下，皆記者之辭。」其實此說在實質上與「否定說」並無二致。對此，鄭元慶、納蘭性德、李調元等皆予以駁斥。

可以看出，儘管兩種意見截然相反，但他們卻都是站在「注經」、「闡道」、維護聖人的立場上發表看法，未能深入分析文本，而且對孔子思想的理解有膠柱鼓瑟之嫌。

近代以來，對此篇文獻真實性的考察則出現了一邊倒的情形，基本上否定了「孔子曰」的可靠性。如任銘善（1913～1967，字心叔）先生云：「孔子之時不能有六者之教。……此篇所云六藝之政教，非孔子之言，而後人託之者也。」〔註35〕楊天宇（1943～2011）先生亦持此論，他說：「將儒家典籍奉

〔註34〕〔清〕孫希旦：《禮記集解》，北京：中華書局，1989年，第1254頁。其實，「經解」之題名恐怕是漢儒整理時所加。因爲同一材料在《孔子家語》中便屬〈問玉〉篇。至於孔子時有無「經」之稱，史料闕如，無法判斷。不過《莊子・天運》中已有孔子自謂「治六經」的說法，司馬遷也記載：「孔子曰：六藝於治一也。禮以節人，樂以發和，書以道事，詩以達意，易以神化，春秋以義。」（《史記・滑稽列傳》）

〔註35〕任銘善：《禮記目錄後案》，濟南：齊魯書社，1982年，第60～61頁。

爲經，並用作對民眾進行教化的教材，是到了漢代才有的事。……〈經解〉
之作，出於漢人之手無疑，而於篇首託名『孔子曰』。」〔註36〕學者主張該篇
「子曰」是出於漢儒之假託，乃是基於疑古思潮之下人們普遍不相信孔子與
六經之關係這一基點。不過，這一立論的基石，隨著近幾十年來大批出土文
獻的問世，漸趨動搖。

郭店楚簡〈六德〉與〈語叢一〉皆出現六經並稱之語。據專家考證，發
現楚簡的郭店一號墓下葬時間在公元前 300 年前後，根據常理，則楚簡的寫
作年代當在戰國中期或以前。根據學者的考釋，關於六經的兩段簡文如下：

> 〈六德〉：「故夫夫，婦婦，父父，子子，君君，臣臣，六者各行其
> 職，而讒諂無由作也。觀諸《詩》、《書》則亦在矣，觀諸《禮》、《樂》
> 則亦在矣，觀諸《易》、《春秋》則亦在矣。」

> 〈語叢一〉：「《詩》所以會古今之志也者，〔《書》者所以會〕□□□
> □者也，〔《禮》者所以會〕□□□□〔也〕，《樂》所以會□□□〔也〕，
> 《易》所以會天道人道也。《春秋》所以會古今之事也。」

通過對上引簡文的分析，結合馬王堆帛書，廖名春先生指出，在孔子晚年，
六經已經並稱。〔註37〕那麼對於疑古學者普遍否定孔子與六經關係的說法便
應予以重新審視。其實，如今已有不少學者對此做了深入的探究，對孔子與
六經的關係的傳統說法做了基本的肯定。〔註38〕

對於〈經解〉，徐復觀先生認爲「出於荀子門人之手」，說「亦可推測爲
出於秦博士之手」。但他又說：「這裏的『孔子曰』，未必是出於孔子，但必
出於先秦傳承之說。漢儒斷沒有無所傳承而憑空捏造孔子之言的。」〔註39〕
徐先生所說「未必是出於孔子」，當然值得商榷，不過「必出於先秦傳承之

〔註36〕 楊天宇：《禮記譯注》，上海：上海古籍出版社，1997 年，第 849 頁。

〔註37〕 廖名春：〈六經並稱的時代兼及疑古說的方法論問題〉，《孔子研究》2000 年第
1 期。

〔註38〕 張文修：〈孔子的生命主題及其對六經的闡釋〉（載姜廣輝主編：《中國哲學》
第 21 輯《郭店簡與儒學研究》，瀋陽：遼寧教育出版社，2000 年，第 281～
320 頁）、王中江：〈經典的條件：以早期儒家經典的形成爲例〉（載劉小楓、
陳少明主編：《經典與解釋的張力》，上海：上海三聯書店，2003 年，第 3～
26 頁）、〈六經早成〉（《光明日報》2010 年 3 月 3 日「國學版」）等文對此都
有論述，可以參看。

〔註39〕 徐復觀：《徐復觀論經學史二種·中國經學史的基礎》，上海，上海書店，2002
年，第 51 頁。

說」卻是可信的。即使「出於荀子門人之手」，也只能理解爲「荀子門人」
將這些儒門歷代流傳的文獻進行了整理，而不是「創作」。因爲，〈經解〉關
於「六經之教」的記載，同見於《孔子家語・問玉》篇，內容相同。而且，
在《淮南子・泰族訓》亦有類似的文字出現。

　　《禮記・經解》有三部分內容（也可以分爲四段），而「其義各不相蒙」，
當是「記者雜採眾篇而錄之者也」。〔註40〕載有此段文字的《家語・問玉》
篇，其情形也差不多，該篇有三部分，亦無明顯的確切主題。對於〈經解〉，
古代學者多將其視爲一篇，又頗生「各不相蒙」之惑，故不得不生拉硬扯到
「禮」上來，說什麼「六經其教雖異，總以禮爲本」（孔穎達）、「論六經之
義禮爲尤重」（皮錫瑞）。考慮到古籍成書傳流規律及古代文章著述的實際，
加上散見於眾多古籍中的「重文」現象，我們應當放棄以書、篇爲單位，而
當以章、段爲單位進行研究。這種「重文」現象儘管可能存在著因襲關係，
但是輕易斷定早晚，則非常危險，而將之視爲「同源」材料是較爲穩妥的做
法。〔註41〕所以，說《家語》抄襲《禮記》固然不確，認爲〈經解〉採自《家
語》亦屬不當。不過，綜合兩書材料，我們還是傾向於承認其「子曰」之基
本可信。

　　《淮南子・泰族》亦有關於六經的論述：

　　　溫惠柔良者，《詩》之風也；淳龐敦厚者，《書》之教也；清明條達
　　　者，《易》之義也；恭儉尊讓者，《禮》之爲也；寬裕簡易者，《樂》
　　　之化也；刺幾辯義者，《春秋》之靡也。故《易》之失鬼；《樂》之
　　　失淫；《詩》之失愚；《書》之失拘；《禮》之失忮；《春秋》之失訾。
　　　六者，聖人兼用而財制之。失本則亂，得本則治。其美在調，其失
　　　在權。〔註42〕

將之與〈經解〉對比，我們會發現，儘管文辭有異，其論六經次序亦有參差，
但內容大體相近，可見其間之關聯密切。朱自清（1898～1948，字佩弦）先
生認爲，因爲〈經解〉文本顯得更明白些，更確切些，故當爲後出，其寫定

〔註40〕　〔清〕孫希旦：《禮記集解》，第1254頁。
〔註41〕　參李銳：〈「重文」分析法評析〉，《清華大學學報》2008年第1期。後來，李
　　　　　銳改用「對文」一詞。見氏著《新出簡帛的學術探索》，北京：北京師範大學
　　　　　出版社，2010年，第19～34頁。
〔註42〕　〔清〕何寧：《淮南子集解》，北京：中華書局，1998年，第1292～1294頁。

在《淮南子》之後。〔註43〕陳桐生先生亦持此觀點。〔註44〕不過同樣是對比文本，廖名春先生則認爲，〈泰族〉所論乃從〈經解〉化出。有學者對「重文」分析法之潛在危險已有所注意。那麼，這兩段文字是否屬於「重文」呢？經過仔細研究，我們認爲，它們尚不能算作眞正的「重文」，因爲它們在各自的文本語境中有著自己的作用。條理整齊亦並非後出的證據，反過來亦是如此。因此，尚無法判斷孰先孰後。在此情形下，我們也只好傾向於認爲二者當爲傳聞異辭，而各自又經過了不同加工而已。

按鄭玄的說法，〈經解〉屬通論，而據現代學者研究，《禮記》之通論部分，皆應屬於戰國作品，其可信當沒有問題。〔註45〕而且有學者對《禮記》所記錄的「子曰」等內容進行考察，認爲皆應爲孔子之言。〔註46〕基於此，我們認爲，在無確鑿的反證（即「證僞」）以前，我們應當認定〈經解〉所載「六經之教」一段乃孔子弟子或孔門後學所記之「先秦舊文」〔註47〕。「孔子曰」云云，恐非後儒假託，而是傳流有自的可靠文獻。

二、孔子的「詩書禮樂」與「春秋」之教

《史記・孔子世家》曰：「孔子以詩、書、禮、樂教，弟子蓋三千焉。身通六藝者，七十有二人。」太史公此處所謂「六藝」實際上即指《詩》、《書》、《禮》、《樂》、《易》、《春秋》六經。那麼，爲何此處又言「孔子以詩、書、禮、樂教」，而不及春秋與易呢？呂誠之先生的一段話可爲釋疑：「以設教言，謂之六藝。自其書言之，謂之六經。詩、書、禮、樂者，大學設教之舊科。」〔註48〕詩、書、禮、樂屬於傳統科目，亦爲普通科目，而於此之外，又兼通易與春秋者，只七十餘人。這可以佐證《易》、《春秋》乃孔子晚年所贊所作

〔註43〕朱自清：〈詩言志辨〉，載《朱自清古典文學論文集》（上冊），上海：上海古籍出版社，2009 年，286 頁。朱先生亦以爲「《禮記》大概是漢儒的述作，其中稱引孔子，只是儒家的傳說，未必眞是孔子的話。」
〔註44〕陳桐生：《〈孔子詩論〉研究》，北京：中華書局，2004 年，第 54～55 頁。
〔註45〕彭林：〈郭店簡與《禮記》成書年代〉，載姜廣輝主編：《中國哲學》第 21 輯，第 54 頁。
〔註46〕參見李零：《郭店楚簡校讀記》（增訂本），北京：北京大學出版社，2002 年，第 68 頁。
〔註47〕對此，學者已有考證，詳見廖名春：〈六經並稱的時代兼及疑古說的方法論問題〉，《孔子研究》2000 年第 1 期，收入其論文集《中國學術史新證》，第 27～50 頁。王鍔：《〈禮記〉成書考》，北京：中華書局，2007 年，204～209 頁。
〔註48〕呂思勉：《先秦學術概論》，上海：東方出版中心，1985 年，第 52 頁。

的說法，另外又說明《易》與《春秋》，言「性與天道」之書，非一般的及門弟子所得聞，乃「孔門精義」所在。

詩、書、禮、樂屬於傳統科目，沒有問題。《禮記・王制》：「樂正崇四術，立四教，順先王詩、書、禮、樂以造士，春秋教以禮、樂，冬夏教以詩、書。」可見，詩、書、禮、樂，在孔子之前當已是較爲通行的教學內容了。孫希旦曰：「蓋四術盡人皆教，而《易》則義理精微，非天資之高者不足以語此；《春秋》藏於史官，非世胄之貴或亦莫得而盡見也。」〔註49〕而據《國語・楚語上》載「申叔時論傳太子之道」云：「教之春秋，而爲之聳善而抑惡焉，以戒勸其心；教之世，而爲之昭明德而廢幽昏焉，以休懼其動；教之詩，而爲之導廣顯德，以耀明其志；教之禮，使知上下之則；教之樂，以疏其會合而鎮其浮；教之令，使訪物官；教之語，使明其德，而知先王之務用明德於民也；教之故志，使知廢興而戒懼焉；教之訓典，使知族類，行比義焉。」其中未提及「書」，但其中有訓典、故志等，可能與「書」相近，或即屬於《書》類文獻。其中還提到了「春秋」，顯然並非《魯春秋》和孔子所修的《春秋經》，而是統稱爲「春秋」的史書。

孔子教育學生，便以詩、書、禮、樂爲主。《孔子家語・弟子行》記載：「孔子之施教也，先之以詩、書，而道之以孝悌，說之以仁義，觀之以禮樂，然後成之以文德。」可見，呂誠之先生所言不虛。既然如此，孔子之詩、書、禮、樂之教，便起到了更爲顯著和長遠的影響。

關於孔子之詩教，〈經解〉記曰：「其爲人也，溫柔敦厚，《詩》教也」；「《詩》之失，愚。」孔穎達《正義》曰：

溫，謂顏色溫潤；柔，謂性情和柔。《詩》依違諷諫，不指切事情，
故云「溫柔敦厚，是《詩》教也」。

孫希旦《集解》云：

溫柔，以辭氣言；敦厚，以性情言。

鄭元慶《禮記集說》引吳江徐氏云：

溫，和厚也；柔，婉順也；敦，篤實也；厚，端重也。詩本性情，
優遊諷詠，辭不迫切而意已獨至。故其教成如此。

《日講禮記解義》云：

《詩》之教溫潤優柔而不迫，而其意畢歸于忠厚也。

〔註49〕〔清〕孫希旦：《禮記集解》，第1254頁。

葉夢得說：

> 《詩》之規刺嘉美，要使人歸於善而已，仁之事也。

由以上各家的疏解可以看出，《詩》之特點就是語言之美，韻律之美，「詩言志，歌詠言」，所表達者皆是真情實感，以此為教，則會培養民眾溫和、優柔、敦厚的性情品格。這也就是山陰陸氏何以徑直說「詩，性情也」的緣故了。

對於「《詩》之失愚」，鄭玄曰：「《詩》敦厚，近愚。」孔《疏》云：「《詩》主敦厚，若不節之，則失在愚。」《欽定禮記義疏》卷六十三曰：「蔽於溫柔敦厚而不知通之以權，所以為愚」。《日講禮記解義》卷五十三中云：「醇厚者未必深察則《詩》之失愚。」孫希旦《集解》曰：「蔽於溫柔敦厚而不知通變，故至於愚。」各家所疏解基本清楚，所謂「愚」正是唯知「溫柔敦厚」而不知節制和變通所造成的負面結果。

孔子之教的目的在於「成人」。而孔子之所以施教時「先之以詩」（《大戴禮記・衛將軍文子》），教化之序為「興於詩，立於禮，成於樂」（《論語・泰伯》），將詩放在教化之起首，恐怕正是鑒於《詩》之「思無邪」的功效。對此，曹魏時何晏（？～249，字平叔）《集解》引包曰：「興，起也，言修身當先學詩也。」宋儒邢昺（932～1010，字叔明）《論語注疏》更明言：「此章記人立身成德之法也。興，起也，言人修身當先起於詩也，立身必須學禮，成性必須學樂。」

孔子說：「詩可以興，可以觀，可以群，可以怨。」（《論語・陽貨》）這表明孔子對詩之特質有著深刻的把握。《詩》與《易》、《春秋》不同，與《書》亦不同，而相對近於禮、樂。這種特質就在於詩的藝術化特徵。而《詩》與禮、樂當然亦有差異，表現在《詩》乃是憑藉人之語言言說心志，而這種發為言語的心志，表現出來便是「情」。「詩者，志之所之也，在心為志，發言為詩。」而「《詩》三百篇，無論孝子、忠臣、怨男、愁女皆出於至情流溢，直寫衷曲」（鄭浩《論語集注述要》），可以說，興發人之情感，乃是詩特有的功能。在詩的誦讀中，人之情志得以發抒，不管是興，抑或是怨，總歸是呵護了人之情感的正常發育和發展。孔子重視情感，他將情作為養成人格的第一步。所以，他對詩之情教格外重視。

上博楚竹書〈孔子詩論〉記載：

> 孔子曰：……吾以〈甘棠〉得宗廟之敬。民性固然，甚貴其人，必

敬其位；悦其人，必好其所爲，惡其人亦然。

又：

孔子曰：吾以《萬覃》得民初之詩。民性固然，見其美必欲反〔其〕

本。夫萬之見歌也，則以葉蔞之故也；后稷之見貴也，則以文武之

德也。

在詩歌的興發中，人們之性情得到養正，而這恰恰是成人之第一步，不容忽視。饒宗頤先生說：「誦詩者是要利用『詩』來促進道德的力量，由作者所發的『情緒』，而使聞者受到感動，無形中受到『止乎禮義』的效果。由『道德情感』（moral emotion）的功能，產生淨化作用。……由於詩的特質是不要直斥，主文而譎諫，以比興而出之，所以才說『溫柔敦厚詩教也』。」〔註50〕也就是說，即使出於「諷諫」之用，《詩》也依然保持著含蓄婉轉的風格，並不直接顯露，在委婉的詩歌聲中，表達著對於現實政治、社會等的不滿，正是養成「溫柔敦厚」之人格的前提。

孔門之中，儘管人人皆有學習詩之機會，但並非所有人的氣質都適合於學詩，因之也就不是所有人都能獲得詩教之眞義。在孔門之中，子貢、子羔、子夏是較爲顯著的傳《詩》的弟子。關於上博〈詩論〉的作者，很多學者將之歸於子夏，廖名春先生則主張出自子羔，劉信芳、陳桐生等先生則推測可能與子思學派有關。而從《論語》、《孔子家語》、《孔叢子》諸文獻看，孔門之中對《詩》教領悟最深透的確屬子夏。在詩經學史上，子夏是非常重要的人物。據考察，〈詩大序〉可能與子夏有關。其中說《詩》可以「經夫婦，成孝敬，厚人倫，美教化，移風俗」，正突出了《詩》的教化功能。

另一位重要的人物應該算子思，有學者指出：「孔門《詩》教及《詩》學，七十子之後，以子思學派爲盛。」〔註51〕我們在今本《禮記》中的〈中庸〉、〈表記〉、〈坊記〉、〈緇衣〉等「子思子四篇」以及簡帛中的「子思」文獻中，可以看出，子思非常重視《詩》與「詩教」。據統計，〈緇衣〉引《詩》17篇，〈五行〉引《詩》6篇，〈中庸〉引《詩》14篇，〈坊記〉引《詩》13篇，〈表記〉引詩16篇，算上重複引用同篇，共計75次，而且所引詩之主

〔註50〕饒宗頤：〈上博竹書《詩序》綜說〉，載氏著《饒宗頤新出土文獻新證》，上海：上海古籍出版社，2005年，第205頁。

〔註51〕張豐乾：〈論子思學派之《詩》學〉，載杜維明主編：《思想·文獻·歷史——思孟學派新探》，北京：北京大學出版社，2008年，第268～269頁。

題，以美、刺居多。另據學者的考察，「思孟學派」的詩教觀也深刻地影響了後來出現的毛詩詩教觀。

此後的孟、荀都重視《詩》教，更是盡人皆知的事情，不必贅言。

關於孔子的書教，〈經解〉云：「疏通知遠，《書》教也」，「書之失，誣」。孔《疏》曰：

> 《書》錄帝王言誥，舉其大綱，事非繁密，是疏通；上知帝皇之世，是知遠。

衛湜《禮記集說》引長樂劉氏曰：

> 二帝三王，政治始末，詔誥精微，足以曉諭天下，俾知所適，則人人反情以復性，棄塞以就通，是疏通知遠而不誣也。

引金華應鏞云：

> 通達者，未必篤確誠實，故失之誣。

引「講義」云：

> 書之教，則疏通知遠是已，以書之所載，皆古先君臣之事，坦然明白，可考而知故也。

元代吳澄《禮記纂言》云：

> 疏，謂開明。通，謂透徹。《書》載古先帝王之事，使人心識明徹，上知久遠。

《欽定禮記義疏》云：

> 博於傳聞而不能知人論世，則失之誣。

歷代注家對書教之得失的疏解，亦大體一致。所謂書教之得，即在於《書》本是記載政事之書，又稱「上古之書」，所記乃堯、舜、禹、湯、文、武、周公等古代先王之政，「坦然明白，可考而知」，由《書》可使人上知歷史之久遠，兼及洞察古代政治之幽微。所以宋人葉夢得說得好：「《書》之紀述治亂，要使人考古驗今而已，智之事也。」

劉義峰先生從章學誠（1738～1801，字實齋）論《尚書》體例之教處受到啓發，認爲《易傳》「夫智以藏往，神以知來」這句話用來理解「疏通知遠」之意卻是最恰當不過。他說：「要想做到『疏通』，必須洞察《尚書》之『神』，擁有《尚書》之『神』即可貫通古今。『神』的提煉要建立在『智以藏往』的基礎上，即建立在對大量以往史事學習的基礎上。『神』又指什麼呢？『神』是指在歷史、現實、未來世界中永恒呼喚的一些價值原則和道德

準則。『知遠』就是找到『神』必備條件，『疏通』即是對『神』的掌握與運用。」〔註52〕如此理解，也算簡明扼要了。

　　孔子對於《書》教也格外重視。在現存孔子遺說中，保存了不少孔子引《書》論《書》的資料。據劉義峰先生的分析，「孔子論《書》，可分爲宏觀論《書》和微觀論《書》。宏觀論《書》是指孔子對於《尚書》大義的闡發，微觀論《書》是指孔子對於《尚書》中疑難字句的解析。」他對各種傳世文獻中孔子論《書》的記載進行了初步統計，「《論語》1條、《禮記・檀弓下》1條、《尚書大傳》6條、《韓詩外傳》1條、《孔叢子・論書》16條、《孔叢子・刑論》4條、《孔子家語》1條、《史記》2條、《說苑》1條」，「而《孔叢子・論書》的一些內容又互見於《尚書大傳》、《韓詩外傳》、《國語》等。」相對而言，孔子引《書》的資料更多，「《論語》1條、《左傳》2條、《孟子》1條、《荀子》1條、《禮記・坊記》3條、《禮記・表記》3條、《禮記・緇衣》15條、《韓詩外傳》1條、《說苑》1條、《白虎通》1條、《孔叢子・刑論》4條、《孔子家語》3條、郭店楚簡〈緇衣〉10條、上博簡〈緇衣〉10條」。

　　試以《尚書大傳》所載孔子與弟子論《書》一段爲例：

> 子夏讀《書》畢，孔子問曰：「吾子何爲於《書》？」子夏曰：「《書》之論事，昭昭然若日月焉，所受於夫子者，弗敢忘。退而窮居河、濟之間，深山之中，壞室蓬戶，彈琴瑟以歌先王之風，有人亦樂之，無人亦樂之。上見堯、舜之道，下見三王之義，可以忘死生矣。」夫子愀然變容，曰：「嘻！子殆可與言《書》矣。雖然，見其表，未見其裏，窺其門，未入其中。」顏回曰：「何謂也？」孔子曰：「丘常悉心盡志以入其中，則前有高岸，後有大溪，填填正立而已。「六誓」可以觀義，「五誥」可以觀仁，〈甫刑〉可以觀誡，〈洪範〉可以觀度，〈禹貢〉可以觀事，〈皋陶謨〉可以觀治，〈堯典〉可以觀美。」
>
> （《外紀》卷九引）

這段文字亦見於《孔叢子・論書》和《韓詩外傳》卷二，文字有異，相較之下，《尚書大傳》的文字更爲完整和可靠。子夏是孔門「文學科」高弟，對於六經自然有著較爲深刻的理解。如孔子與子夏論《詩》，有「起予者商也」之歎。此處孔子與子夏論《書》，雖然孔子對子夏之論尚不滿意，但亦可見子夏對《書》教領會已不爲淺薄。他所說「《書》之論事，昭昭然若日月焉」，正

〔註52〕劉義峰：《孔子與〈書〉教》，曲阜師範大學碩士學位論文，2005年。

與歷代注家「書之所載,皆古先君臣之事,坦然明白,可考而知」等義相近。而「上見堯、舜之道,下見三王之義」,正是「疏通致遠」的意思,這也是孔子《書》教用意所在。

不過,孔子對《書》教還有較之子夏更爲深入的理解。因有「七觀」之說:

> 「六誓」可以觀義,「五誥」可以觀仁,〈甫刑〉可以觀誠,〈洪範〉可以觀度,〈禹貢〉可以觀事,〈皐陶謨〉可以觀治,〈堯典〉可以觀美。

《孔叢子》所載與此處略異,作:

> 〈帝典〉可以觀美,〈大禹謨〉、〈禹貢〉可以觀事,〈皐陶謨〉、〈益稷〉可以觀政,〈洪範〉可以觀度,〈秦誓〉可以觀議,「五誥」可以觀仁,〈甫刑〉可以觀誠。

所謂「六誓」是指〈甘誓〉、〈湯誓〉、〈泰誓〉、〈牧誓〉、〈費誓〉、〈秦誓〉;而「五誥」是指〈大誥〉、〈康誥〉、〈酒誥〉、〈召誥〉、〈洛誥〉。

在縷舉「七觀」之後,孔子說:「通斯七〈亡〉者,則《書》之大義舉矣。」(《孔叢子·論書》有此句,《尚書大傳》無)可見,孔子認爲「仁」、「義」、「政」、「美」、「事」、「度」、「誠」七者,包蘊著幾乎全部的《書》之大義,而這其實也即孔子《書》教用意所在。

再看孔子引《書》之例。郭店簡〈緇衣〉與今本、上博本大體相同,其中引《書》者10條,如:

> 子曰:政之不行,教之不成也,則刑罰不足恥,而爵不足勸也。故上不可以褻刑而輕爵。〈康誥〉云:「敬明乃罰。」〈呂刑〉云:「播刑之迪。」

> 子曰:爲上可望而知也,爲下可類而志也。則君不疑其臣,臣不惑於君。……〈尹誥〉云:「惟尹允及湯,咸有一德。」

因爲古書沒有標點,所以〈緇衣〉引《書》,亦可能爲子思或公孫尼子等引《書》以證孔子之說。不過,如果將之視爲孔子引《書》以自證亦無不可。此大量孔子引《書》來看,《書》乃是孔子思想的來源。而《書》所記爲上古先王之政事,是歷史,更是政治史,其中所體現的王道思想,正是孔子王道思想之所從出。因此,孔子之《書》教,更多的關注於爲政治國,是再自然不過的。

　　禮樂，是孔子教化思想的重要組成部分。孔子生活在一個「禮壞樂崩」的「無道」之世，他一生孜孜以求的就是要恢復周公所奠定的禮樂文明秩序。西周初年，周公在繼承唐虞夏商文明的基礎上，因革損益，制禮作樂，形成了一套完善的禮樂制度，奠定了中國禮樂文明的基本格局。孔子本人精通禮樂，對禮樂之教化功能有著深刻的體認，自不待言。孔子施教，禮樂一直是關鍵內容，早年弟子入孔門，主要是學禮樂，以求干祿；其實到了孔子的晚期弟子，比如子游、曾子等都是精於禮樂的。即使在孔子師徒周遊困厄之中，也時時演習禮樂。晚年歸魯，依然要正《樂》，可見孔子對此之重視。禮樂本身之直觀性、踐履性和可操作性，注定了禮樂之教在孔子一生的教學活動中必定處於重要的地位。

　　孔子禮樂之教在於「立於禮，成於樂」。〈經解〉云：「廣博易良，《樂》教也」、「恭儉莊敬，《禮》教也」。孔《疏》曰：

> 樂以和通爲體，無所不用，是廣博；簡易良善，使人從化，是易良也。……禮以恭遜、節儉、齊莊、敬謹爲本，使人能恭敬節儉，是禮之教也。……樂主廣博和易，若不節制，則失在於奢。……禮主文物，恭儉莊敬，若不能節制，則失在於煩苛。

衛湜引長樂劉氏曰：

> 先王作樂，所以悅民之心，使之安行於禮義也，故禮行然後樂舉，義著然後人安，所以風俗移於禮義，而不知其所自也，其化之廣，如天之覆；其德之溥，如地之載，推其所自來，莫非出於和易善良之心焉。用此化民，則樂於行禮，豈有奢僭而踰矩者哉？

引石林葉夢得氏云：

> 樂能和同天下之際，其教也，動蕩血脈，流通精神，故廣博易良。……禮節民心，其教也，使人飾貌以正其行，故恭儉莊敬。

元代吳澄《禮記纂言》云：

> 樂之聲容器物非一，甚爲廣博，悉須備具，而其大要則以消融查滓，蕩滌邪穢，使人心境平易，歸於善良。……恭，謂不慢侮。儉，謂不縱肆。莊，謂外儀之整。敬，謂內心之一。

《日講禮記解義》云：

> 以樂之教，使人聽之而志意得廣，易直子諒之心油然而生也。……以禮之教，所以節文乎仁義，而身心皆有所攝也。

歷代經師對此所論，也大體近似。其實，衛湜所引山陰陸氏所云：「恭儉莊敬，中也。廣博易良，和也。」最能概括禮樂之教的目的，即「中和」。孔子對此也有明確的論述：「夫禮所以制中也」（《禮記・仲尼燕居》），「移風易俗莫善於樂，安上治民莫善於禮」（《孝經》）。

孔子對禮樂之教的「失」也有所警覺。他說：「樂之失，奢」，「禮之失，煩」。《日講禮記解義》疏解云：

> 寬厚者或疏繩檢，則樂之失奢。……儀文太勝，則禮之失煩。

《欽定禮記義疏》則曰：

> 好樂而雜以鄭衛，則淫心蕩志而入於奢。……迂拘曲謹而不知禮之
> 用和爲貴，則煩。

此二說對「禮之失，煩」之解可謂的當，而對「樂之失，奢」之疏解則嫌牽強。其實，孔子已云：「禮云禮云，玉帛云乎哉？樂云樂云，鐘鼓云乎哉？」（《論語・陽貨》）禮樂之用，必須借助玉帛鐘鼓等聲容器物，所以必然易流於奢侈，煩瑣。而孔子對「禮下不庶人」的解釋，正可與此相印證。《孔子家語・五刑解》云：「所謂禮不下庶人者，以庶人遽其事而不能充其禮，故不責之以備禮也。」在孔子看來，之所以「禮不下庶人」，是因爲庶人一無財力，二無時間，所以不能對他們要求過高過苛。

而孔子之後儒家治禮者甚夥，《儀禮》、《禮記》、《周禮》皆爲孔門後學所傳述。《禮記》所載大部分爲七十子及其後學的禮類筆記及通論之作。《樂經》亦當出於孔子的整理，只是因爲秦火而亡佚不傳了。不過，《禮記》中專有〈樂記〉，是論樂及樂教的專篇文獻，原有二十三篇，僅存十一篇，並爲一篇。可見先秦儒家對禮樂之教的重視。

孟子說：「王者之迹熄而《詩》亡，《詩》亡然後《春秋》作。」（《孟子・離婁下》）春秋時期，天子衰微，「王者之迹熄」，「天下無道」。孔子晚年根據魯國國史修《春秋》，在孔子屬於「近代史」，其中包涵著其「春秋筆法」與「微言大義」，寄寓著孔子的政治理想。故太史公說：

> 余聞董生曰：周道衰廢，孔子爲魯司寇，諸侯害之，大夫壅之。孔
> 子知言之不用，道之不行也，是非二百四十二年之中，以爲天下儀
> 表，貶天子，退諸侯，討大夫，以達王事而已矣。……夫《春秋》，
> 上明三王之道，下辨人事之紀，別嫌疑，明是非，定猶豫，善善惡
> 惡，賢賢賤不肖，存亡國，繼絕世，補敝起廢，王道之大者也。（《史
> 記・太史公自序》）

董仲舒（前 179～104）所言乃公羊家言，但也是師承有自的說法，可視爲早期儒家《春秋》之教的共識。

太史公又說：

> 《春秋》辨是非，故長於治人。……《春秋》以道義。撥亂世反之
> 正，莫近於《春秋》。（《史記・滑稽列傳》）

孔子作《春秋》之目的，即在於通過「正名」，「寓褒貶，別善惡」，「撥亂世反之正」，使天下由無道轉變爲有道之世。

《春秋》與《易》乃孔子晚年政治思想與哲學思想的最高體現，「《春秋》推見至隱，《易》本隱以之顯」〔註53〕。此二經之教，非一般弟子所得聞知，故在若隱若顯之間，以至引起後人的疑惑。元陳澔（1260～1341，字可大）《禮記集說》引石梁王氏曰：

> 孔子時，《春秋》之筆削者未出。……豈遽以此教人哉？所以教者，
> 多言《詩》、《書》、《禮》、《樂》。

吳澄亦云：

> 先王但以《詩》、《書》、《禮》、《樂》爲教，而未嘗以《易》、《春秋》
> 爲教，況《春秋》作於獲麟之年，筆削僅終而夫子沒矣。豈有夫子
> 自言以《春秋》立教之事？澄故以爲記者之言，而非夫子之言也。

認爲孔子無《春秋》之教，便是其中的極端之例。其實，孔子晚年修《春秋》，並傳之弟子，是毋庸置疑的。孔子對《春秋》之教，亦有深刻的認識：「屬辭比事，《春秋》教也。」鄭《注》云：「《春秋》多記諸侯朝聘會同，有相接之辭，罪辯之事。」孔《疏》曰：「《春秋》聚合會同之辭，是屬辭；比次褒貶之事，是比事。比，近也。」《欽定禮記義疏》不同意鄭玄之說，認爲：「辭是載事之文，所謂其文則史也。不止是會同之辭。」是對的。屬辭比事，即所謂「春秋筆法」，「寓褒貶，別善惡」是也。

衛湜《禮記集說》引石林葉氏云：「《春秋》言約而意隱，其教也，使人美不過實，貶不損美，故屬辭比事。」《春秋》之妙在「文約義豐」，其中最爲重要的是「褒貶善惡」。《莊子》所謂「《春秋》以道名分」，正是孔子「正名」之旨，合於孔子《春秋》之教。衛湜引山陰陸氏云：「《春秋》，夫子之

〔註53〕語出《史記・司馬相如列傳贊》，《索隱》引虞喜《志林》曰：「春秋以人事通
　　　　天道，是推見以至隱也。易以天道接人事，是本隱以之明顯也。」將二書之
　　　　特點表見甚明。

文章也，事有不可勝言，上下比義，從可知而尤，已在於此。先儒曰：《春秋》無傳而著，甚幽而明，雖游、夏之徒，不能措一詞，是之謂屬詞比事。故曰，五石六鷁之詞不設，則王道不亢矣。」引長樂劉氏云：「古者編年之史皆曰《春秋》，仲尼未作，已列爲經矣。《春秋》之法，貴書其實以誅暴亂，以此教民，則人知執其誠信，動遵禮法，孰敢紊亂於王綱而悖謬乎五品也。」《日講禮記解義》云：「以《春秋》之教，皆當時事辭之實，而是非善惡足以知所勸誡也。」以上注家之疏解，已經把握到孔子《春秋》之教的大體輪廓。

《春秋》之失在於「亂」，孔子深有體會。《孟子》引孔子曰：「其事則齊桓晉文，其文則史，其義則丘竊取之矣。」因爲，「《春秋》，天子之事也」。〔註54〕對於天下之是非善惡，擁有評判權的是天子之史官，孔子修《春秋》，已屬「不得已」而爲之，故孔子說：「知我者，其惟《春秋》乎？罪我者，其惟《春秋》乎？」宋儒朱子云：

> 知孔子者，謂此書之作，遏人欲於橫流，存天理於既滅，爲後世慮，至深遠也。罪孔子者，以謂無其位而託二百四十二年南面之權，使亂臣賊子禁其欲而不得肆，則戚矣。〔註55〕

至清儒焦循亦說：

> 孔子懼王道遂滅，故作《春秋》。……知我者，謂我正王綱也。罪我者，謂時人見彈貶者。言孔子以《春秋》撥亂也。〔註56〕

可謂知言。《春秋》所載乃天子衰微，王綱解紐，諸侯力政，禮壞樂崩之事。如果不能深諳孔子《春秋》之教在於「褒貶善惡」的「名分」思想，而是只矚目於「亂臣賊子」之興風作浪，而非反躬自省，以爲警戒，必定會導致「亂」，另外，如果擅用「筆法」，且「褒貶非公」（《日講禮記解義》），結果亦必是失於亂。

總之，孔子的《詩》、《書》、《禮》、《樂》與《春秋》之教，包涵著孔子深刻的王道教化思想。每一經皆有其特點，故每經皆有其他經典所不具備的優勢，當然也有可能出現過失。孔子對此都有精到的體認。

〔註54〕此語出自《孟子·滕文公下》。關於「春秋，天子之事也」的具體隱涵，可參魏衍華：〈《春秋》「天子之事」發微〉，《史學史研究》2010年第1期。

〔註55〕〔宋〕朱熹：《四書章句集注》，北京：中華書局，1983年，第272頁。

〔註56〕〔清〕焦循：《孟子正義》，北京：中華書局，1987年，第452頁。

三、孔子「絜靜精微」之易教

孔子晚而喜《易》，孔子對《易》之鑽研正值孔子思想精純與成熟時期，因之，孔子之易教在其整個「六經之教」體系中佔據極爲關鍵的地位。不僅對於孔門弟子的影響極大，而且對於整個儒家經學體系及學術結構也具有不可忽視的影響。

在傳世文獻與出土文獻中，我們可以發現大量孔子易教思想的資料。孔子易教有「觀其德義」的「不占」之教和「神道設教」兩種方式，分別針對「君子」與「小人」兩個階層，以「絜靜精微而不賊」作爲易教之最終旨趣。「絜靜精微而不賊」見於《禮記‧經解》，歷代注疏家雖然對此段文字進行了訓釋，但多語焉不詳，致使今人尙難以把握其中的精義。茲結合出土文獻與傳世文獻，對此中意蘊予以「探賾索隱」、「闡幽發微」，希望能將孔子易教思想之精華闡發出來。

《周易》古經本身具有卜筮與哲理的雙重性質，是一部「卜筮其表，哲理其裏」的典籍，它利用占筮的形式來表現哲理。由於《周易》古經所具有的這種雙重身份，使其自產生之時起就具有了政治教化的功能，而且綿延不絕，以至孔子時代。〔註57〕正如《四庫全書總目提要》「易類」小序所說：

> 聖人覺世牖民，大抵因事以寓教，《詩》寓於風謠，《禮》寓於節文，
> 《尚書》、《春秋》寓於史，而《易》則寓於卜筮。故《易》之爲書，
> 推天道以明人事者也。

四庫館臣意識到《易》之教化寓於「卜筮」之中，在於「推天道以明人事」，可謂卓識。

通觀孔子的論述，我們可以看到孔子對「六經之教」的深刻體察，一方面指出了六經教化的功用，一方面又警示了「六經之教」如果把握不好，則有可能出現的負面後果。這顯示出孔子「中庸」的性格，更是其辯證智慧的體現。在孔子的「六經之教」中，「易教」與其他五經的教化思想有相通之處，但由於《易》本身兼容「卜筮之書」與「哲理典籍」的雙重身份，因此其教化又有其他五經所不能具備的特點。一方面，孔子利用《易》來闡揚其「仁義」、「道德」的思想；另一方面，孔子也通過《易》來實現其「性與天道」

〔註57〕詳參宋立林：〈前孔子時代之「易教」發微〉，載《孔孟月刊》第48卷第7、8合期；姜廣輝：《中國經學思想史》第一卷，北京：中國社會科學出版社，2003年，第357頁。

哲學義理的表達，這種「天道」的闡釋必然含有超越的意味，屬於「形而上的終極教化」〔註 58〕。學者多已指出，孔子所謂「下學而上達」（《論語・憲問》）應指上達「天道」，恐正與此易教有關。

　　然則，「絜靜精微」之深刻意蘊何在？有學者指出，對此之訓解，漢唐諸儒與宋明儒不同，可區而別之分為兩派：「一派以鄭玄、孔穎達為代表，他們沿襲了孔子『以《易》為教』的易學主張，闡明《易》在政治教化上的重要作用，以『修身、處世』為指歸；一派以宋明理學家為代表，他們從『窮理盡性』的角度出發，對『潔靜精微』做了新的闡釋，認為其既是『道體』的本質，又是『體道』的方法」。〔註 59〕其實，這種看法只見其異，未見其同。孔穎達亦有「窮理盡性」之說，因此於此分別不可執泥。在我們看來，漢學與宋學固然有天壤之別，但「心性儒學」與「政治儒學」在原始儒家那裏本不可分，亦不必分。欲瞭解先秦文獻之真義，對二者之「闡釋」皆不可忽視，只有將二者結合起來，才能得孔子易教義蘊之全與真。

　　孔穎達《禮記正義》曰：

　　　《易》之於人，正則獲吉，邪則獲凶，不為淫濫，是絜靜。窮理盡性，言入秋毫，是精微。

　　宋儒衛湜《禮記集說》引長樂劉氏曰：

　　　夫《易》極深而研幾，盡性以至命，其德之絜靜也；如空虛之不可污，其化之精微也。如陰陽之不可究，則民不敢自欺於幽隱矣。

　　而清儒孫希旦則曰：

　　　洗心藏密，故絜靜；探賾索隱，故精微。

由此可見，古人多以絜靜、精微分說。「絜靜」蓋與人之心態以至德性相關，而「精微」則多就思維之深刻而言。我們可以分別考察「絜靜」與「精微」之義。

　　鄭元慶《禮記集說》引山陰陸氏曰：

　　　絜，不停污也；靜，不妄動也；精，純一不雜也；微，隱藏不露也。

　　　《易》建天地陰陽之情，順性命神明之理，故其教如此。

絜，同潔，有淨義。朱子云：「靜，謂心不妄動也。」又《廣雅・釋言》：「絜，

〔註 58〕　見前揭黃玉順：〈儒教論綱：儒家之仁愛、信仰、教化及宗教觀念〉。
〔註 59〕　盧翠琬、肖滿省：〈略論《易》之「潔靜精微」〉，《皖西學院學報》2008 年第 3 期。

靜也。」靜，《國語・周語中》「靜其巾羃」韋昭注「靜，絜也」。可見，絜、靜義近。

先看「絜靜」之義。此與齋戒有關。齋戒則是古人祭祀、卜筮的必備工作，古代祭祀非常強調「絜靜」。《國語・周語上》記有神降於莘，內史過曰：

> 國之將興，其君齊明、衷正、精潔、惠和，其德足以昭其馨香，其惠足以同其民人。神饗而民聽，民神無怨，故明神降之，觀其政德而均布福焉。

由此可見，「潔」（絜）與「靜」都是饗神的要素和必備德行。《禮記・祭義》：

> 孝子將祭祀，必有齊莊之心以慮事，……及祭之日，顏色必溫，行必恐，如懼不及愛然。其奠之也，容貌必溫，身必詘，如語焉而未之然。宿者皆出，其立卑靜以正，如將弗見然。

所謂「齊莊」，即「齋莊」。而之所以要「齋戒」，關鍵要使人內心達到一種「絜」與「靜」的「澄心息慮」〔註60〕狀態。《史記・五帝本紀》描述顓頊時，便謂其「靜淵以有謀，疏通而知事」，「依鬼神以制義，治氣以教化，絜誠以祭祀」。

不僅如此，「齋戒沐浴」、「齊明中正」，使內心保持「絜靜」，以與鬼神相通，也是卜筮、探究天道之幽微不可或缺的前提。古人如此重視「齋戒」，以達致「絜靜」的狀態，可能與對天道、天命之敬畏有關。天道與天命涉及「終極關懷」，孔子儒家一向對此抱持「絕對嚴肅的態度」，因此，作為卜筮之書的《易》必然有「絜靜」之要求，遂為其教之內容。〔註61〕

清儒孫希旦認為：「洗心藏密，故絜靜。」對「洗心藏密」之涵義，古人多有解釋。朱子《周易本義》云：「聖人體具三德，而無一塵之累，無事則其心寂然，人莫能窺。」則是以「無一塵之累」釋「洗心」，以「無事則其心寂然」釋「藏密」。這與〈繫辭上〉之「《易》無思也，無為也，寂然不動，感而遂通天下之故」是相通的。其實，〈繫辭上〉於此段之後，有「聖人以此齋戒，以神明其德夫」之語，因此清儒李光地《周易折中》引韓氏伯曰：「洗心

〔註60〕 金景芳（1902～2001，字曉邨）先生對「絜靜精微，易教也」的理解正是從齋戒「澄心息慮」的要求來把握的。見金景芳：《學易四種》，長春：吉林文史出版社，1987年，第200頁。

〔註61〕 其實，這種看法一直影響到後來。相傳為蘇洵所作的〈辨奸論〉中開篇便有「惟天下之靜者，乃能見微知著」的話。而這篇文章收在《古文觀止》中，流傳甚廣，影響亦必不小。

曰齋。」引邱氏富國曰:「心靜與神明一。」《朱子語類》記朱子云:「聖人以此齋戒以神明其德夫,言用易之事也。齋戒,敬也,聖人無一時一事而不敬,此特因卜筮而尤見其精誠之至,如孔子所慎戰疾之意也。」〔註62〕我們知道,《論語‧述而》記孔子「所慎:齋、戰、疾」,所謂「慎」,即是「敬」之表現。因此,「絜靜」、「齋戒」等等,皆為「敬」之體現,正符合孔子的一貫之旨。

當然,孔子雖然善為占卜,自謂「吾百占而七十當」(馬王堆帛書〈要〉),但他卻更看重《易》所蘊含的「古之遺言」,即文王遺教,更強調「觀其德義」、「不占而已」。因此,易教之「絜靜」,必另有深意。我們看孔穎達的解釋是:

> 《易》之於人,正則獲吉,邪則獲凶,不為淫濫,是絜靜。

其實,這裏強調的不是卜筮之吉凶,而是從《易》之理得出的教訓,即行為中正,不為淫濫。此說雖然有道理,但尚未達一間。清儒李光地說:

> 「以此洗心」者,聖人體《易》之事也。在學者則居而觀象玩辭,然後可以得其理。以此齋戒者,聖人用《易》之事也。在學者則動而觀變玩占,亦必如聖人之齋戒,然後可以見其幾。言聖人,以為君子之楷則也。

李氏此言,可謂見道之語。

其次看「精微」之義。精,有細、微義。微,有幽隱、幽微之義。精、微義近。其實,「精微」在古書中屢見不一見,可視為一詞。精微之義,則與天道、陰陽、四時等密切關聯。《鶡冠子》云:「精微者,天地之始也。」《素問‧解精微論》張志聰集注:「微者,天道之幽遠也。」《淮南子‧要略》亦說:「言天地四時而不引譬援類,則不知精微。」《禮記‧禮器》則謂:「德產之致也精微。」孫希旦云:「天地與聖人德性之極至,精深微妙。」〔註63〕由此可見,古人言精微胥與天道、陰陽等相關。清儒錢大昕(1728~1804,字曉徵,號竹汀)在《十駕齋養新錄》卷三中云:「古書言天道者,皆主吉凶禍福而言。」〔註64〕雖不盡然,不過《易》確乎多關乎「天道」,亦多言「吉凶

〔註62〕 俱見〔清〕李光地:《周易折中》,北京:九州出版社,2002 年,第 892~893 頁。

〔註63〕 〔清〕孫希旦:《禮記集解》,第 644 頁。

〔註64〕 〔清〕錢大昕:《十駕齋養新錄》,南京:江蘇古籍出版社,2000 年,第 45 頁。

禍福」，由此可見「精微」亦與「吉凶禍福」的《易》相關。

清代漢學宗師惠棟在其《周易述・易微言》中對「精」、「微」做了詳細徵引與解釋。他說：「絜靜，〈坤〉也；精微，〈乾〉也。乾元絜靜，坤元精微，故云易教也。」曰：「精者，精微。」則直本《易》之象數而言，正所謂「發乎象數，明乎義理」之言。

孔穎達說：「窮理盡性，言入秋毫，是精微。」其說出自〈說卦〉。儘管〈說卦〉是否孔子所作爭議頗大，但即便出於孔門後學，在思想上也源於乃至屬於孔子。〔註65〕子貢所謂「夫子之言性與天道，不可得而聞也」，乃「歎美之辭」，表示子貢「有若干程度的解悟」〔註66〕，並非孔子不談「性與天道」。《周易》所講就是性與天道，孔子對《易》之探討，恰恰就是對天道的探尋。

孫希旦所謂「探賾索隱，故精微」實取自《易傳・繫辭上》：

> 探賾索隱，鈎深致遠，以定天下之吉凶，成天下之亹亹者，莫大乎
> 著龜。是故天生神物，聖人則之；天地變化，聖人傚之；天垂象，
> 見吉凶，聖人象之；河出圖，洛出書，聖人則之。

〈繫辭〉所強調的正是人對「天道」之效法。與此相應的有「微顯闡幽」之說，見於〈繫辭下〉：「夫《易》，彰往而察來，而微顯闡幽」（高亨先生以爲當作「顯微闡幽」，當是）。由此可見，所謂精微，乃就天道而言，正是《古文尙書・大禹謨》所謂「道心惟微，惟精惟一」的意思。

其實與「精微」一詞意義相近的還有「幾」。〈繫辭下〉上說：

> 夫《易》，聖人之所以極深而研幾也。唯深也，故能通天下之志；唯
> 幾也，故能成天下之務；唯神也，故不疾而速，不行而至。

可見，「幾」與《易》之精微關係密切。〈繫辭〉記有孔子多處論述。在帛書《易傳》中，同樣存在著不少孔子論「幾」，論「時」的話，可爲參證。可見，在孔子的易教思想中，十分強調「知幾」，便是要人們洞察「精微」的一個明

〔註65〕有人說，孔子不講「性與天道」，因爲他的時代尚不具備談論人性論的條件。參前揭陳桐生《〈孔子詩論〉研究》。我們知道，《論衡》說孔子的弟子「漆雕開、宓子賤」以及「公孫尼子、世碩、子思」等再傳弟子皆有人性論思想。既然孔子弟子可以有人性論思想，何以孔子就不具備呢？春秋與戰國難道是涇渭分明的嗎？孔子屬於春秋，孔子弟子屬於戰國，二者所具備的條件便有霄壤之別？似乎不足以服人。而且，在《論語》中，我們依然可以發現孔子之「天道性命」思想的痕迹。

〔註66〕牟宗三：《中國哲學的特質》，上海：上海古籍出版社，2007年，第27頁。

證。孔子對「時」、「幾」的反覆申說,足見其對《周易》的教化功能的特殊意義有著清醒的認識,並希望人們能從中窺悟天道、人道,洞察幽微,善於把握「幾」,從而趨吉避凶、去禍得福。

要深入理解孔子「絜靜精微」的深義,〈中庸〉可為我們提供很好的啟示。由於出土文獻的佐證,學者對〈中庸〉的研究有了新的進展。〈中庸〉為子思學派的作品應當是沒有問題的。〈中庸〉大體可分為兩個層面,一為子思所引乃祖孔子之言,一為子思自己的作品。

清人錢曉徵就敏銳地發現:「《易》與〈中庸〉其理一而已矣。」〔註67〕今人對二者之間的關聯,進行了進一步的論證。〔註68〕劉大鈞先生通過細緻比讀,認為:「《易大傳》之〈象〉、〈象〉、〈文言〉等為思孟學派所整理、潤色,〈繫辭〉中亦有思孟學的內容,當是比較清楚的事實。」〔註69〕這無疑是一種卓識,富有啟發性。但如果我們承認一個事實,即《易傳》、〈中庸〉所引孔子之言是可靠的話,那麼,我們就得承認,子思對「中」、「誠」等的闡揚,並非其發明,而是承自乃祖,只不過子思之論更為系統罷了。

在〈中庸〉中,子思拈出一「誠」字,作為重要的範疇予以闡說。而從子思所引孔子之語:

> 誠者,天之道也;誠之者,人之道也。誠者不勉而中,不思而得,
>
> 從容中道,聖人也。誠之者,擇善而固執之者也。

來看,孔子已將「誠」上升到「天之道」的高度。子思關於「誠」的論述很可能即受孔子啟發而進一步發揮。孔子關於「誠」的論述,亦見於〈乾文言〉,劉大鈞先生指出:「因為〈文言〉釋『誠』的這些話,旨在解釋取象於天的〈乾〉卦,顯然已將『誠』與天道聯繫在一起了。」〔註70〕對比〈文言〉和〈中庸〉,可以發現孔子對「誠」的論述是一致的。「誠」為「天之道」,而如何實現「誠」屬於「人之道」,「自明誠,謂之教」,意思是說實現「誠」的過程即教化的過程。此種「教化」又與「宗教性」發生了關聯。英國宗教

〔註67〕〔清〕錢大昕:《潛研堂集》上冊,上海:上海古籍出版社,2009年,第41頁。

〔註68〕見金德建:《先秦諸子雜考》之「二十五」,鄭州:中州古籍出版社,1982年;李學勤:《周易溯源》,第102～105頁;劉大鈞:《周易概論》,成都:巴蜀書社,2004年,第16～22頁。王新野:《庸》《孟》與《易傳》,《周易研究》1988年第2期。

〔註69〕劉大鈞:《周易概論》,第22頁。

〔註70〕劉大鈞:《周易概論》,第21頁。

學家麥克斯・繆勒在《宗教的起源與發展》中說：「宗教是一種知識。它給人以對自我的清澈洞察，解答了最高深的問題，因而向我們轉達了一種完美的自我和諧，並給我們的思想灌輸了一種絕對的聖潔。」〔註71〕聯繫〈中庸〉子思所謂「天命之謂性，率性之謂道，修道之謂教」與「致廣大而盡精微」等語，我們可以比較清晰地明曉孔子所謂「（其爲人也）絜靜精微，《易》教也」的眞正內涵。所謂「絜靜精微」與子思所謂「自明誠」是密切相關的，精微者，即從天道上說，即對「誠」的探求和實現。〔註72〕孔子之易教，正是使人不斷「純潔」、不斷「淨化」、走向「聖潔」的過程。〔註73〕

　　「絜靜精微」在此不僅有修身的意味，而且是本心的直接呈現，是一種澄明無礙、中和圓融的精神狀態。正如牟宗三（1909～1995，字離中）先生評價孔子時所說：「仁且智，即是說生命既能表現仁，又能裏外明澈，毫無幽暗。」〔註74〕所說的就是「絜靜精微」的境界。當然，這種境界非普通人所能達到，只能將之看作易教的理想狀態或目的所在，這是我們所需注意的。

　　孔子所謂「易之失，賊」的含義，也是理解孔子易教不可或缺的部分。那麼這句話到底何意呢？

　　此中關鍵在於對「賊」的理解。《說文》云：「賊，敗也。」其他典籍亦有訓解。《左傳》文公十八年：「毀則爲賊。」《國語・魯語上》：「毀則者爲賊。」《荀子・解蔽》：「有勇非以持是則謂之賊。」《荀子・修身》：「害良爲賊。」《莊子・漁父》：「析交離親謂之賊。」《春秋繁露・仁義法》：「稱人之惡謂之賊。」細繹其義，周秦漢初古籍所載「賊」義基本同於《說文》訓解。同樣記載孔子言行的《論語》共有五處提到「賊」，基本意思都是「害」、「敗壞」、「殘害」。據此，則此處所謂「賊」亦當訓爲「害」、「敗壞」等義。但是，具體所指則尙不明確。對此古人有不少精妙解說。

　　鄭《注》云：

　　　《易》精微，愛惡相攻，遠近相取，則不能容人，近於傷害。

〔註71〕轉引自歐陽禎人：〈孔子的宗教思想研究〉，載王中江、李存山主編《中國儒學》第3輯，北京：中國社會科學出版社，2008年，第179頁。
〔註72〕正如孫希旦《禮記集解》所云：「君子之於禮，必致愼於幽獨，務於在內之致誠，而不專事乎外之備物，凡以求象夫德之精微而已。……精微者德之體，天地之於穆不已，聖人之至誠無息，人所不得而見者也。」此處雖是論禮，然所謂精微與致誠，則與我們此處的探討一致。見該書第644～645頁。
〔註73〕參見前揭歐陽禎人：〈孔子的宗教思想研究〉。
〔註74〕牟宗三：《中國哲學的特質》，第26頁。

對此，孔《疏》曰：

> 「《易》精微」者，《易》理微密，相責偏切，不能含容。云「愛惡
> 相攻」者，謂易卦六爻，或陰爻乘陽，或陽爻據陰，近而不得，是
> 愛惡相攻也。云「遠近相取」者，謂彼此有應，是遠近相取也。或
> 遠而無應，近而不相得，是遠近不相取也。云「則不能容人，近於
> 傷害」者，若意合則雖遠必相愛，若意離雖近必相惡，是不能容人
> 不與己同，浪被傷害，是失於賊害也。」

孔氏自《易》卦爻之例來解釋，有本有據。人習《易》，必觀卦爻之象，自象
以得意，從象中悟出天道與人道。而爻位本身所呈現之象則有「愛惡相攻，
遠近相取」之意，那麼，人得自《易》理者，就可能有「不能容人，近於傷
害」之失。這裏所謂「賊」，主要指為人苛刻，不近人情，是有害於人道。

《欽定禮記義疏》卷六十三引金華應鏞曰：「沉潛思索，多自耗蠹，且或
害道。」這是說，學《易》者有沉潛思索之習，但同時也易於沉湎其中，不
知自拔，是害道也。《禮記集說》卷八引方氏曰：「蔽於道則失於毀則矣，故
《易》之失賊。」這是說，習《易》能窺天道，但如蔽於道而毀害人道法則，
是失也。《欽定禮記義疏》卷六十三引方慤曰：「蔽於潔靜精微而不知有以顯
之，則失之賊。」意謂為人過於精微，而不能將所得之道呈現於行。《日講禮
記解義》曰：「沉深者，或探冥茫，則《易》之失賊。」是說：《易》極深研
幾，人能沉深，但《易》本為卜筮之書，預言吉凶悔吝，因之容易陷於探求
幽隱怪誕之事。正與《中庸》所記孔子對「素隱行怪」之反感相符合。孫希
旦所說：「蔽於潔靜、精微而入於隱怪，故失之賊。賊，害也，謂害於正理也。」
亦是此意。〔註75〕

《易》本為卜筮之書，在孔子生活的時代，這種「神秘」認識普遍存在，
即使孔子晚年好易之前亦是持此種看法。但到後來，經過反思，他提出「觀
其德義」、「幽贊而達乎數，明數而達乎德，有仁守而義行之耳」的易學易教
觀，對「史巫之筮」提出批評並與之分道揚鑣。這種「觀其德義」的不占之

〔註75〕 其實古往今來，治易者多有陷於此失者，如江湖中卜卦算命者流。對此，現
代易學家黃壽祺先生說過一段自警警人之語：「余少好讀易，老而未倦。嘗見
歷代《易》家多詭奇好怪，意頗不謂然。蓋《易》之為書，世俗恒不免以神
秘視之，益以《易》家好怪，則不獨其書神秘，將學《易》之人亦若帶有神
秘者，此大為《易》學之障礙者也。」參見黃壽祺：〈六庵易話〉，《福建師大
學報》1981 年第 4 期。

教，主要是針對「君子」階層的。與之相應，孔子並未完全否定和排斥卜筮，而是以之「神道設教」，對庶民百姓予以教化。這與《荀子・天論》意思是一致的，即「卜筮然後決大事，非以為得求也，以文之也。故君子以為文，而百姓以為神」。李景林先生指出：「因任而切合民眾生活之信仰，這是教化的前提。但因任不能是放任，沒有文化之超越層面或『君子之文』的點化、提升、澄汰和凝練作用，百姓之『神』或卜筮就會因之而流為巫蠱邪道，墮入一片黑暗，而不能有『文』化意義的自覺和超越。」〔註76〕這正道破了孔子警示「易之失」的深意所在。〔註77〕

　　綜合觀之，孔子所謂「絜靜精微而不賊」，意思是指通過《易》的教化，人的修為教養可以提升，能夠內心純潔無瑕，不受外界之污染和誘惑，由此能「極深研幾」，「探賾索隱，鉤深致遠」，「顯微闡幽」，上達天道之幽微，明察秋毫，呈現為「澄明無礙，中和圓融」的精神狀態與境界，但同時能避免「素隱行怪」，陷於對幽隱之理、怪誕之事的探求而忽略了人事，違反人則，也不至於過於精細而不近人情，苛責於人。這是孔子對「易教」目的之表述，也是「易教」所能實現的理想效果。不消說，這種理想效果當然不可能祈望於庶民，而只能針對君子階層而言。孔子晚而好《易》，對易理有著精湛的理解與把握，而這又體現在其自身之踐履之中。有學者說，孔子的思想主要即是關於生命的學問，其思想是生命化的思想，其生命是思想化的生命，二者合二為一，圓融無礙。可謂知道之論。孔子之教，與其說是言教，毋寧說是身教。孔子以其對六經之教的親身體悟、體認、體察、體驗，向弟子及後人展現了一副中和圓融的生命形象。而所謂「絜靜精微」的易教，無疑可以從其身上發散出來，「絜靜精微而不賊」，「易教也」，正是孔子之夫子自道也，恐非後人所能杜撰。

　　如今學者對孔子在易學上所具有的範式轉換的意義日漸肯定，即自孔子

〔註76〕李景林：《教化的哲學》，第463頁。

〔註77〕在馬王堆帛書〈要〉篇，有「尚書多於（闕）也，周易未失也」一句，據廖名春教授與呂紹綱先生分析，此正與〈經解〉之說相近。所謂「周易未失也」之「失」乃遺失殘闕之義；「易之失也賊」之「失」乃過失之義。「周易未失」意指《周易》精密，「抽象言理，勢必概括無遺」，正可與「絜靜精微」相應。這是對《周易》本身的評定，與孔子「其為人也……絜靜精微，易教也」所言尚非一事，不過，易教之能使人「絜靜精微」，則與《周易》本身之特點關係密切。參見廖名春：《〈周易〉經傳與易學史新論》，濟南：齊魯書社，2001年，第134～138頁及呂紹綱先生《序》，第3頁。

開始，理性主義和人文主義成為易學的主流。〔註78〕其實，從孔子「絜靜精微而不賊」的易教觀中，便可發現其易學的人文主義與理性主義的走向。

四、孔子教育之「開放性」與「非限定性」

孔子「弟子蓋三千焉，身通六藝者七十有二人」，這是孔子「有教無類」（《論語‧衛靈公》）的最好證明。孔子的這一思想，無疑是對古代貴族教育的突破，體現了孔子的教育平等的偉大理念，〔註79〕也顯示出孔子思想的開放與包容特徵。

在這眾多的弟子之中，有來自不同地域，不同地位和身份，不同稟賦和氣質的學生。對於孔門弟子的籍貫，李啟謙和李零等先生都做過統計。據李零先生的統計，在可考知的孔子弟子中，來自魯國的 44 人（其中 4 人或為蔡、陳、宋、晉人），齊國的 7 人（其中 3 人或為衛人或魯人），宋國 1 人，衛國 5 人，陳國 2 人（其中 1 人或為魯人），楚國 2 人（其中 1 人或為衛人），吳國 1 人，秦國 2 人，晉國 2 人（其中 1 人或為魯人），國別不明者 13 人。對於孔門弟子的地位和出身，李零先生也做了統計，其中貴族出身者有司馬耕 1 人，若加孟懿子和南宮敬叔則為 3 人，有賈人如子貢，有富裕家庭者如公西赤，其他多為貧民子弟或刑殘之人。〔註80〕錢賓四先生也指出：「孔子弟子，多起微賤。顏子居陋巷，死有棺無槨。曾子耘瓜，其母親織。閔子騫著蘆衣，為父推車。仲弓父賤人。子貢貨殖。子路食藜藿，負米，冠雄雞，佩豭豚。有子為卒。原思居窮閻，敝衣冠。樊遲請學稼圃。公冶長在縲絏。子張魯之鄙

〔註78〕 楊慶中：〈論孔子詮《易》的向度〉，王中江、李存山主編《中國儒學》第 3 輯，第 150〜165 頁。

〔註79〕 對於孔子的「有教無類」思想，何懷宏先生曾經予以高度評價。他認為，孔子的「有教無類」決不止是一種教育思想，還有一種使人不拘出身，各盡所能，秀異者居上的社會理論的涵義。其後隱藏著一種悲天憫人、所有人的人格均為平等、均應享有發展機會的忠恕思想和人道精神。孔子在等級制方面的保守，亦有拒斥暴力、不欲流血、不欲使生靈塗炭，因而不欲輕易置換政治秩序的動機，而在使上層向平民開放這一面，則更體現出孔子作為仁者的積極精神。這實際上是以「學而優則仕」打破了「血而優則仕」的傳統，具有積極的社會意義。這對於士人階層的興起和壯大，對於後世儒家之所以能夠成為中國社會的正統起到了很關鍵的作用。見氏著：《世襲社會及其解體──中國歷史上的春秋時代》，北京：生活‧讀書‧新知三聯書店，1996 年，第 186〜190 頁。

〔註80〕 見李零：《喪家狗──我讀〈論語〉》下冊附錄，太原：山西人民出版社，2007 年，第 94〜97 頁。

家。雖不盡信，要之可見。其以貴族來學者，魯惟南宮敬叔，宋惟司馬牛，他無聞焉。」〔註81〕

基於這種出身等的差異，孔門弟子之氣質稟賦、性格脾氣又有所不同。《論語》載有幾處評論。如：「閔子侍側，誾誾如也；子路，行行如也；冉有、子貢，侃侃如也」，「師也過，商也不及」，「柴也愚，參也魯，師也辟，由也喭」，「回也其庶乎，屢空。賜不受命，而貨殖焉，億則屢中」（〈先進〉），「堂堂乎張也」（〈子張〉），等等。《孔子家語‧六本》記：

> 子夏問於孔子曰：「顏回之爲人奚若？」子曰：「回之信，賢於某。」
> 曰：「子貢之爲人奚若？」子曰：「賜之敏，賢於某。」曰：「子路之
> 爲人奚若？」子曰：「由之勇，賢於某。」曰：「子張之爲人奚若？」
> 子曰：「師之莊，賢於某。」子夏避席而問曰：「然則四子何爲事先
> 生？」子曰：「居，吾語女。夫回能信而不能反，賜能敏而不能詘，
> 由能勇而不能怯，師能莊而不能同，兼四子者之有以易吾，弗與也，
> 此其所以事吾而弗貳也。」

這段對話可以反映了孔子弟子的不同性格特徵及其優長與不足之處。這些具有如此差異的學生，同聚孔門，以至時人感慨：「夫子之門，何其雜也？」（《荀子‧法行》）這些學生年齡也差別很大。他們年齡雖都比孔子小，但其中最大者只少於孔子四五歲，最小者要少於孔子五十多歲，其求學必然處於孔子思想發展的不同階段，因之至少可以分爲早晚二期，甚至更多，如此勢必造成弟子後學對孔子思想接受和理解的多元。

如果從解釋學和接受學的角度來審視這一現象，也會進一步加深我們的理解。根據西方解釋學的基本共識，信息的傳遞與接收，受制於接受者本人的「前結構」或者「成見」以及「情境」。任何接受者都不是一張白紙，而這種「成見」各不相同，「情境」也存在極大的差異，這就決定了其對信息的接受必然與傳遞者產生距離。如果說，文本的接受與解釋，存在著這種情形的話，那麼孔子與弟子之間，通過「對話」的形式，進行思想的傳遞和接受，自然更容易因「情境」的差異而發生變異。

孔子的「因材施教」的教育理念和「啓發式」的教學方法，則進一步加劇了這一趨勢。孔子的這一教學理念和方法，我們可以稱之爲「非限定性」特徵。在與不同弟子的接觸中，孔子認識到人與人之間的差異，孔子的系統

〔註81〕錢穆：《先秦諸子繫年》，第96頁。

的教育思想由此得以形成。打開《論語》和《孔子家語》，我們會發現太多這樣的例證。同樣是問「仁」、「孝」、「政」，不同弟子得到的答案是不同的。如弟子問仁：顏淵問仁，孔子說：「克己復禮爲仁。」樊遲問仁，孔子說：「愛人。」又曰：「居處恭，執事敬，與人忠。」仲弓問仁，子曰：「出門如見大賓，使民如承大祭。己所不欲，勿施於人。在邦無怨，在家無怨。」司馬牛問仁，子曰：「仁者，其言也訒。」再如弟子問孝：孟懿子問孝，孔子答曰：「無違。」並對樊遲解釋說：「生，事之以禮；死，葬之以禮，祭之以禮。」子游問孝，子曰：「今之孝者，是謂能養，至於犬馬，皆能有養，不敬，何以別乎？」子夏問孝，子曰：「色難。有事，弟子服其勞；有酒食，先生饌。曾是以爲孝乎？」孔子所答，都是針對不同弟子的不同情形而予以解答。很顯然，在孔子那裏，仁不管如何重要，是否思想的核心，都是無法用「概念」、「定義」來理解的。這在西方哲人如黑格爾看來，便顯得過於低級了，根本談不上哲學。以至現代那些習慣於用定義、概念來分析哲學的學者，對此大爲困惑，甚至覺得孔子沒有統一的、系統的、明晰的、限定性的概念表述，無疑是一種缺陷和不足。

今天看來，孔子的這一「非西方」、「非限定性」的教學方式和思想闡釋，自然有其深義，別具一番意義，是不容貶低和否定的。不過，我們還是得承認，孔子的這一表達方式或教學方式，往往會給學生帶來極大的困惑，也使後來的注疏家們大傷腦筋。

我們在《論語》中已經看到這一教學方式帶來的「不利」後果。〈子張〉載有這樣一段故事：

> 子夏之門人問交於子張。子張曰：「子夏云何？」對曰：「子夏曰：『可者與之，其不可者拒之。』」子張曰：「異乎吾所聞：君子尊賢而容眾，嘉善而矜不能。我之大賢與，於人何所不容？我之不賢與，人將拒我，如之何其拒人也？」

子張所謂「異乎吾所聞」，正是孔子「因材施教」的結果。而另一則故事，則表明孔子弟子確實對其「道」有著不同的理解，其中除了弟子各自的氣質稟賦之外，恐怕也源於孔子的教學方式。〈子張〉又載：

> 子游曰：「子夏之門人小子，當灑掃應對進退，則可矣，抑末也。本之則無如之何？」子夏聞之，曰：「噫！言游過矣！君子之道，孰先傳焉？孰後倦焉？譬諸草木，區以別矣。君子之道，焉可誣也？有

始有卒者，其惟聖人乎！」

可見，由於孔子施教因材，而弟子因自身氣質與理解便自然存在差異，有時這種差異甚至相當之大。在《禮記・檀弓上》中，我們也看到孔子弟子對禮的不同理解，也源於「所聞不同」，其中最為顯著的一則：

> 有子問於曾子曰：「問喪於夫子乎？」曰：「聞之矣，喪欲速貧，死欲速朽。」有子曰：「是非君子之言也。」曾子曰：「參也聞諸夫子也。」有子又曰：「是非君子之言也。」曾子曰：「參也與子游聞之。」有子曰：「然，然則夫子有為言之也。」曾子以斯言告於子游。子游曰：「甚哉，有子之言似夫子也。昔者夫子居於宋，見桓司馬自為石槨，三年而不成。夫子曰：『若是其靡也，死不如速朽之愈也。』死之欲速朽，為桓司馬言之也。南宮敬叔反，必載寶而朝。夫子曰：『若是其貨也，喪不如速貧之愈也。』喪之欲速貧，為敬叔言之也。」曾子以子游之言告於有子，有子曰：「然，吾固曰，非夫子之言也。」曾子曰：「子何以知之？」有子曰：「夫子制於中都，四寸之棺，五寸槨，以斯知不欲速朽也。昔者夫子失魯司寇，將之荊，蓋先之以子夏〔註82〕，又申以冉有，以斯知不欲速貧也。」

這則資料，充分反映出因弟子各有所聞而產生的不同理解。這正是孔子「因材施教」所產生的「負面」效果。孔子因材施教，使弟子弟子各得「聖人之一體」，他們在弘揚師說方面各有側重。

《論語・先進》有「四科弟子」之論：「德行：顏淵、閔子騫、冉伯牛、仲弓。言語：宰我、子貢。政事：冉有、季路。文學：子游、子夏。」雖然我們不認為這是孔子之語，但這四科之列，卻清楚地反映了孔子弟子各有所長、各有所成的情況，而現代學者對於孔門弟子進行的不同劃分，皆是孔門弟子分化的反映。

孔門弟子的不同為學和思想傾向，也勢必影響到後來的儒學發展。如果將孔子思想看作大樹的主幹，則七十子便是不同的分支，而七十子後學便是各分支上的更多的枝椏，越往上分又越多；如果將孔子思想比作儒學的源頭，則七十子便是不同的支流，七十子後學乃是支流之支流，以此類推，以至後

〔註82〕此處「子夏」似有誤。因為孔子周遊列國之初，子夏尚未入門。如果將「夫子失魯司寇」與「將之荊」不作兩個因果聯繫的順時發生的事件理解，則並不發生矛盾，則子夏亦可能不誤。

世。不過，從七十子那裏便有了主流與支流的不同，這也影響到後世儒學的發展。因此，我們看到，儘管孔子思想包涵著向不同方向發展的可能性，但有些方向的發展是不久便中斷了的，而有些則成爲儒學的主流。

第三節　外緣之一：春秋戰國之際的時勢巨變

相對於孔子儒學的本身發展的「內在理路」即內因，春秋戰國之際的時勢變化，儒學傳播與不同地域文化的融合，諸子蠭起後不同思想的挑戰與互攝，都構成了戰國時期儒家分化的「外在理路」，亦即外緣。這樣內因與外緣，相輔相成，共同推動了早期儒學的多元嬗變的發展格局。

一般來說，社會與思想的關係非常複雜，不易直接對應。近代以來，隨著歷史唯物論在中國歷史學領域的應用，學者將目光更多地集中在社會性質對思想的決定性影響的考察上。馬克思主義歷史學家郭沫若、侯外廬等先生正是這一思想史研究理路的奠基者，並形成了中國思想史研究的典範。此後的中國思想史論著，大多沿襲了這一論述模式，甚至晚年的馮芝生先生也不得不改變其《中國哲學史》的論述模式，改弦更張，寫出了《中國哲學史新編》。

從社會發展的大背景對思想的變化予以考察，以經濟基礎決定上層建築，上層建築反映經濟基礎的簡單化的決定論和反映論思路，來構築社會與思想的關係，固然限制了這一研究範式的有效性，遭到了新時代學者的質疑與揚棄。不過，平心而論，如果忽視了社會對思想的影響，也屬於偏見之失。因爲，思想是思想者的思想，而思想者，作爲人，與社會之間存在著既外在又內在的聯繫。「換言之，思想史本質上是社會史的有機組成部分，所以思想史應該有最基本的社會史還原，至少是思想史應該有社會史的根據。」〔註83〕當然，這種社會史與思想史的關係，絕非簡單的對應關係，這是我們在考察二者關係時，必須引以爲戒的。因爲，一個明顯的事實是，在相同的社會環境中，不同的思想家有不同的反映，表述爲不同的思想學說，說明在任何環境裏，思想家都有主觀能動性。所以說，任何一種簡單的決定論都是不可取的。〔註84〕而社會變遷對整個時代思想變化的影響，應該以長時段的考察爲

〔註83〕高瑞泉：《〈近五十年中國思想史〉導讀》，載郭湛波：《近五十年中國思想史》，上海：上海古籍出版社，2005年，第5頁。

〔註84〕很多思想史家都對此有了明確的意識。比如韋政通先生就曾發表過類似的看

宜，而且這種影響應該看作是外在的誘因和大的背景。從宏觀上考察，則二者之間的關係只能是粗線條的、模糊對應的。因此，梁任公所言：「凡思想之分合，常與政治之分合成比例。」〔註85〕可謂精確不移之論。這種比例，自然是反比。戰國之際，王綱解紐，權力四散，致使學者可以「海闊憑魚躍，天高任鳥飛」，思想與政治的關係由此可見。與此看法相同的還有傅孟眞先生所說：

> 政治無主，傳統不能支配，加上世變之紛繁，其必至於磨擦出好些思想來，本是自然的。思想本是由於精神的不安定而生。「天下惡乎定？曰，定於一」；思想惡乎生？曰，生於不一。

又說：

> 大變大紊亂時，出產大思想大創作；因爲平時看得不遠，亂時刺得眞深。〔註86〕

這些都可以用來概括所有中國思想黃金時代的，不僅先秦如此，而且魏晉、兩宋、清末民初等中國思想的黃金時期，無不具有這樣「不一」的特徵。換句話說，「亂世」是刺激或「逼迫」思想產生和發展的外在誘因或「壓力」。至於這種外在的誘因和壓力，具體起到了怎樣的作用，似乎更應該考察思想者個人在社會變化中所受到的影響。不過，在社會發生劇烈變動的時期，社會對思想的影響之效果顯得較爲顯著。春秋戰國之際就是這樣一個變動十分劇烈的時期，不僅社會性質發生著巨變，而且社會風氣也發生了劇烈的轉換。〔註87〕

如果說社會性質的變化，屬於較長時段的話，那麼戰國時代的社會時勢的變化則屬於較爲顯見的，如政治形勢中兼併戰爭的發生導致的諸侯國數量急劇減少，中國社會由分裂走向統一成爲大勢所趨。而在社會領域，其變化

法。參見其〈我對中國思想史的幾點認識〉，載《中國思想史方法論文選集》，上海：上海人民出版社，2009年，第162頁。

〔註85〕梁啓超：《論中國學術思想變遷之大勢》，第20頁。

〔註86〕傅斯年：〈戰國子家敘倫〉，載劉夢溪主編：《中國現代學術經典·傅斯年卷》，第299～300頁。

〔註87〕關於春秋戰國之際的社會變動，可以參看許倬雲著，鄒水傑譯：《中國古代社會史論——春秋戰國時期的社會流動》，桂林：廣西師範大學出版社，2006年。余英時先生對於春秋戰國之際的社會變化與士階層的興起等也有精彩的論述，參見〈中國知識人之史的考察〉，《余英時文集》第4卷，桂林：廣西師範大學出版社，2004年，第1～99頁。

更是令人刮目。正如梁任公所言：

> 獨至獲麟以後，迄於秦始，實爲中國社會變動最劇之時代。上自國
> 土、政治，下及人心、風俗，皆與前此截然劃一鴻溝。〔註88〕

其實早在明清之際，大儒顧炎武（1613～1682，字寧人，號亭林）就發現了
「春秋」與「戰國」的不同「社會氣質」。顧氏《日知錄》「周末風俗」條云：

> 春秋時猶尊禮重信，而七國則絕不言禮與信矣；春秋時猶宗周王，
> 而七國則絕不言王矣；春秋時猶嚴祭祀、重聘享，而七國則絕無其
> 事矣；春秋時猶論宗姓氏族，而七國則無一言及之矣；春秋時猶宴
> 會賦《詩》，而七國則不聞矣；春秋時猶有赴告策書，而七國則無有
> 矣。邦無定交，士無定主。〔註89〕

春秋戰國之際的這些巨大變革或震蕩，必將「一一皆波及於學術思想界」
〔註90〕，影響到思想者對政治、對社會的觀感和看法。尤其是先秦時期的
主要思想學派如儒家、墨家、法家、道家，其思想學說皆具有「務治」的特
徵。所謂「務治」，即是關心社會和政治的有序治理。誠如唐君毅（1909～
1978）先生所論：

> 中國哲人的立言，罕有如西方哲人之一以純粹眞理爲鵠的者，恒係
> 爲應付當時之社會文化之問題，補偏救弊，爲求善而求眞。〔註91〕

韋政通先生也說：

> 中國哲學的特質另有所鍾，被稱爲中國哲學的黃金時代的先秦，不
> 論是儒墨顯學，或是戰國諸子，現代我們稱他們是哲學家，但他們
> 的主要的任務，並不是想建立一個哲學系統，且以學問傳世的。支
> 持他們生活最強烈的因素是用世，是直接參與政治並影響社會，他
> 們對政治社會有強烈的責任感、使命感，能遇明主採納他們的意見
> 實現他們的抱負，才是人生最大的願望。〔註92〕

其實，不僅中國學人如此說，西方哲學家羅素也有類似的看法，他說，哲學

〔註88〕 梁啓超：《論中國學術思想變遷之大勢》，第 19 頁。

〔註89〕 〔清〕王夫之著，黃汝成集釋：《日知錄集釋》，長沙，嶽麓書社，1994 年，
第 467 頁。

〔註90〕 梁啓超：《論中國學術思想變遷之大勢》，第 19 頁。

〔註91〕 唐君毅：《中西哲學思想之比較研究集》，臺北：正中書局，1943 年，第 349
頁。

〔註92〕 韋政通：〈我對中國思想史的幾點認識〉，載《中國思想史方法論文選集》，上
海：上海人民出版社，2009 年，第 166～167 頁。

家既是因也是果，他們是當時社會環境及政治、制度的結果，也是（如果他們夠幸運的話）形成後代政治、制度之信仰的原因。〔註 93〕哲學家是否能影響後世政治、社會，成爲因，姑置不論。而其受當時社會環境及政治、制度影響而爲果，若用以分析中國思想史卻十分允當。

在先秦眾多學派當中，儒家的「務治」特徵格外顯著。孔子思想本身便是「內聖外王」之道、「修己安人」之學，這決定了孔子之後儒學的「入世」特徵。既然儒家如此關注社會和政治，那麼社會和政治領域的急劇變化，必然反映在儒家的思想發展之中。我們如果將孔子、七十子、七十子後學、孟子和荀子等不同階段的儒家思想予以比較，便能夠發現這種政治、社會的變化對儒學發展和分化所起的深刻影響。如孟子與荀子思想中更加注重「統一」的問題，便是社會發展的要求在思想領域中的反映了。

第四節 外緣之二：儒學傳播與地域文化的融合

現代學者曾經將儒學發展的歷史劃分爲三期或四期。如新儒家的代表人物杜維明先生在牟宗三先生「三期說」的基礎上，較爲系統地提出了他的「三期說」，而李澤厚對此表示反對，提出了他的「四期說」。而不管哪一種說法，都是將先秦儒學發展看作一期，只不過「三期說」將漢代附入先秦，而「四期說」則將漢代儒學獨立出來爲一期。儒學之所以能在先秦成爲「世之顯學」，自然得力於孔子後學的傳播與弘揚。正如前輩學者陳榮捷（1901～1994）先生所說：

> 在儒家第二、三、四代一百五十年當中，孔門非常活動，成就也高。
> 人數比任何學派爲多，版圖也比他們爲大，幾乎分佈全國。他們分
> 兩途並進，一是從政，一是教學。〔註94〕

其實，孔子學說的傳播，不待其身後弟子後學的弘揚，早在他在世的時候已經開始了。孔子一生多次周遊，尤其是晚年周遊列國，足迹遍佈魯、衛、宋、陳、蔡、楚等地，與各國的諸侯、卿大夫相交往，受到很多國君的禮遇，客觀上宣傳了自己的思想。也由於孔子聲名遠播，投入其門下的弟子日漸增多。孔子曾說：「自我得回也，門人加親；……自吾得賜也，遠方之士日至。」

〔註93〕〔英〕羅素著，何兆武等譯：《西方哲學史·序言》，北京：商務印書館，1997年。

〔註94〕陳榮捷：〈初期儒家〉，載《歷史語言研究所集刊》第 47 本第 4 分，第 724 頁。

（《尚書大傳》）顏子的出現，使孔門弟子更爲親密、團結；而子貢則以其口才起到了宣傳員的作用。因此司馬遷說：「夫使孔子名布揚於天下者，子貢先後之也。」從而出現「從屬彌眾，弟子彌豐，充滿天下」（《呂氏春秋·當染》）的局面。

既然孔子弟子來自不同國度，必然帶有當地地域文化的特點，當孔子思想被這些各具地域文化特徵的弟子接受之後，必然也呈現出該地域文化的痕迹和烙印。這種地域文化的影響，在孔子去世後的弟子離散去傳播和弘揚師說的過程中，得到了進一步的強化。前輩史家嚴耕望（1916～1996）先生曾指出：孔子弟子絕大多數爲魯籍，此後魯國人數減少，傳播漸廣。儒學向西發展至魏、趙，當與子夏教授西河、魏文侯禮賢有關，而與三晉乃法家思想萌發之地，因此儒學之西進遂下啓法家之發展；儒學東盛於齊，此與齊國尊崇稷下群士有關，至戰國末年，齊國儒學已不在魯地之下。〔註95〕

孔子去世前，弟子們以孔子爲中心。孔子去世後，不少弟子爲孔子守喪三年，然後或者留在魯國，或者奔赴各地。《史記·儒林列傳》記載說：

> 自孔子卒後，七十子之徒散遊諸侯，大者爲師傅卿相，小者友教士大夫，或隱而不見。故子路居衛，子張居陳，澹臺子羽居楚，子夏居西河，子貢終於齊。如田子方、段干木、吳起、禽滑釐之屬，皆受業於子夏之倫，爲王者師。

〈仲尼弟子列傳〉云：

> （子貢）常（嘗）相魯衛，家累千金，卒終於齊。

而〈貨殖列傳〉又云：

> 子贛既學於仲尼，退而仕於衛，廢著鬻財於曹、魯之間，……夫使孔子名布揚於天下者，子貢先後之也。

正是這種弟子離散、分居各地的傳播行爲，才使儒學得以擴大影響，成爲戰國時期之「顯學」。〔註96〕

〔註95〕詳參嚴耕望：〈戰國學術地理與人才分佈〉，載《嚴耕望史學論文集》（中），上海：上海古籍出版社，2009年，第532～534頁。

〔註96〕對於早期儒學的傳播，何成軒在其論著中有所分析，不過其所利用的基本上是傳世典籍，而未及出土文獻。參何成軒：《儒學南傳史》，北京：北京大學出版社，2000年，第46～59頁。劉光勝在其學位論文中也對此有系統考述，不過他有了更廣闊的視野。參劉光勝：《戰國時期儒學傳播研究》，曲阜師範大學碩士學位論文，2007年。

以前，由於戰國時期史料的缺乏，我們對於這時期孔子弟子在各地傳播孔子學說的情況知之甚少。如今，孔子儒家文獻在各地不斷發現，證明當時儒學傳播之廣、影響之大。湖北荊門郭店楚墓儒簡和上海博物館藏戰國楚竹書，同爲戰國中期偏晚時代的文獻，當孟子與莊子在世之時。2008 年，清華簡的問世，再一次使人們對儒學的傳播能力有了新的認識。正如李學勤先生所說，郭店簡「給我們展示了當時中國哲學的繁盛景象，在學術史研究上的價值，實在是不可低估的」，他強調，「特別是竹簡不屬於儒學盛行的中原一帶，而出於南方的楚國都邑，更值得注意」〔註 97〕。這些戰國時期的竹書材料告訴我們，在戰國中期以前，不少儒家著作在南方的楚國已經流行，郭店楚簡的《語叢》中已徵引《論語》；上博竹書中發現了與《家語》相同的篇章。郭店楚簡中的儒家著作大部分屬七十子及其後學尤其是子思學派的作品；上海博物館藏儒家著作也大都屬於孔子弟子及子思學派，其中有的就是《子思子》中的篇章。由此，不難發現孔子弟子在楚地傳播孔子和儒家學說的巨大功績。除了南方的「荊蠻之地」發現了儒學的蹤迹，在北方的「戎狄之地」也發現了儒學的影響。1974 年，在河北省平山縣發現了戰國時期中山王一號大墓，出土「平山三器」，有長篇銘文，其中多次引用儒家典籍《詩經》，銘文中大量具有儒家思想印記的話語，以實物形式證實了史書所記載的中山國「專行仁義，貴儒學」（《太平寰宇記》卷 62）的說法。這裏與發現《儒家者言》的河北定州很近，應該說這印證了儒學北傳的某些情況。

除了這些戰國時期的實物之外，很多漢代墓葬中也可以一窺戰國儒學的盛況。李學勤先生指出：

> 漢初的竹簡帛書種種佚籍，大多是自先秦幸存下來的書籍的抄本，
> 所以它們不僅反映了當時學術的面貌，而且可以由之上溯先秦學
> 術，關係到學術史上的好多重大問題。〔註 98〕

如 1973 年發現的馬王堆帛書《易傳》的發現，印證了儒家易學的南傳；而帛書〈五行〉則屬於子思學派的作品；1973 年河北定縣八角廊漢墓出土了大批儒家竹簡，其內容「上述商湯和周文的仁德，下記樂正子春的言行，其中以孔子及其門弟子的言行爲最多」，整理者定名爲〈儒家者言〉，就成書年代來

〔註 97〕李學勤：〈先秦儒家著作的重大發現〉，載姜廣輝主編：《中國哲學》第 20 輯，第 17 頁。

〔註 98〕李學勤：《簡帛佚籍與學術史》，南昌：江西教育出版社，2001 年，第 8 頁。

看「屬於戰國晚期的著作」。1977年在安徽阜陽雙古堆漢墓發掘出木牘，其中有所記為孔子及其弟子的言行，顯然為儒家作品。這些漢初發現的竹帛文獻，其寫作年代大多應為戰國時期。這些戰國以至漢初竹簡帛書之中，不僅有子思學派的作品，也可能包含有顏子、仲弓、子貢、子游、子夏、曾子、子羔、閔子騫等七十子以及世碩等七十子後學的作品。可見，孔子弟子的不同思想都得到了廣泛傳播。〔註99〕

這些儒家作品在南至楚地，北至中山的廣闊地域的傳播，必然會與當地的地域文化發生相互影響的關係，儒學在這種相互作用中，必然會產生不同特色的儒學流派。太史公在《史記》中對全國各地域的文化特色進行了一一分析描述，其中有云：

> 故泰山之陽則魯，其陰則齊。齊帶山海，膏壤千里，宜桑麻，人民多文采布帛魚鹽。臨菑亦海岱之間一都會也。其俗寬緩闊達，而足智，好議論，地重，難動搖，怯於眾鬥，勇於持刺，故多劫人者，大國之風也。其中具五民。而鄒、魯濱洙、泗，猶有周公遺風，俗好儒，備於禮，故其民齪齪。頗有桑麻之業，無林澤之饒。地小人眾，儉嗇，畏罪遠邪。及其衰，好賈趨利，甚於周人。（〈貨殖列傳〉）

班固的《漢書·地理志》對各地不同的地域文化特徵已經有所注意。他說齊地「其俗彌侈，織作冰紈綺繡純麗之物，號為冠帶衣履天下」，魯地「其民好學，上禮義，重廉恥」，宋地「其民猶有先王遺風，重厚多君子，好稼穡，惡衣食，以致畜藏」，衛地「有桑間濮上之阻，男女亦亟聚會，聲色生焉，故俗稱鄭、衛之音。……其俗剛武，上氣力」，楚地人「信巫鬼，重淫祀」，而「吳、粵（越）之君皆好勇，故其民至今好用劍，輕死易發」。

近代以來，學者以空間關係論列思想之異同。如傅斯年先生之「夷夏東西說」，蒙文通先生根據廖平之意而明示的「古史三系說」，即河洛、海岱、江漢三分；進而有晚周學術三分說：即北方三晉之學，南方吳楚之學，東方齊魯之學。〔註100〕而勞思光（1927～2012）先生則將中國文化分為南北兩大傳統。他說：

> 儒家重德性，重政治制度，立仁義王道之說，是周文化或北方傳統

〔註99〕對於出土文獻所見儒學的傳播，可參看劉光勝：〈出土文獻與早期儒學傳播〉，《平頂山學院學報》2008年第3期。

〔註100〕蒙文通：《經學抉原》，上海：世紀出版集團，2006年，第55頁。

之哲學。道家重道，重自然，立逍遙之超離境界，是舊中原文化或南方傳統之哲學。墨家信鬼神，尊權威，重功利，則是結合原始信仰與現實具體需要之學說，非直承兩大傳統者。法家則雜取儒、道、墨之觀念，而以統治者之需要為中心以運用之。全是另一後起學說，然與二傳統之哲學皆有旁面關係。此外，名家有形上學旨趣又喜作分析思考，蓋受道家影響之後起學派。至於南北文化傳統所及之範圍外，渤海沿岸，燕齊故域，又有方士傳統及陰陽五行種種方術思想；南方吳越一帶之巫術亦留下某種神秘觀念；皆對戰國秦漢之思想大有影響。〔註101〕

無論這種看法多麼簡約化，但大體可以看出地域文化對思想之影響。由於各國各地的歷史文化傳統互有差異，這為不同思想流派的產生準備了條件，則是一定的。侯外廬先生指出：

> 各個學派的流傳分佈，往往也有其地域的特點，大略的形勢可以描繪如下：儒、墨以魯國為中心，而儒家傳播於晉、衛、齊，墨家則向楚、秦發展。道家起源於南方原不發達的楚、陳、宋。後來可能是隨著陳國的一些逃亡貴族而流入齊國。楚人還保留著比較原始的「巫鬼」宗教，同樣在北方偏於保守的燕國和附近的齊國，方士也很盛行，後來陰陽家就在齊國發展起來。法家主要源於三晉。周、衛位於各國之間的交通孔道，是商業興盛之區，先後產生了不少專作政治交易的縱橫家。〔註102〕

這一分析雖然簡略，但是基本上可以見出地域文化對不同思想之產生和傳播的影響。那麼，具體到地域文化對儒學的影響，我們試舉一二例證以為說明。

我們知道，在漢代經學有齊學、魯學之分。而漢代經學的這一區域性特徵，便可直接追溯到先秦時期。蒙文通先生對漢代今、古文學以及齊學、魯學進行了分析。他說：古文學源於晉學。古文學不是純儒學，「晉國的學問，根本是古史，孔子的弟子後學如像子夏、李克、吳起一般人，都顯重於魏，孔子的學問自然也就傳到魏國去，二者化合起來，這一派的孔學，便又不是

〔註101〕勞思光：《新編中國哲學史》第 1 卷，桂林：廣西師範大學出版社，2005，第 56 頁。

〔註102〕侯外廬主編：《中國思想史綱》，上海：上海世紀出版集團，2008 年，第 54 頁。

純正的孔學，孔子的學問裏邊混入了許多古史的說法。」而「六藝」是魯人之學，《穀梁》是魯學，魯學是「六經」的正宗，是孔子學說的嫡派，是謹守舊義的、謹守師傳的、純正的儒學。《伏生尚書》、《夏侯尚書》、《田何易》、《梁丘易》、《魯詩》、《后氏禮》都是魯學。又說：「孔氏之學，於時遂流入於齊，別爲齊學，與魯人六藝之學有異。」「魯學謹篤，齊學恢宏」。《施氏易》、《孟喜易》、《歐陽尚書》、《齊詩》、《韓詩》屬齊學。〔註103〕蒙先生對齊學、魯學的分析，雖然是以漢代爲中心的，但是我們從各個經學家法傳承的譜系便可知所謂「齊學」與「魯學」之分，其實是源自先秦時期的。

　　蒙先生說三晉之學爲古學，雖然未必正確，但他指出三晉之學與法家的淵源關係則是學界認可的。這便與子夏居西河教授有關。子夏所居西河，正屬三晉之地，其在魏國的影響甚大，但是子夏的後學中卻因受三晉地域文化的影響，而走向了法家。郭沫若先生在探討「儒家八派」的問題時，就指出，韓非子所列八儒之中之所以沒有子夏，恐怕是將子夏看作了法家的緣故。根據學者的研究，魏文侯、李克、吳起等便是子夏的學生，或受子夏影響極大。而法家的另一位重要人物商鞅之學則出自李克。《史記‧商君列傳》記載商鞅謁見秦孝公，首言以帝道、次言以王道、末言以霸道。雖然商鞅成爲法家的代表人物，但卻熟悉儒學。郭鼎堂在提到商鞅時說：「他也是在魏文、武時代儒家氣息十分濃厚的空氣中培養出來的人物，他的思想無疑也是從儒家蛻化出來的。」〔註104〕而法家的另一代表人物愼到也與子夏有著淵源關係。因此，郭氏認定，前期法家，是淵源於子夏氏的。從這一分析可以看出，地域文化對儒學產生了怎樣深刻的影響。

第五節　外緣之三：諸子蠭起與思想的挑戰與互攝

　　雖然老子應該早於孔子，孔子向老子請教問題也應該是歷史的事實，但作爲思想學派來說，儒家應當早於道家而成立，是春秋戰國之際第一個眞正意義上的學術流派。在儒家興起之後，墨家、道家、法家、陰陽家等紛紛出現，諸子蠭起，百家爭鳴的局面開始形成。唐君毅先生在談及中國哲學史分期問題時，曾將孔子至兩漢劃爲一期，指出：由孔子演爲諸子之學，乃一本

〔註103〕參見陳德述：〈蒙文通對今文經學研究的貢獻〉，國學網站「國學大師」欄目。
〔註104〕郭沫若：《十批判書‧前期法家的批判》，《郭沫若全集‧歷史編》第2冊，北京：人民出版社，1982年，第322頁。

而分殊之勢，由《呂覽》、《淮南》而董仲舒，乃由分而合之勢。〔註105〕其所述由孔子演爲諸子之學，恰如《莊子・天下》所說的「道術將爲天下裂」，所描繪的正是這一思想界「百舸爭流」的局面。

根據班孟堅及現代學者的研究，諸子與孔子有著甚深的淵源關係。孔子「下開九流」，「乃諸子之源」。〔註106〕孔子及弟子等「鄒魯之士，搢紳先生」所掌握的六經乃是「配神明，醇天地，育萬物，和天下，澤及百姓，明於本數，係於末度，六通四辟，小大精粗，其運無乎不在」的古之「道術」，而諸子則是「一曲之士」的「方術」。唐君毅先生說：諸子出於王官之說，雖未必盡是，然王官之學衰而諸子之學起，則爲不容否認之事實。孔子以六藝教人而學由官守，廣及於社會，故諸子之學多源於孔子。〔註107〕儘管如此，思想衍化之後，一種新的思想產生，必然會與原來的思想形成互競互攝的關係。「師弟傳受，或一脈相承，或枝派旁衍；門戶各別，或入主出奴，或旗鼓相當；遂成十家九流蠭起一時的景象，在學術史上，放一異彩。」〔註108〕在戰國時期，墨家、道家、法家等對儒家都形成了強烈的挑戰，而儒家也在與諸家的競爭中有所互攝和融合。

墨子曾「學儒者之業，受孔子之術」（《淮南子・要略訓》），其本出於儒家可知。不過墨子「入室操戈」，對孔子及儒學進行了激烈的批評。雖然孔子曾經問學於老子，從而所謂儒家與道家淵源有自，戰國之時「世之學老子者則絀儒學，儒學亦絀老子」（《史記・老子韓非列傳》）。儒家「遊文於六經之中，留意於仁義之際」，孔子思想核心就是仁義，而今本《老子》主張「絕聖棄智，絕仁棄義」。雖然根據郭店簡《老子》，我們發現「絕仁棄義」等非儒詞彙可能出於後世改竄，並非歷史原貌。不過，儒家與道家確實存在著較大的差異。到了戰國時期，楊朱一派的道家提倡「拔一毛以利天下而不爲」的思想，這種「爲我」思想與儒家提倡的君臣倫常相矛盾。孟子已經強烈感到了來自墨家和道家的挑戰。所謂「楊朱、墨翟之言盈天下，天下之言不歸楊

〔註105〕唐君毅：〈略論作中國哲學史應持之態度及其分期〉，載韋政通主編《中國思想史方法論文選集》，上海：上海人民出版社，2009 年，第 87～88 頁。

〔註106〕詳參顏炳罡：〈孔子在中國文化史上的地位〉，載賈磊磊、孔祥林主編《第二屆世界儒學大會學術論文集》，北京：文化藝術出版社，2010 年，第 423～442 頁。

〔註107〕唐君毅：〈略論作中國哲學史應持之態度及其分期〉，載韋政通主編《中國思想史方法論文選集》，第 87 頁。

〔註108〕蔣伯潛：《諸子學纂要》，臺北：正中書局，1981 年，第 14～15 頁。

則歸墨」,楊、墨堪稱當時之「顯學」。這使孟子意識到,「楊墨之道不息,孔子之道不著。」對此,孟子直面回擊,指出「楊氏爲我,是無君也;墨氏兼愛,是無父也。無父無君,是禽獸也」,二家思想「邪說誣民」,因此發願以「欲正人心、息邪說、距詖行、放淫辭,以承三聖」(《孟子‧滕文公下》)爲己任,擔負起了弘揚廣大儒學的使命。通過孟子的回應,儒家重新獲得了生機和活力。不過,此時的儒學也不得不在理論上作出相應調整。

在戰國晚期的荀子那裏,我們已經看到其思想中濃郁的綜合性特徵,其中「法家」的色彩已經相當濃厚,以至於在他的門徒中出現了周秦之際的兩大法家代表人物韓非與李斯。荀子對各家學說,包括儒家內部的其他學派都進行了批判性的吸收,「推儒、墨、道德之行事興壞」而著書立說。

當然,這種影響也是相互的。我們看到,戰國時期諸子百家都對孔子進行了不同程度的批評,如果僅僅從儒家的角度看,可以看作她受到了來自所有其他學派的批評和攻擊。不過,如果我們換一個角度來審視,就會發現事情的另一面。我們翻檢諸子之書,儘管很多是對孔子或儒家的譏諷和排斥,但我們要注意到思想史一個有趣的「反面影響」線索可以追尋。即乙思想家對甲思想家攻擊批評得愈多愈激烈,反映出甲思想對乙思想的影響愈大愈深,或者甲思想在當時聲勢和影響力的巨大,構成對乙思想的嚴重威脅。〔註109〕雖然百家殊途,各是其所是,但顯然都繞不開孔子與儒家,於此足見孔子影響之大且深。我們認爲,孔子是處於中國思想文化史上的「軸心時代」的「軸心人物」,這正是絕佳的證明。總之,戰國時期是百家爭鳴的時代,儒家在與各家的爭論中,吸取各家思想的精髓,從而逐漸成爲中國傳統文化的主體。

〔註109〕陳啟雲:《中國古代思想文化的歷史論析》,北京:北京大學出版社,2001年,第157頁。

第二章 「儒家八派」的辨疑與考證

　　《韓非子・顯學》提出「儒分為八」之說，郭沫若先生據以提出「儒家八派」之概念，學者對此進行了不同分析，不僅對於韓非子的說法提出質疑，而且對郭氏之說也多有批駁。如今，我們期望結合新出土文獻以及以往不太受到重視的傳世文獻予以考察，對舊說之理據予以重新審視，進而提出我們對這一問題的看法。也許這新看法並不在傳統說法之外，毋寧說，只是揀擇了其中的一種，但我們之所以選擇其中的一種，並不是僅僅因循成說，而是在綜合各種文獻資料的基礎上，分析各種說法的得失，做出有理有據的結論。

第一節 韓非「儒分為八」說再認識

　　韓非所言「儒分為八」到底當如何理解？學界存在截然的不同的認識。

　　郭沫若先生雖然對「儒家八派」分別進行了「批判」性研究，但他沒有對韓非此說表示異議。馬宗霍先生認為韓非學出於荀卿，其說當有所本，他提出：「雖曰某氏之儒，或指在某氏之門者而言，未必即是本人。而所謂某氏者，似應皆指孔子之徒。」

　　較早對韓非「儒分為八」說提出異議的是四川學者李耀仙先生。他通過對韓非此說的諸多矛盾之處的分析，明確指出，韓非「儒分為八」說不可信，不能據以認為是早期儒家分化的真實歷史。他還通過分析認為，儘管「墨離為三」是可信的，其分化也有共時性，但「儒分為八」說卻經不起驗證，不符合歷史事實，而且儒家分派是多次性的，既有共時性，又有歷時性，情況十分複雜。而韓非之所以在這個問題上出現錯誤，原因在於他對儒家抱持蔑

視的態度，只想從它裏面尋岔子，找漏洞，並未對它派中人的言論和著作予以應有的注意，至於研究，更談不上。〔註1〕這一觀點與馬勇先生相近。馬勇不僅對韓非子的說法提出了新的挑戰，也對郭沫若先生的看法予以顛覆。他提出了許多新的看法，如「儒家八派」的劃分，只是韓非個人的學術觀念，他的主要依據與其說是學術史的客觀過程，不如說是韓非的主觀感受。〔註2〕這一點，對我們理解「儒家八派」問題很有啓示意義。

吳龍輝先生則獨闢蹊徑，提出了對韓非「儒分爲八」說的一種「別解」。吳氏不同意韓非此說是隨意的、沒有根據的說法。他指出：「在這裏，韓非先列出子張等八家的具體名目，然後又以『儒分爲八』的統計數字予以總結。由此可知，『儒分爲八』並非隨意之論，更非韓非的杜撰，而是一條彌足珍貴的歷史材料。」〔註3〕他對郭沫若提出批評，認爲郭氏將「儒分爲八」簡單地理解爲孔子死後儒家分裂成八個不同的思想派別，將「儒分爲八」等同於「儒家八派」，將「儒分爲八」作爲孔子之後儒家思想流派的總結，是講不通的，不恰當的。他提出：「儒家八派」是歷時性的，是孔子死後在孔門後學爭正統的鬥爭中先後湧現的以孔子眞傳自居的八大強家。〔註4〕不過，他也指出，韓非所說八氏，既不足以反映孔子之後儒家分裂演變的全貌，也不能看作因思想差異而自然形成的學術派別。他們只是作爲「顯學」的儒家內部先後出現的最有勢力的幾個宗派，即「顯學」中的「顯學」。〔註5〕他認爲，孔子後學之所以會發生分裂，首要原因在於孔門弟子因干祿競爭而產生的利害衝突。同時，思想上的分歧也是一個重要原因。〔註6〕吳氏這一說法，在學界影響很大。

不過，吳氏的這一觀點也存在著很多問題。他一方面指出了韓非此說不能看作孔子之後儒家分裂的全貌，另一方面又認爲八氏乃「八大強家」，那麼在孔子弟子之中曾子、子游、子夏等又當如何理解呢？所謂「正統之爭」，是否眞的這樣直白而殘酷？把孔子弟子分裂的首要原因歸結爲利益之爭，是否恰當？

〔註1〕 李耀仙：〈闢韓非「儒分爲八」說〉，載氏著《先秦儒學新論》，第86～87頁。
〔註2〕 龐樸主編，馬勇撰稿：《中國儒學》第1卷，上海：東方出版中心，1997年。
〔註3〕 吳龍輝：《原始儒家考述》，北京：中國社會科學出版社，1996年，第107頁。
〔註4〕 吳龍輝：《原始儒家考述》，第107～108頁。
〔註5〕 吳龍輝：《原始儒家考述》，第116頁。
〔註6〕 吳龍輝：《原始儒家考述》，第97頁。

陸玉林先生不同意吳氏之說。他以為：

> 「儒分為八」，自然可以理解為儒家在戰國晚期頗有勢力的八個派
> 別。韓非講各派所舉皆是其代表人物，故代表人物時間相隔雖遠，
> 但不妨礙其在戰國末期同時存在。至於「子思之儒」、「孟氏之儒」
> 和「樂正氏之儒」之關係，則似可理解為雖師承相接，但並非一派。
> 換言之，在當時可能存在著與「孟氏之儒」不同的「子思之儒」。至
> 於八派之中無〈非十二子〉所提到的子夏、子游兩派，則可能在韓
> 非作〈顯學〉時這兩派已經衰微。因而，我們認為〈顯學〉所提到
> 的八家，實是儒家在戰國晚期的八個主要派別，而不是在不同時期
> 出現的爭正統的八種強勢力量。既然是在戰國晚期的八個主要派
> 別，「儒分為八」之論自然就不能涵蓋孔子之後儒家學術分化與演變
> 情況。〈顯學〉論「儒分為八」，與〈非十二子〉批思、孟和子張、
> 子夏、子游一樣，並非是研究儒家學術在孔子之後的分化與演變史，
> 而是藉以立言。荀子與韓非之說，自然有缺失，有若、曾參等均未
> 提及也在情理之中。〔註7〕

他提出了「儒家八派」是戰國晚期同時共存的八個主要儒家派別的觀點。然
而，陸氏此說理據不足，不可信據。我們從韓非子的論說當中，無法判定八
儒是指戰國晚期共存的八派。顏炳罡先生則提出：「韓非的儒分為八之說並非
想一網打盡孔子之後至戰國晚期一切儒家派別，肯定有些學術派別沒有納入
韓非的論域。……先秦時期，儒分為八是概稱，不是全稱。」〔註8〕顏炳罡先
生的弟子王春博士亦提出：韓非對儒家八派思想並無詳細論述，因此其確切
所指及主要思想特質亦隱而不彰；且其所列之八派，將孔子及門弟子與孔子
後學並列，時間跨度也很大，因此其所謂『分』也缺乏明確的學術依據，並
不足以表現儒門思想的分化。」〔註9〕

　　梁濤先生也指出：「韓非是戰國末期人物，距離孔子生活的時代已相當遙
遠；韓非又屬法家，對儒家素有偏見，曾將儒生列為危害社會的『五蠹』之
一。這樣的一個人物能否對儒學內部的發展演變有準確的瞭解是很有疑問

〔註7〕 張立文主編，陸玉林著：《中國學術通史·先秦卷》，北京：人民出版社，2004
　　　　年，第108～109頁。
〔註8〕 顏炳罡：〈「儒分為八」的再審視〉，載龐樸主編：《儒林》第1輯，濟南：山
　　　　東大學出版社，2005年，第136～153頁。
〔註9〕 王春：《孔門弟子思想分化研究》，山東大學哲學系博士學位論文，2005年。

的。……很可能它只是後人的一種模糊印象,未必可以信以爲據。」〔註 10〕
「韓非所提到的八氏似乎也不能概括孔門後學的全部。……韓非所提到八家
並非同一時期的人物,其時間先後相差甚遠,……將他們作爲並列的思想流
派而論,似乎不妥。因此,簡單地將儒分爲八作爲對孔子死後儒家思想流派
的總結,是講不通的。」〔註11〕

也有學者從另一個角度對此進行分疏。如張岩根據《說文解字》:「顯,
頭明飾也。」段注:「頭明飾者,冕弁充耳之類,引申爲凡明之稱。」認爲韓
非所言「顯學」之義,應理解爲「毫無用處的裝飾學問」,而非「著名顯赫的
學說」之義。韓非將儒墨稱爲顯學,明顯是批判態度。因此,他認爲「可以
斷言:『儒分爲八』實乃韓非子隨意列舉的幾個名字,並不是對孔子之後的儒
家的眞正分派。」〔註 12〕張氏將「顯學」訓解爲否定性和批判性的用法,的
確別出心裁,只不過這一解釋,其證據過於薄弱,沒有其他佐證,無法成立。
但說韓非子所論有隨意性,卻有一定的道理。

郭沂先生對韓非「儒分爲八」說的理解,則別具隻眼。他說:

> 韓非子提出儒家八派的根據,在我看來可以用司馬遷的「究天人之
> 際」和「成一家之言」二語來表達。也就是說,只有建構了一套獨
> 特的哲學體系的早期儒者,才可以入選儒家八派。只要符合這個條
> 件,甚至師徒都可以入選,老師不能代表學生,學生也不能代表老
> 師,故子思、孟子車師徒同列八儒。既入選八儒,當各有著作。雖
> 然我們現在只能讀到子思之儒、孟氏之儒和孫氏之儒的著作殘卷,
> 但我們仍能從中領略其哲學體系之大概。至於其他五派的哲學體
> 系,因其著作無存,我們就很難詳細推測了。照此說來,曾子、子
> 夏和子游未列八儒,並不是韓非子的疏忽,而是在後者看來,三家
> 未嘗建立起自己的哲學體系,故不符合入選條件。鑒於同樣的原因,
> 顏子早死,雖居孔門德行科鼇頭,但未見有什麼哲學體系,故不可
> 能列入儒家八派。所謂「顏氏之儒」,不但非指子淵,也不一定就是
> 孔子的其他顏姓弟子,更可能另有所屬。」〔註13〕

〔註10〕 梁濤:《郭店竹簡與思孟學派》,北京:中國人民大學出版社,2008 年,第 85
頁。

〔註11〕 梁濤:〈孔子思想中的矛盾與孔門後學的分化〉,《西北大學學報》1999 年第 2
期。

〔註12〕 張岩:〈淺議「儒分爲八」〉,《法制與社會》2009 年第 1 期。

〔註13〕 郭沂:〈儒家八派與戰國儒學〉,「先秦文本與思想」國際學術研討會論文,2010

郭先生的說法，缺乏史料的證實。因為，我們從子張之儒、漆雕氏之儒、仲良氏之儒、樂正氏之儒那裏，似乎也看不到什麼「哲學體系」，只有子思之儒、孟氏之儒這兩派可以符合這個標準。如果說因為上述諸儒的著作散逸，使我們已經看不到其哲學體系了，那麼，我們如何就斷定顏子、曾子、子夏、子游等便無哲學體系呢？通過一些資料，我們可以認定顏子、曾子、子夏、子游等人的思想深度與哲學造詣，應當高於子張、漆雕開、樂正氏、仲良氏諸家。如此以來，郭先生所列的所謂「標準」便不成其為標準了。

在前輩學者的認識的基礎上，我們對韓非子「儒分為八」說有如下認識：

第一，韓非子此說並非對孔子之後儒家分化情況的「事實陳述」和「系統總結」，也就是說，韓非子此說並非出於總結「學術史」的學術目的。

第二，韓非子提出「儒分為八」的目的在於批評儒家內部之分裂，藉以鼓吹其思想專制之主張，因此不可能是客觀的。

第三，韓非子所提的「八儒」並不存在一個「標準」，不管是「爭正統的八大強家」還是「建立哲學體系」，似乎都不是其論說的標準。學者提出的這幾項標準，都沒有堅實的證據，多為臆測之辭。

第四，韓非子所列「八儒」不一定具有嚴格的「順序」，「顏氏之儒」列於「子張之儒」和「子思之儒」之後，並不能代表「顏氏」非指顏回。

第五，韓非子所列八儒有一定的隨意性，這八儒可能只是眾多儒門學派中的一部分。他沒有提到子夏、子游、曾子，並不能代表這些學派在韓非子時代已經衰微了。因為既然荀子曾大力批評這些「賤儒」，而韓非子與荀子時代相接，不可能迅速衰微。

第六，韓非子所說的「八儒」應該是歷時性分化的。八儒所說「某氏」當是其人，而「某氏之儒」或是指奉其為宗師的學派成員之統稱。所以，可能八儒在戰國晚期依然活躍。

第七，既然韓非子所說「儒分為八」不可看作戰國時期儒學分化的實際，那麼，我們就應當將視野放寬，起碼將曾子、子夏、子游、仲弓等納入視野之中予以考察。這些儒家學派，在晚近發現的郭店簡、上博簡以及馬王堆帛書中已經顯露出蹤迹來了。

第八，我們當知，所謂「某派」，乃是後人之劃分，並非當事人之自稱。

年 8 月 7～8 日，臺灣大學。另見氏著〈出土文獻背景下的儒家核心經典系統之重建〉，載郭齊勇主編：《儒家文化研究》第 1 輯，第 82 頁。文字稍有差異。

他們皆謂「眞孔」，其主觀目的是傳承和弘揚師說，而非組建新的學派。而且，雖然他們「取捨不同」，但尚不至於「相反」，否則便不能歸之於儒家團體了。而且，孔門弟子及其後學，因各有門徒而組成不同「學派」，思想主張容有不同，但其間之關係，卻並非水火不容，而是互有影響，互相融攝。

第二節　關於子張之儒

　　子張之儒，在韓非所謂「儒家八派」之中，是最少爭議的一派。孟子曾謂：「昔者竊聞之：子夏、子游、子張皆有聖人之一體，冉牛、閔子、顏淵則具體而微。」（《孟子·公孫丑上》）子張與子夏、子游等皆被認爲「有聖人之一體」，但不知何故，子夏與子游同列《論語》的「孔門四科」，而子張卻榜上無名。

　　不過，有學者認爲，子張是孔子去世後第一個從孔門分裂出來的一派。其影響一直持續到戰國末年，不僅韓非子將之列爲「儒家八派」，而且荀子依然批評「子張氏之賤儒」，這從反面印證了子張之儒直至戰國晚期依然有較大的勢力或影響，並不如某些學者所說的「很快就銷聲匿迹了」。這一派在〈漢志〉中沒有著作著錄，因此後世對其關注不多。

一、子張里籍爲魯

　　《史記·仲尼弟子列傳》記：「顓孫師，陳人，字子張。少孔子四十八歲。」《索隱》引鄭玄〈目錄〉云：陽城人。陽城，縣名，屬陳郡。《孔子家語·弟子解》亦以爲「陳人」。而《呂氏春秋·尊師》則云：「子張，魯之鄙家。」則子張有陳人、魯人二說。崔東壁云：

> 子張乃顓孫之後，顓孫於莊二十二年自齊奔魯，歷閔、僖、文、宣、成、襄、昭、定至哀公凡十世。子張之非陳人，明矣。蓋因其先世出自陳，而傳之者遂誤以爲陳人耳。若子張爲陳人，孔子亦將爲宋人乎？子張之子申祥，亦仍居魯。

近人蔣伯潛先生亦謂：「子張爲顓孫之後，而顓孫於莊公二十二年奔魯，則子張明爲魯人矣。其先世出自陳，猶孔子先世出自宋也。」〔註14〕錢賓四先生

〔註14〕蔣伯潛：《十三經概論》，上海：上海古籍出版社，2010年，第392頁。

同意此說，力主子張當爲魯人。〔註 15〕高思新從之〔註 16〕，而李啓謙先生則主陳人說。〔註 17〕

李啓謙先生反對「魯人說」的最關鍵證據是出自《新序・雜事》的一則材料。其文云：

> 子張見魯哀公，七日而哀公不禮。託僕夫而去，曰：「臣聞君好士，故不遠千里之外，犯霜露，冒塵垢，百舍重趼，不敢休息以見君。七日而君不禮，君之好士也，有似葉公子高之好龍也。……今臣聞君好士，故不遠千里之外以見君，七日不禮，君非好士也，好夫似士而非士者也。」……敢託而去。

李先生認爲，既然子張見魯哀公是「不遠千里」而來，「七日不禮」遂「託僕夫而去」，則子張非魯人可知。我們以爲，《新序》此則材料亦不能否定《呂氏春秋》之說。爲什麼呢？因爲《新序・雜事》此則材料之可信性似乎要打折扣。一則，子張即使爲陳人，也曾在魯多年從孔子游，魯哀公對此不會不知，而此處云「聞君好士」云云，則似十分陌生之人口吻。二則，材料從語氣上有戰國縱橫家之色彩。崔東壁以爲此文之語「乃戰國策士之習，蓋縱橫家之所託」，並非無由。

退一步講，即使此則材料可靠，亦不與「魯人」說衝突。據《孟子》等書，孔子卒後，弟子守心喪三年，然後別去。但此時又發生了子游、子張、子夏公推有若爲儒家領袖的事件，可見其當時應在魯國。值得注意的是，《論語・子張》記「子夏之門人問交於子張」一事。子夏與子張年齡相彷彿，皆少孔子四十餘歲。孔子去世時，他們年齡不過在二十四五歲至三十歲之間，可能已經開始收徒講學。這一事件當發生在孔子卒後，去魯之前。

子張離魯至陳也可能發生在此時。因爲這一次公推有若的行動遭到曾子的反對而作罷。可見孔門發生了較爲嚴重的「分裂」，子夏由此居西河，而子張亦居陳，正是合理的推斷。不過，從現有資料看，子張可能後來又自陳返魯，卒於魯國。

其一，《禮記・檀弓下》所記：「子張死，曾子有母之喪，齊衰而往哭之。」哭，弔哭也。因爲曾子一直居於洙泗之間，而曾子以母喪之身往哭子張，據

〔註 15〕 錢穆：《先秦諸子繫年》，北京：商務印書館，2001 年，第 74 頁。
〔註 16〕 高思新：〈子張身世探索〉，《沙洋師範高等專科學校學報》2004 年第 6 期。
〔註 17〕 李啓謙：〈子張研究〉，《中州學刊》1986 年第 6 期。

情理當知，子張可能卒於魯。或曰：《禮記・檀弓》亦有相似一則資料。「子夏喪其子而喪其明。曾子弔之曰：『吾聞之也，朋友喪明則哭之。』曾子哭，子夏亦哭。⋯⋯吾與女事夫子於洙泗之間，退而老於西河之上。」我們知道，子夏在孔子卒後居西河教授，據此則材料，可見，曾子當時於魯赴西河而弔之。以此推測，曾子也可能赴陳（楚）哭之。如果僅以此為斷，當然兩者皆有可能。

其二，《檀弓上》：「子張之喪，公明儀為志焉。」按，公明儀為子張弟子，據《祭義》「公明儀問於曾子曰：『夫子可以為孝乎？』」可知其又為曾子弟子，而曾子居魯教授，而公明儀得師事二子，可知子張居魯並卒於魯的可能性較大。

其三，《檀弓上》：「子張病，召申祥而語之曰：『君子曰終，小人曰死；吾今日其庶幾乎？』」而申祥，後為魯穆公之臣，由這一個角度分析，其後代在魯出仕，儘管不能排除其居陳且卒於陳（楚），但相較而言，其為魯人之可能性較大。

綜合以上材料，子張可能曾於為孔子守喪三年之後離魯適陳（楚），後又返魯，最後卒於魯。

子張氏顓孫，而據《風俗通》：「陳公子顓孫仕魯，因顓孫為氏。」《世本・氏姓篇》（秦本）：「顓孫氏，陳公子顓孫仕魯，因氏焉。其孫顓孫師字子張，為孔子弟子。」考《左傳》莊公二十二年：「二十二年春，陳人殺其大子禦寇，陳公子完與顓孫奔齊。顓孫自齊來奔。」據此，則此陳公子顓孫即子張之先祖。《左傳》云「來奔」即奔魯。而據《世本》、《風俗通》，其人繼而仕於魯。而顓孫再不見於傳文，應該是在魯繁衍，並未歸陳。自莊公二十二年（前 672）至子張生時（前 503），已歷百七十年，至少已有五六世之傳衍。《呂氏春秋》云「魯之鄙家」，可知其家已衰敗，非貴族矣。至於《尸子》所云「顓孫師，駔也」，駔，為馬販子，則不知是否屬實，姑且存疑。

其實，「陳人說」與「魯人說」並不矛盾。因為子張先祖為陳人，依孔子先祖為宋人而自稱宋人或殷人之例，云子張為陳人自無不可。而子張則生於魯國，既長從孔子游，孔子卒後，子張居陳，開宗立派，自成一家，而陳旋又為楚所滅，子張之儒在楚地當有相當之影響，這一點可從楚地出土簡帛文獻得以印證。

二、子張與曾子、子游的關係

我們看《論語・子張》所載子張與子游、曾子關係的材料：

　　子游曰：「吾友張也，爲難能也，然而未仁。」

　　曾子曰：「堂堂乎張也，難與並爲仁。」

子游評價子張之語，一般皆以爲有褒有貶，以貶爲主。如皇侃《義疏》引袁氏云：「子張容貌難及，但未能體仁也。」〔註18〕朱子注曰：「子張行過高，而少誠實惻怛之意。」〔註19〕而清儒俞曲園《平議》則認爲：「孔子論仁多以其易者言之，……惟過故爲難能，惟難能故未仁。子游此論極合孔子論仁之旨，非先以容儀難及美之，而後以未仁譏之也。」錢賓四先生與俞曲園說近似，以爲「子張務爲高廣，人所難能，但未得爲仁道。仁道，乃人與人相處之道，其道平實，人人可能。若心存高廣，務求人所難能，即未得謂仁」〔註20〕。康南海則認爲：「孔子沒後，同門中子張年少而才行最高，……記《論語》者爲曾子之徒，與子張宗旨大異，乃誤傳其有所短也。」〔註21〕不過，程樹德（1877～1944，字郁庭）先生不同意子游譏之之說。他引王闓運（1833～1916，字壬秋）《論語訓》「非貶子張未仁也，言己徒希其難，未及於仁」之說，指出：「此『友』字係動詞，言我所以交子張之故，因其才難能可貴，己雖有其才，然未及其仁也。……未仁指子游說，如此既可杜貶抑聖門之口，且考《大戴禮・衛將軍文子篇》孔子言子張『不弊百姓』，以其仁爲大。是子張之仁固有確據。」〔註22〕錢賓四、李澤厚、黃懷信師〔註23〕等皆不同意此說。然而，綜合考量王、程之說，別出心裁，且與《孔子家語・弟子行》、《大戴禮記・文將軍文子》所載相符，應當可從。

　　就曾子評價子張之語，何晏《集解》引鄭曰：「言子張容儀盛，而於仁道

〔註18〕〔南朝梁〕皇侃：《論語義疏》，《四庫全書》經部第 195 冊，第 517 頁上。

〔註19〕〔宋〕朱熹：《四書章句集注》，北京：中華書局，1983 年，第 191 頁。

〔註20〕錢穆：《論語新解》，北京：生活・讀書・新知三聯書店，2005 年，第 491～492 頁。

〔註21〕康有爲：《論語注》，北京：中華書局，1984 年，第 291 頁。

〔註22〕程樹德：《論語集釋》，北京：中華書局，1990 年，第 1327～1328 頁。未注明出處之上引諸家注疏皆見此書。

〔註23〕錢穆：《論語新解》，第 491～492 頁；李澤厚：《論語今讀》，合肥：安徽文藝出版社，1998 年，第 439 頁；黃懷信：《論語彙校集釋》，上海：上海古籍出版社，2008 年，第 1689 頁。

薄也。」〔註24〕皇侃、邢昺、朱子皆同此說。康長素《論語注》云：

> 類敍攻子張之意。……曾子守約，與子張相反，故不滿之。人之性，
> 金剛水柔，寬嚴異尚，嗜甘忌辛，趣向殊科，宗旨不同則相攻。……
> 孔子許子張，幾比於顏子，可謂定論。論人當折衷於孔子。記《論
> 語》者當爲曾子後學，而非子張之徒，故記本師之言，……未可爲
> 據。〔註25〕

然而，皇侃《義疏》引江熙曰：「堂堂，德宇廣也。仁，行之極也。難於並
仁，蔭人上也。」繼而指出：「江熙之意，是子張仁勝於人，故難與並也。」
〔註26〕清儒戴望（1837～1873，字子高）《戴氏注》：「言子張行高爲仁，人
難與並，歎其不可及。」王壬秋《論語訓》云：「亦言子張仁不可及也。難
與並，不能比也。曾、張友善如兄弟，非貶其堂堂也。」〔註27〕程樹德先生
認同王說，並云：

> 如舊注之說，子游、曾子皆以子張爲未仁，擯不與友，《魯論》又何
> 必記之？吾人斷不應以後世講朱陸異同之心理推測古人。況曾子一
> 生最爲謹愼，有口不談人過之風，故知從前解釋皆誤也。王氏此論
> 雖創解，實確解也。〔註28〕

程說所指亦應包括康氏在內。黃懷信先生雖然堅持子游之語乃貶語，但他認
爲此處曾子之語與子游不同：難與，意爲不可及也，並，是共同、一起之義。
因此他同意王壬秋之說。〔註29〕但李澤厚卻並不同意這一說法，他指責說：「王
闓運《論語訓》卻以此章乃讚美子張，殊怪。」〔註30〕

我們認爲，子游、曾子之語應非貶抑子張，且三子之間的關係應相當融
洽，並非傳統認爲的那樣水火不容，劍拔弩張。當然，子游、曾子與子張確
實性格氣質不同，思想有較大差異。但這並不妨害同門之誼，正如王壬秋所
說，子張與曾子友善如兄弟。這從子張去世，曾子雖然有母之喪，亦前往哭

〔註24〕 〔宋〕邢昺：《論語注疏》，李學勤主編：《十三經注疏》標點本，北京：北京
　　　　大學出版社，1999 年，第 259 頁。
〔註25〕 康有爲：《論語注》，第 291 頁。
〔註26〕 〔南朝梁〕皇侃：《論語義疏》，《四庫全書》經部第 195 冊，第 517 頁上。
〔註27〕 〔清〕王闓運：《論語訓·春秋公羊傳箋》，長沙：嶽麓書社，2009 年，第 132
　　　　頁。
〔註28〕 程樹德：《論語集釋》，北京：中華書局，1990 年，第 1328 頁。
〔註29〕 黃懷信：《論語彙校集釋》，上海：上海古籍出版社，2008 年，第 1690 頁。
〔註30〕 李澤厚：《論語今讀》，合肥：安徽文藝出版社，1998 年，第 440 頁。

之一事可見。子游稱「吾友張也」，且據《風俗通義》，子張之子申祥，娶子游之女。如果確有其事的話，那麼，子張與子游的關係亦當十分友善親密。

此處還有一個問題。在《孔子家語・七十二弟子解》有子張「爲人容貌資質，寬沖博接，從容自務，居不務立於仁義之行，孔子門人友之而弗敬」的評語。這不僅與同書〈弟子行〉所記子貢稱美子張：「美攻不伐，貴位不善，不侮不佚，不傲無告，是顓孫師之行也。孔子言之曰：『其不伐則猶可能也，其不弊百姓，則仁也。』《詩》云：『愷悌君子，民之父母。』夫子以其仁爲大。」相違背，也與我們上文分析的《論語・子張》三章不合。但卻符合我們所批駁的歷代《論語》注家的傳統說法。〈弟子解〉這一評語，不見於《史記・仲尼弟子列傳》，其他文獻亦不見載。而〈弟子行〉之說，則同見於《大戴禮記・衛將軍文子》，文少異，作：「業功不伐，貴位不善，不侮可侮，不佚可佚，不敖無告，是顓孫之行也。」而意思基本相同。因此，我們認爲，〈弟子行〉之說當可信據，此正康長素等所謂，孔子許子張僅次於顏子也。而〈弟子解〉之「評語」，當非〈弟子籍〉原有，恐爲後人整理者所加，其爲孔安國（約前156～74，子子國）撰次時所加按語亦未可知。不過，當在王肅時已有此語。其注曰：「子張不侮鰥寡，性凱悌寬沖，故子貢以爲未仁。然不務立仁義之行，故子貢激之以未仁也。」王氏此注「子貢以爲未仁」，與〈弟子行〉不合，翟灝（字笠山，清乾隆時期人，生卒年不詳）《論語考異》云：「王肅家語注……誤子游爲子貢。」是也。我們看〈弟子解〉的這幾句評語，正是從〈子張〉歸納而來。只不過這種歸納是建立在對此數章的誤解之上的。所謂「爲人容貌資質，寬沖博接，從容自務」，即「堂堂也」、「難能也」，所謂「居不務立於仁義之行」，即「未仁」、「難與並爲仁」，所謂「孔子門人友之而弗敬」正是說子游、曾子等言「友張」而又貶抑之。因此，這一論斷當係誤讀《論語》而致，不可從。

三、子張的弟子

子張與曾子、子游等關係較爲融洽，從另一方面也可以得到旁證。《禮記・檀弓上》：「子張之喪，公明儀爲志焉。」按孔《疏》，公明儀爲子張弟子，而據〈祭義〉載「公明儀問於曾子曰：『夫子可以爲孝乎？』」由鄭注及孔疏可知，其又爲曾子弟子。然則公明儀不僅爲曾子弟子，同時又爲子張弟子。

　　另據《孟子·滕文公》上、下所引公明儀之語來看，公明儀當是孟子的前輩。或即曾子和子張之弟子公明儀。而據〈離婁下〉記載來看，似乎是孟子與公明儀的對話，則又爲同時代之人。不知是否同一人？

　　子張之子申祥也可能從子張受家學。而申祥爲子游之婿，又與子思有交往。

　　另外，孔子的裔孫子思，可能也曾受教於子張。這一點後面章節還有詳論。當然，子思雖然曾經受教於子張，但隨著子思思想的成熟，二人之間的思想差距也將拉大。於是，不僅有子張之儒，而且又有子思之儒。這正如子思之儒與孟子之儒同時並存但思孟之間卻存在著間接的師承關係。

四、子張之儒的著作

　　〈漢志〉對子張之儒的著作未有著錄，馬勇先生說：「《論語》中記載他向孔子學干祿，問從政，似乎心思也不在學術本身，故而身後也沒有什麼著作傳世。」〔註31〕是否果眞如此呢？我們認爲，既然子張之儒作爲「儒家八派」，可見是非常有影響的一大學派，沒有著作是不可思議的。〈漢志〉未著錄，可能只是子張之儒的作品至漢已佚，劉向（約前 77～前 6，字子政）、劉歆父子及班固未及見而已。

　　見諸史籍的子張與孔子之間的對話，可能就出於子張的記錄，因爲《論語》有「子張書諸紳」的記錄，在特殊情況下都能將老師之語寫在大帶的垂飾上，加之《家語·入官》有「退而記之」之語，則其善於記錄夫子之語可知。郭鼎堂氏推斷，這些雖然主要是孔子的話，但可見子張所關心的是什麼問題，而且就是孔子的答詞也一定是經過潤色或甚至是傅益的。〔註32〕我們認爲，說有弟子及後學之潤色，當然可信；至於說「傅益」則有武斷之嫌了。除此之外，《孔子家語》也有相當重要的幾篇文獻，如〈入官〉和〈論禮〉、〈問玉〉等。這些文獻與《禮記》《大戴禮記》相關記載有重合之處，但其中也有一些差異。

　　另外，在郭店簡與上博簡中也有子張之儒作品的痕跡，〈忠信之道〉、〈從政〉以及〈成之聞之〉、〈昔者君老〉等都可能與子張之儒有關。

〔註31〕龐樸主編：《中國儒學》第 1 卷，第 64 頁。
〔註32〕郭沫若：《十批判書·儒家八派的批判》，《郭沫若全集·歷史編》第 2 冊，第 128 頁。

第三節 子思之儒、孟氏之儒與「思孟學派」

韓非所言「儒家八派」之中，有子思之儒，亦有孟氏之儒，令人聯想起乃師荀子在〈非十二子〉中所批評的子思、孟子，即後人所習稱的「思孟學派」來。由於郭店楚簡的問世，「思孟學派」成為學界討論的一大熱點。不過，在討論「思孟學派」問題時，總還是有一個疑問縈繞在學者頭腦之中，那就是「思孟學派」是否真的存在？荀子所非的子思、孟子，真的就是韓非子所批評的子思之儒和孟氏之儒嗎？對此，我們略作一番考證與辨析。

一、子思之儒應為孔伋學派

韓非所說「子思」之儒，所指到底為誰，學界有不同的看法。綜括而言，基本觀點有二：其一為孔伋說，這是較為主流的看法；其一為原憲說。因為孔伋與原憲二人均以「子思」為字，加以韓非又未明言，故有此爭議。然而，通過辨析可知，「原憲說」不可信。

（一）「原憲說」不成立

最早明確提出韓非所謂「子思之儒」指「原憲」的是馬宗霍先生。他在《中國經學史》中說：

> 若子思，則〈群輔錄〉謂其居環堵之室，蓽門圭竇，甕牖繩樞，並日而食，以道自居，是蓋指原憲也。憲亦字子思。司馬遷以原憲、季次並稱，謂死而已四百年而弟子誌之不倦，則八儒之子思，其為原憲無疑。伋乃孔子之孫，行輩不相接。〔註33〕

因為，馬先生有「所謂某氏者，似應皆指孔子之徒」的看法，所以必以孔伋「行輩不相接」而排除之，而以原憲當之。不過，此說實不足信。馬氏以「某氏必指孔子之徒」，即以為「儒分為八」乃共時性的分化。其實不然。我們知道除子張、漆雕開、顏子之外，其餘如孟氏、公孫氏、仲良氏、樂正氏皆非七十子，故馬氏又說：「韓非所謂八儒，容有在七十子之外，三千之中者」。其實，孔子弟子之中「七十子」很多只是有名無事可考的，而八儒必定屬於孔門高弟，方能別宗立派，故馬氏之說不足據。

馬宗霍先生以〈群輔錄〉所云「居環堵之室，蓽門圭竇，甕牖繩樞，並日而食，以道自居者，有道之儒，子思氏之所行也」為據，將之與原憲聯繫

起來。四庫本《孔子家語‧七十二弟子解》有「憲居蒿廬蓬戶之中……衣敝衣冠，並日蔬食」（叢刊本《家語》無）的記載，與《史記‧仲尼弟子列傳》相同而略異。《莊子‧讓王》則記云：「原憲居魯，環堵之室，茨以生草；蓬戶不完，桑以為樞，而甕牖二室，褐以為塞；上漏下濕，匡坐而弦。……原憲華冠縰履，杖藜而應門。」不過，與此處最為相似的是《孔子家語‧儒行》的「儒有一畝之宮，環堵之室，篳門圭窬，蓬戶甕牖，易衣而出，並日而食」一段。李學勤先生已經對此有所辨說。〔註 34〕孔伋雖嘗為魯穆公師，但也同樣不免於困乏。見於文獻者如《鹽鐵論‧貧富》：「原憲、孔伋，當世被飢寒之患，顏回屢空於空巷，當此之時，迫於窟穴，拘於縕袍，雖欲假財信姦佞，亦不能也。」《說苑‧立節》云：「子思居於衛，縕袍無表，二旬而九食。……子思曰：『伋雖貧也，……』。」其實，子思貧居的記載數見不一見。除以上記載外，另如《史記‧孔子世家》所記「子思嘗困於宋」，《孔叢子》所載「子思貧居」，子思自言「伋不幸而貧於財，至於困乏，將恐絕先人之祀」，皆可證孔伋與原憲皆屬「困乏貧居」之士。所以，以此並不足以否定「孔伋說」。

馬勇先生認同馬宗霍之說，並指出：「由於原憲這一派以隱為進，終於淪為游俠之流，其名聲急劇上升並遭到韓非的抨擊，也就在意料之中了。……韓非將原憲列為要批評的儒家八派的第二派，就是因為他們實際上是在打著孔子的招牌而行非儒之實。」〔註 35〕馬勇先生的理由是：「韓非之所以否定儒家八派，主要是他認為這八派雖然號稱為儒學的真傳，但實際上則是孔學的變種，並不足以代表孔子的真精神。」〔註 36〕而之所以此處非指孔伋，也是因為「孔子之孫的子思，曾受業曾子，也算是得到孔門真傳，他不僅如鄭玄所說以昭明聖祖之德為己任，而且通過著述，系統地闡釋和深化了孔子的思想。……此子思的學說不僅沒有背離孔子的遺訓，……仍不脫儒的本色。」〔註 37〕馬勇先生這一理據，並無道理。我們前面曾分析，韓非之所以批評八儒，乃是出於反對儒家的目的，並非要維護孔子的真精神。韓非之說的關鍵是諸儒「取捨相反不同」而皆自認為真孔，因此無法定「真孔」，既然無有真孔，進而可以將儒家全盤否定之。而韓非之師荀子「非思孟」，

〔註 34〕 李學勤：〈談《聖賢群輔錄》八儒三墨之說〉，載《儒家思孟學派論集》，齊魯書社，2008 年，第 1～5 頁。

〔註 35〕 龐樸主編：《中國儒學》第 1 卷，第 66～67 頁。

〔註 36〕 龐樸主編：《中國儒學》第 1 卷，第 65 頁。

〔註 37〕 龐樸主編：《中國儒學》第 1 卷，第 65～66 頁。

罵斥子游、子夏、子張之賤儒，倒確實是出於「維護眞孔精神」的目的。然而，荀子爲儒家，韓非已屬法家，其立場不一，韓非焉會以維護眞孔子爲鵠的而批評八儒？而且，即便果如馬勇氏所說，韓非批評子思是背離孔學眞義，那麼也應該遵從乃師荀子的看法——子思是孔學之罪人，應該在受批判之列。

持「原憲說」的還有顏炳罡先生。他對郭沫若先生等爲代表的「孔伋說」提出了質疑：「學術界大都將子思之儒理解爲孔子的孫子子思，郭沫若先生還將子思之儒、孟氏之儒、樂正氏之儒視爲一系，在我們看來，這不合乎韓非學術分派的原則，即『取捨相反不同』，孔伋與孟子實爲一系，怎會『取捨相反不同』呢？」而「原憲是『隱而不見』的儒者代表，足以代表一派儒家，同樣會有自己的堅定的支持者和擁護者。」「子思之儒，之所以能在韓非儒分爲八中佔有一席，除了因其自身的學術特點即『取捨相反不同』外，更重要的是這種『隱而不見』處世的原則爲韓非所深惡，屬於韓非立志剪除的『愚誣之學，雜反之行』（《韓非子・顯學》）。」〔註38〕

對於顏先生的分析，我們亦不能認同。我們認爲，原憲雖爲孔門七十二賢之一，也得到孔子贊許，但他不願出仕，在孔子去世後「隱而不見」。「孔子卒，原憲遂亡在草澤中」（《史記・仲尼弟子列傳》），「退隱居於衛」（《孔子家語・七十二弟子解》），便表示其遵循孔子的教誨，孔子說：「國有道，穀。國無道，穀，恥也。」而原憲正踐履著孔子「天下無道則隱」這一信念，「清淨守節，貧而樂道」，不願與世相爭，自然不會「另立宗派」了。如果他「別立宗派」，似乎與其「清淨守節」的性格不符，也背離了「貧而樂道」的精神。其能「死而已四百餘年，而弟子誌之不倦」（《史記・游俠列傳》），並不意味著有一個「原憲之儒」的存在。太史公此處所謂「弟子」只能理解爲「信徒」、追慕者，猶如今日所謂「fans（粉絲）」，不一定是學說傳承意義上的繼承人。像原憲這樣的「隱君子」，身後有人尊崇追念，也屬情理之中的事。另外，很多學者因爲司馬遷在〈游俠列傳〉的開頭提到了原憲，便將原憲視爲游俠之屬，或視之爲游俠的前輩。這似乎是對《史記》原文的誤解。我們細繹原文，只能讀出司馬遷是在感歎人世，爲游俠之出現及行事做鋪墊，並無視原憲等人爲游俠之流的意思。〔註39〕

〔註38〕顏炳罡：〈「儒分爲八」的再審視〉，載龐樸主編：《儒林》第1輯，第142～143頁。

〔註39〕周予同先生在比較了「孔伋說」與「原憲說」之後，認爲，孔伋一派的特色

韓非所謂「子思之儒」當指孔子之裔孫孔伋一系，應當沒有問題。因為，子思在孔門後學中居於極為特殊的地位，而且其本人之思想頗具特色，對儒學之發展做出了重要貢獻，其影響甚是巨大。

（二）子思之生卒年

因為子思之生卒年，關涉子思事迹甚夥，如子思是否曾親受教於孔子，子思是否曾為魯穆公師等，所以歷來爭議頗大。

錢賓四先生《先秦諸子繫年‧子思生卒考》條分縷析，辨正舊說，推測子思生於公元前 483 年，其卒不晚於前 402 年，享年八十二。而蔣伯潛先生《諸子通考》亦同意子思壽八十二，〔註 40〕而卒於魯穆公二年，其推定穆公元年為前 407 年，則子思之卒當前 406 年；其推定伯魚卒於魯哀公二年，而「孔伋適生於此年」，當前 495 年。〔註 41〕則不止八十二，竟有九十歲矣，蔣氏所謂「以哀公二年，孔子年五十九推之，至穆公二年而卒，恰為八十二歲」，不知如何推算得之？蔣氏之說前後矛盾，十分顯然。

因太史公未提及子思之生年，故其卒年亦未能確定，且所記子思年壽可能有誤，這需要通過排比史料，找出合理的答案。

蔣伯潛與孔德立等先生在考證子思生年時，同時否定了《史記》的另外一種記載，即關於孔伋之父伯魚的年壽。《史記‧孔子世家》云：「伯魚年五十。」二氏皆以為「五十」當為「四十」之誤。〔註 42〕若果如此，則子思之生年至少可以提前十年。而孔德立先生又據顏子之卒年以推測伯魚之卒年，認為顏子當卒於孔子周遊途中的魯哀公四年，即公元前 491 年，則伯魚卒年當早於或同於顏子卒年，故至少不晚於前 491 年，那麼子思之生年亦當不晚於此年。

我們認為，蔣、孔二位先生的論證存在問題。其論證有個前提觀點，即伯魚當卒於魯哀公四年，享年四十歲。我們認為，這兩點都值得重新思考。《史記》所記「伯魚年五十」，為「四十」之誤的可能性不大。因為在戰國秦漢古

在發揮孔子學說，影響在公卿間，仍不脫儒的本色，而原憲一派則重在學道能行，影響主要在民間，已流入俠的一途。所以，在這裏的子思是指孔伋，義較長。見〈從孔子到孟荀〉，載朱維錚編《周予同經學史論著選集》（增訂本），第 808～809 頁。

〔註 40〕蔣伯潛：《諸子通考》第 104 頁。
〔註 41〕蔣伯潛：《諸子通考》第 284～285 頁。
〔註 42〕蔣伯潛：《諸子通考》第 122～123 頁。

文字中,「五」與「四」寫法差別甚大,二者相混或相訛的情況不太可能出現。因此,《史記》所載伯魚年齡,不能輕易否定。〔註43〕

通過綜合比較各種記載,我們認爲,子思之生年當在公元前493～486年之間。因爲《孔叢子·記問》篇,記載了子思與孔子的對話:

> 夫子閒居,喟然而歎。子思再拜,請曰:「意子孫不修,將忝祖乎?羨堯舜之道,恨不及乎?」夫子曰:「爾孺子安知吾志?」子思對曰:「伋於進膳,亟聞夫子之教,其父析薪,其子弗克負荷,是謂不肖。伋每思之,所以大恐而不解也。」夫子忻然笑曰:「然乎!吾無憂矣,世不廢業,其克昌乎!」

除了這一則材料之外,還有三、四條子思與孔子的問答。從這些對話來看,子思之年齡當在七八歲以上,十五歲以下。因爲如果太小,自然不會說出這樣的富有深意的話來,如果年齡太大,孔子則不會稱之爲「孺子」。《孔叢子·居衛》亦有樂朔稱子思「孺子」之語,其時「子思年十六」,或其時乃祖去世不久。也就是說,在公元前479年孔子卒年,子思之年齡當在7～15歲之間。

據《禮記·檀弓》:「子思之哭嫂也爲位,婦人倡踊。」則知子思有嫂,既有嫂,必有兄長。又〈檀弓〉:「子思之母死於衛,柳若謂子思曰:『子聖人之後也,四方於子乎觀禮,子蓋慎諸?』子思曰:『吾何慎哉?有其禮,無其財,君子弗行也。有其禮,有其財,無其時,君子弗行也。吾何慎哉?』」又記:「子思之母死於衛,赴於子思,子思哭於廟。門人至,曰:『庶氏之母死,何爲哭於孔氏之廟乎?』子思曰:『吾過矣,吾過矣。』遂哭於他室。」〔註44〕據此,子思則非嫡出。伯魚之嫡子或已早卒且無後,惟餘孔伋一子,孔子支脈由斯而傳,故《史記》記之。有人以爲如果伯魚有二子,《史記》

〔註43〕戚福康、施建平二位先生亦是以顏子之死定伯魚卒年,而同樣認爲伯魚卒時爲四十歲。但同樣不能解答《史記》所記之「五十」何以是「四十」之訛。他們考察後認爲,子思之生年當爲公元前490年左右,卒年當在公元前405年左右,享年86歲。參氏著〈子思學源辨正〉,《湖南科技學院學報》2010年第1期。

〔註44〕對於〈檀弓〉中關於子思的這幾條記載,清儒簡朝亮(1851～1933)認爲,這個「子思」並非孔伋,而是孔子弟子原憲。孔德立先生亦曾引證這一說法。我們認爲,這一看法之誤十分明顯。〈檀弓〉上明言子思乃「聖人之後」,「哭於孔氏之廟」,則爲孔子裔孫孔伋十分顯然。見簡朝亮:《禮記子思子言鄭注補正》,《續修四庫全書》第932卷,上海:上海古籍出版社,2002年,第192頁。孔德立:《早期儒家人道思想的形成與演變──以子思爲中心》,成都:巴蜀書社,2010年,第49頁。

當有所記載，可司馬遷未載，說明伯魚當只有一子，此處之「嫂」，或指孔子之兄子孔忠子之妻。我們以爲，古人所記世系乃至師承譜系，多數爲自後往前之追溯，因此往往出現單線傳承現象。司馬遷所記孔子世系，亦當如此。他可能根據孔安國等所上溯之世系，故未及伯魚之另子。

另有一種看法，因史籍只載子思葬母，未見葬父，而疑其爲遺腹子。錢賓四先生即持此說，並指出子思既然有兄，而伯魚早卒，則子思之生年不能甚前，因此不可能親受夫子之教。〔註45〕我們認爲，以載籍未見孔伋葬父來推斷其乃伯魚之遺腹子，有些失當。伯魚卒時已五十歲，若其嫡子即子思之兄生於其二十歲時，則二子年齡不當相差如此之大。更爲重要的是，伯魚卒於孔子六十九歲時，越四年而孔子卒。從上述分析可知，孔子晚年子思當至少有七八歲以上之年紀。〔註46〕

而據各種文獻，包括出土文獻〈魯穆公問子思〉證明，子思確曾爲魯穆公師。當然此處所謂「師」不必拘泥理解。最起碼可知，魯穆公對子思十分禮敬。而魯穆公元年，按《史記・六國年表》及《魯國史》當公元前 407年〔註47〕，或依錢賓四、楊澤波、梁濤等先生推斷爲前 415 年，同時據《孔

〔註45〕 錢穆：《先秦諸子繫年》，第 199～202 頁。

〔註46〕 明代焦竑（1540～1620，字弱侯）《焦氏筆乘》卷三「孟子非受業子思」條云：「考之孔子二十生伯魚，伯魚先孔子五年卒。孔子之卒，敬王四十一年，子思實爲喪主，四方來觀禮焉。子思生年雖不可知，然孔子之卒，子思既長矣。」（上海：上海古籍出版社，1986 年，第 92 頁。）周廣業（1730～1798，字勤圃）《孟子四考四・孟子出處時地考》引詹氏小辨〈子思孟子考〉云：「伯魚先孔子五年卒，孔子卒，子思爲喪主，知其年已長矣。」（《清經解續編》第 9冊，南京：鳳凰出版社，2005 年，第 1092 頁。）林按：二人所論皆以孔子卒時，子思爲喪主，故其年已長。但孔子卒，子思是否爲喪主，未見於載籍，而即使爲喪主，亦與其年齡無關。見於《禮記・檀弓》者有一條：「子思之母死於衛，柳若謂子思曰：『子，聖人之後也。四方於子乎觀禮，子蓋慎諸。』」所記者乃子思之母死，非孔子卒。雖然我們認爲，孔子卒時，子思年齡絕非甚小，但焦氏、詹氏之說卻不足爲據。而高專誠等先生以爲「聖人之後」的說法，明顯是漢人的表述。因此他認爲《禮記》所載多爲漢人之說，不可信據。我們認爲，在先秦時期，甚至在孔子在世時，目孔子爲聖人之說已經出現，絕非至漢代方興。而近來對《禮記》之研究已經表明，該書所載多爲先秦儒家諸子之說，雖經漢人編輯整理，但是並不能據此將之視爲漢人之作，而否定其記載的可信性。

〔註47〕 參見郭克煜等著《魯國史》所載「戰國時期魯史繫年」及「魯國大事年表」，北京：人民出版社，1994 年，第 273～277，468 頁。孔德立先生從此說。錢賓四先生之說，見《先秦諸子繫年》，第 178～179 頁。楊澤波《孟子評傳》（南京：南京大學出版社，1998 年）從之。見該書第 24 頁。梁濤、劉寶才等《中

叢子・雜訓》，魯穆公即位三年曾向子思請教問題，可知此年子思仍健在。從多種信息看，子思與穆公當有多年之共事交往。顯然，《史記》六十二歲之說存在問題，應當是後世傳抄致誤或司馬遷所據材料有誤。

　　子思當享高壽，《史記》六十二歲之說當有誤，自清代學者毛奇齡（1623～1716，字大可，號西河）《四書賸言》引王草堂（約 1642～？）《復禮》、孔繼汾（1725～1786，字體儀）《闕里文獻考》以來，以至近人錢賓四先生，都主張當爲「八十二」之誤。從戰國、漢代出土文獻可見，「六」字與「八」字確實相近，「六」僅比「八」多上方的一點和一彎橫畫，下部的一撇一捺完全一致，易於因字形殘缺而致訛。故此說可從。

　　另外，郭沂先生認爲「六十二」當是「九十二」之誤，但是檢核戰國及漢代簡帛，可以發現，大部分情況下，「六」與「九」字形差別較大，但是有個別字形確實相近，容易因爲墨迹的漫漶而造成訛誤。故此說只能存疑，留待參考。因爲此說較之「八十二」說尤能使各種矛盾之處得以消融。〔註48〕

　　綜合以上，我們認爲，子思之生卒年因史料不足，不能遽以論斷。不過，可以大體推測一個範圍：其生年當在公元前 493～486 年之間，其卒年當在公元前 412～405 年之間。

（三）子思的師承

　　子思的師承問題，史籍中沒有明確的記載。自從宋儒提出「孔—曾—思—孟」的「道統說」之後，子思師承曾子的說法便成爲一種共識。不過，隨著「道統說」的式微，人們對此一成說表示了懷疑。子思師承再次成爲爭論不休的問題。

　　我們認爲，子思從輩分上來說，屬於孔子裔孫，當爲孔門再傳。不過，子思曾經親受業於孔子。只是年限不長，隨著孔子的去世，子思也只能就學

　　　國學術編年・先秦卷》（西安：陝西師範大出版社，2005 年）亦從之。見該書第 280 頁。對於魯穆公元年之考辨，此兩說孰是孰非，不敢遽下論斷。

〔註48〕李健勝不同意「六十二」有誤說。但學者皆已指出，如果子思年六十二，即使其爲伯魚之遺腹子，亦不能爲魯穆公師。但李健勝指出，子思爲魯穆公師當是魯穆公爲世子時事。但典籍中明確有魯穆公說「寡人不德，嗣於先君之業三年矣」之語，則該說之誤可知。當然，《孔叢子・雜訓》之記載，可以「僞書」不足據爲由否定之。但綜合相關文獻，我們認爲，儘管《孔叢子》書中可能有諸多僞託之處，但沒有理由否定這一記載。李說見氏著《子思研究》，西安：陝西師範大學出版社，2009 年，第 32 頁。筆者曾就此求教於侯乃峰博士，他認爲六與九字形相差較大，出現訛誤的可能不大。

於孔子的諸位弟子。〔註49〕而在孔子弟子中，曾子與子游可能對子思的影響
較大。

關於曾子與子思的關係，較早提到的是唐代韓愈（768～824，字退之）。
他說：「孟軻師子思，子思之學，蓋出曾子。」〔註50〕彼用一「蓋」字，顯係
推測之辭。不過，這一說法，得到宋儒的大力表彰，並形成儒家「道統說」，
影響深遠。近代以來，這一說法雖然遭到多數學者的否定，但如果細緻分析，
二人存在師承是有可能的，宋儒的說法恐怕亦非空穴來風、向壁虛造。侯外
廬先生《中國思想通史》中對曾子與子思的師承關係予以了重新的考察，並
加以肯定，認爲「曾子與思、孟的思想的確是在一條線上發展的」〔註51〕，
李耀仙先生也肯定「孟子學於子思之門人，遠源出於曾子」〔註52〕。與侯說
一致。但侯外廬先生對曾子與思孟爲儒門正統的說法則予以否定，他說：「曾
子爲孔子之正傳之說，則絕非事實」，曾子「在思想實質上，則拋棄了孔學的
積極成分，而片面地承繼了並且擴大了孔學的消極的成分」，因此他對宋儒葉
適（1150～1223，字正則，號水心）的「孟子本於子思，子思本於曾子」而以
爲曾子對於孔子之道「獨受而傳之，大不可也」的說法表示贊同，以爲是「不
易的至論」。〔註53〕這就表明，侯外廬先生承認曾子與思孟一系，是爲了反對
宋儒的「道統說」的。李學勤先生也一直肯定曾子與子思的師承關係，認爲
宋儒的說法有其根據。〔註54〕業師楊朝明先生對此也進行了考察，肯定了傳

〔註49〕 李健勝認爲，學術界一般都認爲子思之學出於曾子或子游，但都沒有確證，
且說法並不統一。利用上博簡〈孔子詩論〉和《論語》中的有關史料，並結
合先秦仁學譜系的知識背景，可推知子思可能從學於孔子門人，但其學並不
出於曾子或子游，而是繼承了孔子的晚年思想。見其〈子思從學考釋〉，《青
海師範大學學報》2003年第2期。我們認爲，李氏之排斥曾子、子游對子思
之影響的成說，是不妥當的。下文我們將會論證。不過，他指出孔子晚年思
想對子思的影響則是正確的。但他對孔子晚年思想的有些把握則可能存在問
題。如他將「莫春者，春服既成，冠者五六人，童子六七人，浴乎沂，風乎
舞雩，詠而歸。」（《論語・先進》）中包含的「情性主張」看作孔子晚年思想，
便明顯有誤。我們知道，「四子侍坐章」中所展現的主要是孔子早期弟子與孔
子的思想交流場景。

〔註50〕 〔唐〕韓愈：〈送王秀才序〉，載余冠英、周振甫、啓功、傅璇琮主編：《唐宋
八大家全集・韓愈集》，北京：國際文化出版公司，1997年，第392頁。

〔註51〕 侯外廬：《中國思想通史》第1卷，第364頁。

〔註52〕 李耀仙：〈闢韓非「儒分爲八」說〉，《先秦儒學新論》，第88頁。

〔註53〕 侯外廬：《中國思想通史》第1卷，第360～369頁。

〔註54〕 李學勤：〈先秦儒家著作的重大發現〉，載姜廣輝主編：《中國哲學》第20輯，
第16頁。

統的說法。〔註55〕

　　儘管史籍中沒有明確的記載曾子和子思之間的師承，但是從《孟子》所謂「曾子、子思同道」的說法可見二人關係之非同尋常。加之，在子思與孔子弟子同時出現的史料中，以曾子與子思同時出現居多，亦可從側面佐證二人之師承的可能性。而從性格氣質上看，曾子之「士不可以不弘毅」之說與子思的性格十分相近。另外《大學》與《中庸》確實存在著一定的承繼關係，如論慎獨、論誠等，皆可見思想的聯繫。〔註56〕《孝經》〔註57〕論孝與子思所傳《中庸》、《禮記・坊記》等重孝，皆有一致性。《曾子》十篇的思想與《子思》數篇進行比較，亦可見二者存在著密切的關係。當然，我們也不必諱言，二者之間存在的巨大差異。這是很自然的事情。思想的發展，必然導致師徒之間的思想差異，這是非常自然的事情。如果學生與老師的思想完全一致，那就沒有思想的進步和發展可言了。〔註58〕

〔註55〕 楊朝明師：〈曾子與思孟學派學術關聯申說〉，載楊朝明、修建軍主編：《孔子與孔子弟子研究》，齊魯書社，2004 年，第 429～440 頁。

〔註56〕 郭沂先生曾論證《大學》與《中庸》思想的密切關係，但他得出子思作《大學》的結論，則顯得過於草率。見其《大學》新論——兼評新儒家的有關論述〉（《新儒家評論》第二輯，北京：中國廣播電視出版社 1995 年版）與〈子思書再探討——兼論《大學》作於子思〉（《中國哲學史》2003 年第 4 期）等文的論述。梁濤先生撰文〈《大學》早出新證〉，考證認為《大學》應成於曾子或其弟子之手。他也認為《大學》與《中庸》存在著密切的關係。他說：「《中庸》的思想比《大學》更為成熟，故《大學》應在《中庸》之前。」「《大學》與《中庸》思想上具有一定的聯繫，表現出前後的承接關係。」這可以成立，但他舉的例證則不恰當。他說：「《中庸》重視『修身』，並由此推向『治天下國家』，顯然是受了《大學》『修、齊、治、平』的影響。」他又舉《中庸》所引「子曰」的「凡為天下國家有九經」及「好學近乎知。力行近乎仁。知恥近乎勇。知斯三者，則知所以修身。知所以修身，則知所以治人。知所以治人，則知所以治天下國家矣」為例，將「子曰」部分看作子思之思想，顯然有誤。我們毋寧說是曾子受到了孔子的影響，更為合理。

〔註57〕 彭林先生曾撰文考證《孝經》為子思所作，很有啟發性。我們認為這一結論有一定道理，可成一家之言。不過，他同時也承認，子思作《孝經》是將孔子與曾子論孝的對話編撰而成。由此可見，曾子與子思之師承關係。見氏著〈子思作《孝經》新論〉，《中國哲學史》2000 年第 3 期。

〔註58〕 劉光勝認為，子思早年受曾子影響較大，但曾子晚年由重仁義轉變為重孝，對子思的影響日漸式微。見氏著〈子思與曾子師承關係新證——兼談荀子批判思孟「五行」的深層根源〉，載陳偉主編：《簡帛》第 5 輯。對於這一觀點，我們基本是認可的。不過，劉兄的論證卻存在問題。他認為，子思的思想發展大致可以分為前後兩個階段：第一個階段是以〈緇衣〉、〈表記〉、〈坊記〉為代表的語錄體，主要是以「子曰」的形式闡發自己的思想，為子思思想的

　　子游與子思有師承關係的記載，最早見於《荀子・非十二子》。荀子在批評了思孟五行之後，說「以爲仲尼、子游爲茲厚於後世」，這是子思、孟子之罪。不過，這裏的「子游」，據清儒郭嵩燾等考辨，應係「子弓」之訛。〔註59〕理由是：《荀子》書中多次以仲尼、子弓並提，極盡尊崇。子游是被荀子批評爲「賤儒」的，此處不應將子游與孔子並提。我們認爲，郭氏這種推斷可能有誤。荀子推崇孔子、子弓固然屬實，但不影響此處作「子游」，因爲這裏之所以連言「仲尼、子游」就子思、孟子的思想譜系而言的，而並不表示子思、孟子代表他所推崇的儒家正統「仲尼─子弓」的思想譜系。〔註60〕

　　關於子思師承子游的說法，由康有爲先生正式提出。他說：「著〈禮運〉者，子游。子思出於子游，非出於曾子。顏子之外，子游第一。」〔註61〕「子游受孔子大同之道，傳之子思，而孟子受業於子思之門。」「子思、孟子之學傳子游、有子之學者也。」〔註62〕梁任公也認爲，「子思、孟子之學，實由子游而以受於孔子也。」〔註63〕到了郭沫若先生進一步肯定了這一關係。他說：「子思之儒和孟氏之儒、樂正氏之儒應該只是一系。孟氏自然就是孟軻，他是子思的私淑弟子。樂正氏當即孟子弟子樂正克。但這一系，事實上也就是子游氏之儒。」〔註64〕

準備和醞釀期；第二個階段是以〈五行〉、〈中庸〉、〈魯穆公問子思〉爲代表，用獨立論著的形式進行自己學派的理論構建，爲子思思想的成熟期。我們承認子思思想必然存在一個發展歷程，可以分爲前後兩期。但是如將〈表記〉等三篇作爲子思早年思想資料，忽視了其爲「孔子遺說」的性質，則可能將孔子的思想安置到子思的身上。這一觀點顯然是受到梁濤先生的影響。對此，我們存在不同意見。如果將「子曰」判斷爲子思的思想，必須有堅實的證據和有力的論證，否則便屬於冒險。

〔註59〕郭嵩燾云：「荀子屢言仲尼子弓，不及子游，本篇後云子游氏之賤儒，與子張子夏同譏，則此子游必子弓之誤。」見王先謙《荀子集解》引。

〔註60〕當然，我們也不能排斥此處「子游」爲「子弓」之訛的可能。如果是作「子弓」的話，那麼子思當與子弓有一定的師承關係了。關於子弓，我們後文有考，茲不贅述。此子弓當是孔子弟子仲弓，即冉雍。冉雍名列孔門四科之「德行」科，深受孔子推重，其能教育子思，亦屬可能。只是材料闕如，我們無法確定二者之間的思想關聯。

〔註61〕康有爲：《萬木草堂口說・禮運》，《康有爲全集》第2冊，北京：中國人民大學出版社，2007年，第316頁。

〔註62〕康有爲：《孟子微・序》，見康有爲著、樓宇烈整理：《孟子微・中庸注・禮運注》，北京：中華書局，1987年。

〔註63〕轉引自高專誠：《孔子・孔子弟子》，第273頁。

〔註64〕郭沫若：《十批判書・儒家八派的批判》，《郭沫若全集・歷史編》第2冊，第

　　隨著郭店簡的問世，學者對二者之間的關係進行了更為深入的考察。姜廣輝先生不僅肯認了子游與子思具有師承關係，而且還認為子游、子思、孟子一脈相承，秉承孔子「天下為公」的思想，主張「君宜公舉」，「民可廢君」，在早期儒家之中，最富有人民性、主體性，抗議精神最強，是早期儒家的嫡系和中堅。〔註65〕我們認為，子游能否屬於孔門嫡系，尚值得討論，不過，子游與子思之間的師承關係，是可以認可的。

　　林樂昌先生曾指出：「子思之學，遠源於孔子，近源為曾子和子游。」〔註66〕蒙培元先生也認為，「子游很可能是思孟學派形成中的重要人物」〔註67〕，梁濤先生對此表示贊同，他並且指出，不應以非此即彼的思維方式，在曾子與子游之間取捨，實際上，曾子、子游等人都可能對子思有所教育，有所影響。我們認為，這種看法是比較正確的，因此是可取的。

　　子思作為孔子的裔孫，地位特殊。而孔門弟子與孔子之關係，有「擬血緣」性〔註68〕，情同父子。孔子去世後，子思年幼，而伯魚又先孔子卒，在這種情況下，孔門弟子擔當起教育、培養子思的任務，實屬自然之舉。尤其是在孔子剛剛去世的數年中，孔子的弟子大多在魯為孔子服喪，他們教育年幼的子思乃是情理之中的事情。

　　那麼，除了曾子、子游之外，是否還有其他的弟子對子思施加過教育和影響呢？答案是肯定的。除了學者較為公認的曾子、子游之外，我們上面還提到了有子。其實，據《孔叢子・居衛》有子思「吾聞之子夏」的說法，而且子思學派善於詩學，則子夏對子思有所傳授，亦屬可能。另外，饒宗頤先生曾揭示簡本〈五行〉有「重無」的思想，而據《禮記・孔子閒居》有孔子對子夏言「三無」之事，〔註69〕二者相通，則孔子這一思想當是子夏傳於子思。蒙文通先生曾經指出：「然尋諸儒分為八之事，其一為子思氏之儒，儒之

---

　　　131 頁。

〔註65〕姜廣輝：〈郭店楚簡與道統攸繫〉，載姜廣輝主編：《中國哲學》第 21 輯，第13～15 頁。

〔註66〕韓旭暉：〈郭店楚簡與早期儒家思想研究的新拓展〉，《孔子研究》2000 年第 5 期。

〔註67〕蒙培元：〈《性自命出》的思想特徵及其與思孟學派的關係〉，載《儒家思孟學派論集》，第 16 頁。

〔註68〕孔子與七十子之間的「擬血緣性」關係的說法是受到臺灣佛光大學李紀祥老師的點撥和啓發的。

〔註69〕饒宗頤：〈楚簡與詩樂〉，載氏著：《饒宗頤新出土文獻新證》，上海：上海古籍出版社，2005 年，第 157 頁。

兼取法家，莫著於此。」又云：「子思氏之儒，固援法而入於儒者也。」而子夏又是公認的法家學派的源頭之一，則子思與子夏之思想間存在巨大關聯，又得一旁證。

另外，子張與子思之間也應當存在著師承關係。這一點通過〈忠信之道〉、〈從政〉等簡帛文獻與傳世文獻的對比可以看出，對此我們後文將詳細考述。〔註70〕

（四）子思之儒的組成

據《孔叢子》所載可知，曾向子思問學或交往的有子思之子子上、曾子之子曾申、子張之子申詳、縣子、羊客、衛公子交、魯穆公等，至於這些人是否為子思弟子，則很難判斷。子上屬於家學相傳，也可以視為弟子。而這一孔氏家學一直綿延不絕，成為孔子學說和子思學說的重要傳承力量。而曾申、申祥等與子思同其行輩，恐怕難以師生相稱。縣子亦見《禮記・檀弓》，觀其與子思的對話，亦不似師生關係。衛公子交倒是欲拜子思為師，然子思未許。至於魯穆公之師從子思，同樣見於〈漢志〉自注。但這種君臣與師生交錯的關係，很難證明魯穆公在思想上對子思之學有所承傳。同樣，據焦循《孟子正義・萬章下》云，費惠公亦為子思弟子，則可與魯穆公同等看待。《經典釋文・序錄》載：子夏傳《詩》曾申，申傳魏人李克，克傳魯人孟仲子。注云：「鄭玄《詩譜》云，子思之弟子。」有人說此孟仲子為孟子的弟弟，顯然有誤。具體此人之來歷，今已無法查考。錄以存疑。

據魏啓鵬先生之考察，《尸子》與子思之儒有密切關係。他曾推測《尸子》可能是子思之儒傳人三晉之地後，與三晉之學融合的產物。〔註71〕其考證較

〔註70〕戚福康、施建平二位之〈子思學源辨正〉一文對此問題進行了考證。他們認為，子思的啓蒙教育得益於家人，兒童時期則得到孔子及其某些弟子的教誨，少年時期受到子游的影響較大，青年時期曾子成了他亦師亦友的導師與密友，而中年起與曾子、子游及其他孔子弟子共同總結孔子的儒家學說，使儒學成為一個更有系統的學術派別。而子思之所以能夠成為儒學的主要傳人，正是源於他多種學術繼承和總結的結果。該文載《湖南科技學院學報》2010年第1期。這與我們的看法有相當的一致性。不過，曾子、子游等與子思之關係因為資料缺乏，尚不能做過多的推論。而二位先生所據推論的很多根據尚有待論證，因此其結論越是具體，偏離事實的危險也就越大。關於子張與子思之間的關係，詳參宋立林：〈由新出簡帛《忠信之道》、《從政》看子思與子張之師承關係〉，《哲學研究》2011年第7期。

〔註71〕魏啓鵬：〈《尸子》與子思之學〉，載《郭店楚簡國際學術研討會論文集》，第636～643頁。

爲充分，可以信從。如果屬實，那麼子思之學不僅南傳楚地，而且西傳至三晉之地，與法家有較爲親密的關係了。這正與前引蒙文通先生的說法相合。

　　由於馬王堆帛書〈五行〉的出土，有學者根據其中〈五行〉「說」稱引「世子」，認爲這位解說者當爲世碩或其後學〔註72〕，並進而推測世碩也可能屬於子思一系。〔註73〕我們認爲，儘管〈五行〉引「世子」並不一定就證明傳文出於世子，但一定與世子存在密切關係。或者「世子」確實曾經傳習或傳授過〈五行〉。而〈漢志〉著錄《世子》二十一篇。自注云：「名碩，陳人也，七十子之弟子。」未云具體是七十子之中的哪一位？我們知道，子思乃孔子裔孫，曾受教於曾子、子游、有子、子張等孔門七十子，應該屬於七十子弟子，與世子同其行輩，如此說來世碩爲子思弟子的可能性不大。不過，也有學者指出，子思雖然輩分上屬於孔門再傳弟子，但他曾親受業於孔子，將之視爲七十子亦無不可。如果以此論之，則子思與世子也可能存在師承關係。而且，孔門中似乎不存在嚴格的門派觀念，學生可以求學於不同的老師，如前已論及的有人可能同受教於子張與曾子。因此，世子可能同時既是七十子的弟子，又問學於子思，亦非不可能。最起碼，二人有密切的學術交往，在思想上有相近之處。

　　另外，與郭店簡有密切關係的另外一位儒家人物公孫尼子，也有可能與子思有關。有學者考察後認爲，公孫尼子可能屬於子思的弟子，或至少與子思有密切接觸。如楊儒賓先生提出了一個「初步的想法」：「公孫尼子（甚至包括世子）可能和思孟同屬一個系統，但他比較接近子思。」〔註74〕虞萬里先生對此觀點也進行了考述。〔註75〕我們認爲，根據〈緇衣〉一篇同屬

〔註72〕　李學勤先生在〈從簡帛佚籍《五行》談到《大學》〉（《孔子研究》1998年第3期）中說：「以《大學》之例律之，我們不妨說（〈五行〉）傳文是世子之意而門人記之，或者就是世子的作品。」「我們可以設想〈五行〉之經文爲子思之說，傳乃世子之意。」李先生雖然沒有推論說世子爲子思之弟子，但以經、傳之例論之，則似乎可以如此推測。

〔註73〕　臺灣學者楊儒賓先生主張公孫尼子與世子等可能與思孟同屬一個系統，比較接近子思。見〈子思學派試探〉，載《郭店楚簡國際學術研討會論文集》第623頁。

〔註74〕　楊儒賓：〈子思學派試探〉，載《郭店楚簡國際學術研討會論文集》第623頁。

〔註75〕　虞萬里：《上博館藏楚竹書〈緇衣〉綜合研究》，武漢：武漢大學出版社，2009年，第448～450頁。他推測公孫尼子的生卒可能在公元前430至前370年前後。這樣他可以上接子思爲弟子，也可師從七十子，與班固之注相合。能夠記述前422年子夏與魏文侯論樂之事，與〈樂記〉相合。

於《子思》與《公孫尼子》的情況看，二人之間的關係非同尋常，很可能公孫尼子受教於子思。〈漢志〉注謂公孫尼子爲七十子弟子，與世子的情況相仿。我們認爲，公孫尼子與子游甚至子夏有密切關係，但不排斥他同時受教於子思的推論。如此也可以化解郭店簡研究中的一個十分糾結的學派屬性的爭議問題。很多學者對〈性自命出〉等文獻的學派歸屬做了不同的推測，主要兩種主要的意見，一爲子思學派的作品，一爲與公孫尼子相關。其實，如果考慮到二人之間可能存在的師承關係，那麼這種學派的分歧便可以冰釋了。

另外，郭沂先生根據《孔叢子》的記載提出「孟子車」爲子思弟子的說法。我們認爲，《孔叢子》的這些關於孟子車或孟軻與子思的對話、交往的記載中，孟軻與孟子車並非別有其人，而應當就是孟子。只不過，這些記載是恐怕是靠不住的。由此推斷別有一個子思弟子、大儒孟子車是不足以服人的。

二、孟氏之儒即孟軻學派

對於孟氏之儒，學界的爭議較小，大多數學者都認爲是指孟軻一派。不過，也有學者提出了「新見」，只是這種新見，理據不足，沒有得到學者的認可。

馬勇先生提出，「孟氏」可能是指孟懿子。他首先對「孟子說」提出了質疑。他的理由依然是韓非子所提「儒分爲八」的根據是「打著孔子的旗號在兜售自己的假藥」。其實，我們已經指出，這一理由是不成立的。因此，這一懷疑本身就不成立。孟懿子雖然曾師事孔子，但作爲魯國大貴族的他，不管其是否學有所成，他也肯定不會「別立宗派」，成爲儒家的八派之一。我們在《史記》等文獻中可知，孔子爲魯司寇，欲「隳三都」，結果最後即是因爲孟懿子出於自身利益的考慮而從中作梗，這一計劃才功敗垂成。孟懿子只能看作曾學於孔子的貴族，不能視爲眞正的孔子弟子。

與馬勇先生不同，郭沂先生提出，這裏的「孟氏」當指「孟子車」。這個孟子車是何許人也？孟子車，見於《孔叢子》。他說：「那麼，韓非子所提到的『孟氏』到底是誰呢？我們可以從有關思孟關係的紛爭中找到一些線索。根據筆者的新考，子思年九十二，生活在公元前 504～403 年之間〔註76〕，但這仍不能與孟子時代相接，而多種典籍中有關孟子受業於子思的說法乃至

〔註76〕引者注：郭先生的這一生卒年只是一個區間，即子思之生年的上限與卒年的下限。

有關子思、孟軻相見的記載又難以置疑。實際情況是：孟子雖然深受子思及其門人的影響，並與之構成「思孟學派」，但他既非受業於子思，亦非受業於子思門人。《子思子》、《孔叢子》等書所載的那位姓孟、名軻、字子車的儒者，並不是孟子，而是一位與孟子同姓名的子思弟子。有關孟子受業於子思的說法皆由此衍生，有關孟子受業於子思門人的說法都是由思孟時不相值的事實和《史記》衍文的影響所導致的誤解。這位孟子車並非等閒之輩，而是先秦時期的卓越思想家。早在幼年第一次拜見子思的時候，他就深得子思的器重和高度評價：『言稱堯舜，性樂仁義，世所稀有也。』（《孔叢子·雜訓》）孟子車既爲『世所稀有』的大儒，那他一定有相當的著述。然而，隨著他的名字爲後來同姓名的孟子所掩蓋，其著作也喪失殆盡。值得慶幸的是，郭店儒簡的出土，爲追尋孟子車佚文提供了可能。愚見以爲，郭店簡中的〈性自命出〉、〈成之聞之〉、〈六德〉、〈尊德義〉、〈唐虞之道〉、〈忠信之道〉六篇，很可能就是孟子車的遺著。如果這種推斷不誤，那麼我們就可以順理成章地得出孟子車即爲〈顯學篇〉之『孟氏』的結論。在儒學八派中，孟子車是輩分最晚的一位，也是唯一的孔子三傳弟子。」郭先生另有〈孟子車非孟子說〉一文，專門考證《孔叢子》中所說的孟軻，字子車者，非孟子。

　　不過，我們認爲，郭氏的考證失之武斷，不可信從。《孔叢子》雖非僞書，但其中的記載恐怕未必盡可信據，可能經過子思後學或孔氏家學的改造。〔註77〕因爲，從《孔叢子·雜訓》的幾段涉及子思與孟軻的對話來看，

〔註77〕黃懷信先生曾考證過《孔叢子》的眞僞，認爲其中「記孔子、子思、子高的三部分均有原始材料，其文字基本上屬於採輯舊材料或據舊材料加工而成」。見氏著〈《孔叢子》的時代與作者〉，《西北大學學報》1987年第1期。黃師的考證基本上結束了長期流傳的《孔叢子》「僞書說」。《孔叢子》的文獻價值越來越受到重視。李零、郭沂、楊朝明師等學者皆主張《孔叢子》所記孔子、子思等早期資料可信，應屬於「論語類文獻」或「孔子遺說」的範疇。李存山先生也考察了上博〈詩論〉與《孔叢子》的内在關聯。（〈《孔叢子》中的「孔子詩論」〉，《孔子研究》2003年第3期。）
不過，《孔叢子》確實存在著一些問題，這可能屬於「傳聞異辭」所致，像子思與孟子的關係，便可能屬於這種情況。梁濤先生認爲，《孔叢子》中關於子思與孟子的對話内容，當是子思之後學出於借孟子以擡高子思之儒的目的而進行的加工改造，或者說是有意篡改了子思、孟子二人的關係，這不過是子思之儒的宣傳手段，卻被人們普遍接受，並影響到後世對思孟學派的理解。見氏著《郭店竹簡與思孟學派》第41頁。
李健勝〈從所載子思言行看《孔叢子》的僞書性質〉（《史學月刊》2010年第6期）一文，通過《孔叢子》所記子思言行的分析考辨，認爲其中的子思言行

其中很多內容是化自《孟子》的，說其非孟子，是不可能的。我們認為，
《史記·孟子荀卿列傳》中關於孟子「受業於子思之門人」的說法是可信的。
〔註 78〕

三、「思孟學派」：歷史的真實，還是觀念的建構？

「思孟學派」，因為事關儒門的道統，而受到後儒的推崇。在宋代，「孔
子—曾子—子思—孟子」的「道統」譜系得以確立，近代以來「思孟學派」
的名號自提出以來，便迅速得到學界的認可，幾乎達成了共識。尤其是隨著
馬王堆帛書〈五行〉和郭店儒簡的問世，關於「思孟學派」的研究，成為先
秦儒家研究中的重心之一，取得了極為豐碩的成果。不過，也正是隨著研究
的深入，有學者對「思孟學派」的提法表示了異議。那麼，「思孟學派」到底
是歷史的真實，還是觀念的真實呢？此問題值得一辨。

「思孟學派」的正式提出，應以侯外廬先生《中國思想通史》第一卷為
最早。不過，歷史上，「思孟學派」的概念可以說已經呼之欲出了。明代馮
從吾（1556～1627，字仲好）《少墟集》卷十四〈論荀卿非十二子〉說：「卿
妄以道自任，明知思孟之學，故為排之，以自繼仲尼之統。不知有此一念之
勝心，而已不可與入道矣，何足為思孟損益哉！」此處所說「思孟之學」頗
有「思孟學派」之義。近代郭沫若先生在〈儒家八派的批判〉中將子思之儒、
孟氏之儒以及樂正氏之儒看作「一系」，繼章太炎（1869～1936，名炳麟，

皆為杜撰，雖有所依憑，但無法改變其偽書性質。他從荀子的批評得出思孟
學派善於假託孔子之言來表達自己思想的看法，並接續了顧頡剛先生戰國時
代人好造偽的說法，提出「以託名於古人的方式來表達己意是戰國時代的一
種學術風氣」。他認為《孔叢子》的作者為了擡高子思在孔門的地位，而「極
盡虛構之能事」，杜撰和加工了子思言行。
我們對李健勝先生的看法不敢苟同。《孔叢子》中有些子思與孔子的對話，因
為李氏認定子思生年有問題，所以得出了不可信的看法。我們認為，孔子祖
孫的較有深度的對話是完全有可能的。當然，毋庸諱言，其中存在很多矛盾
和不實的記載。我們認為，梁濤先生所說的子思後學改造的可能性存在，但
更可能屬於無意識的傳聞異辭，而為孔氏後人所記錄。而如果將之視為故意
的虛構和偽造，杜撰似乎有誣枉之嫌。

〔註 78〕 楊澤波先生對孟子與子思的關係進行了考辨。他指出無論從時間上考證，還
是從《孟子》書中的言語分析，都可以斷定孟子並非直接受業於子思。但曾
子和子思對孟子對孟子有過重大影響，且這種影響大大超過其他孔子弟子，
則是不爭的事實。見氏著《孟子評傳》，南京：南京大學出版社，1998 年，第
25、29 頁。

字枚叔）先生之後，討論了思孟五行的問題。

　　任繼愈先生主編的《中國哲學發展史》，對「思孟學派」的提法表示了異議。儘管他們認爲，「從孟子對曾子和子思的推崇看，孟子和曾子、子思有師承關係，是可能的。」但是，「孟子的思想體系是在繼承孔子思想的基礎上加以創新的，這種繼承關係在《孟子》中是有確鑿證據的。從《孟子》中卻看不出孟子和子思有思想繼承的關係。因此，說先秦有思孟學派的主張，就缺少證據了。」〔註79〕這一看法得到了高專誠、陳靜等學者的贊同，並進而予以了詳細的論析。

　　關於孟子的師承，學界主要有兩種說法：其一，孟子受業於子思；其二，孟子受業於子思之門人。前者見於《孔叢子》、亦見於〈漢志〉自注、《列女傳‧母儀傳》、〈孟子題辭〉、《風俗通義》以及《史記索隱》；而後者則爲司馬遷《史記》所載。我們從二人之生卒年可知，二人根本不可能有相見之可能，更毋論建立師徒關係了。所以，大多數學者傾向於司馬遷的說法。儘管《孟子》書中未見孟子本人就此的說法，但司馬遷之說恐非臆斷。不過，也有學者據此指出，孟子與子思之間不僅沒有直接的師承，而且司馬遷之說亦不可必信爲實錄。

　　關於子思與孟子之間的緊密關係，或者說「思孟學派」得以成立的最爲直接的史料是《荀子‧非十二子》對子思與孟子的批評，荀子說：「子思唱之，孟軻和之」，足證二者具有不同尋常的關係。不過，對於這則材料，學者也提出了疑問。宋儒王應麟（1223～1296，字伯厚）《困學紀聞》卷十對比《韓詩外傳》卷四與《荀子‧非十二子》之差異，提出：「荀卿非十二子，《韓詩外傳》引之，止云『十子』，而無子思、孟子。愚謂：荀卿非子思、孟子，蓋其門人韓非、李斯之流，託其師說以毀聖賢，當以《韓詩》爲正。」陳靜先生已指出：「王應麟的考辨文字有一個不太準確的暗示，好像荀子所非的十二子裏去掉子思、孟子，就是《韓詩外傳》的十子。其實不是這樣。」可見，二者並非「同源材料」，並不能據此論斷《荀子》非「思孟」爲後人所附益。不過，陳靜先生從另外的角度，對「後人附益」說進行了論證。首先是文體不類，其次是稱呼不同。據此這條材料當是出於荀子後學所附益。她還進行了一番推斷，認爲思孟之間學派傳承關係的來源，可能與劉向有關。因此，她

〔註79〕任繼愈主編：《中國哲學發展史‧先秦卷》，北京：人民出版社，1983年，第293頁。

指出，就「思孟學派」的名稱而言，這是一個現代名號，這個名號表達了一個淵源有自的理解傳統。如果認為「思孟學派」直指先秦某一時段的思想事實，而忽略這一名稱蘊涵的歷史建構過程，是不准確的。〔註80〕我們認為，陳先生的兩條理由，均非實質性證據。據此我們並不能推定《荀子》所非思孟一條為後人所附益。

　　新加坡學者蘇瑞隆先生對「思孟學派」的說法也持否定的態度。他仍然堅持疑古派的觀點，比如將《中庸》看作秦漢之際的作品，甚至他贊同美國學者齊思敏先生的看法，認為漢代以前的材料中沒有一條說明子思與孔子之間的祖孫關係，所以將孔子與子思聯繫起來的文獻都是漢代或漢代以後的，進而臆測是漢代人故意將子思塑造成孔子之孫的形象。所以他不同意將〈五行〉歸之於子思名下。至於子思與孟子的關聯更是不可信的了。因此他主張，不應該為了方便來創造一個學派名稱，加入這個詞是不通的，不清楚的，就應該摒棄不用。〔註81〕我們認為，齊思敏與蘇瑞隆二位的看法，屬於「疑古過勇」，其得不到學者的認可是必然的。

　　其實，荀子所批評的思孟，並不意味著子思與孟子屬於思想完全相同或基本相同的思想家，而是著重批評其「五行」說而已。也就是說，最起碼在「五行」說上，二人應當存在著承襲關係。

　　當然，我們也應當注意到，在《孟子》書中他自謂「予未得為孔子徒也，予私淑諸人也」（《孟子·離婁下》），是對「乃所願則學孔子」的另一種表述，是感慨之辭。這與司馬遷所說受業於「子思之門人」並不相矛盾。

　　鍾肇鵬先生在考證思孟師承關係時，否定了《孔叢子》的記載，同時分析了子思對孟子的影響。楊樹達（1885～1956，字遇夫）先生曾撰〈孟子學說多本子思考〉一文，根據《孟子》七篇與《子思子》遺篇〈中庸〉、〈緇衣〉、〈表記〉、〈坊記〉及〈累德〉等遺文互相比較，列出九條證據說明孟子與子思學術思想相同，從而證明「思孟學派」的存在。鍾肇鵬先生進而根據郭店簡內容對此進行了分析。〔註82〕我們認為，楊先生據《子思子》四篇作為子思思想的文本，存在一定的風險。因為，在我們看來，這四篇除了〈中庸〉

〔註80〕陳靜：〈《荀子·非十二子》與思孟學派的成立〉，載《儒家思孟學派論集》，第58～69頁。

〔註81〕蘇瑞隆：〈簡帛五行篇與思孟學派再議〉，載《儒家思孟學派論集》，第41～50頁。

〔註82〕鍾肇鵬：〈思孟學派簡論〉，載《儒家思孟學派論集》，第6～12頁。

的一部分之外，其餘皆屬於子思所記孔子語錄，子思對於這四篇文獻來說只不過是一個傳述者，因此這四篇並不完全代表子思的思想，以此為根據似乎只能證明孟子與孔子之間的思想承襲。

梁濤先生將「思孟學派」的問題放入思想史的視野中予以考察，他認為先秦時期子思學派與孟子學派是獨立存在的，到了漢代子思與孟子學派互相融合，唐宋時期則是思孟正統地位確立的時期，逮至清代以下，對「思孟學派」的認識又出現波動，介於疑、信之間。綜合考察之後，梁氏指出，「思孟學派」的提法是可以成立的。不過，人們由於受到道統論的影響，往往自居不自覺地將思、孟等量齊觀，忽略了從子思到孟子乃是一個具體的歷史發展過程，其間有差別和變化。〔註83〕梁先生的提醒，很值得現代學者反思。

李銳在考察這一問題時，根據余季豫先生所說：「學有家法，稱述師說者，即附之一家之中……其學雖出於前人，而更張義例別有發明者，即自名為一家之學。」進而指出：「按照先秦的『學派』義例來看，子思學派與孟子學派是並列的。如果一定要稱呼『思孟學派』，那很可能只宜於在一種意義上來說，才不致產生矛盾。那就是著重於子思的思想，以及孟子因襲其說的部分。」〔註84〕我們認為，李銳從中西學派的觀念分析入手，對「思孟學派」的問題所進行的條辨是有道理的，應當作為今天我們看待「思孟學派」的共識。

結合荀子和司馬遷之說，我們認為子思與孟子之間應當存在著一定的間接師承關係，在某一論域也存在著思想的一致性。正如李景林先生所說，如果把孟子之推尊曾子和子思僅僅看作一種自我標榜的手段而能欺愚惑眾，形成一種學派的假相，那就未免把學術史、思想史看得過於簡單化了。〔註85〕當然二人之間也必然有著巨大的思想差異，尤其是孟子成「家」之後，分別

〔註83〕梁濤：《郭店竹簡與思孟學派》，第34～59頁。

〔註84〕李銳：〈古代中西方的「學派」觀念比較——兼論「思孟學派」的問題〉，《中國哲學史》2007年第4期。修改稿見氏著《新出簡帛的學術探索》，第181～185頁。

〔註85〕李景林：《教養的本原：哲學突破期的儒家心性論》，北京：北京師範大學出版社，2009年，第103頁。李先生認為荀子批評思孟「五行」是從天人、天道與人道或性與天道的角度立言。荀子的批評是有針對性而非偶然的隨便的議論。思孟學派的存在是於史有證的。孔子以後曾子到孟子的發展，構成先秦儒學發展的主線。宋儒所謂道統系統基本上可信的。參見該書第122～123頁。

形成了子思之儒與孟氏之儒，走向了不同的道路，是有可能的。因此，韓非所提的「八儒」之中，子思之儒與孟氏之儒可以並存，而荀子所非「十二子」中，子思與孟子又可以合而論之。

橫看成林側成峰，從不同的角度，可以發現歷史真相的不同側面。我們並不必將荀子與韓非的說法對立起來，如果結合來思考，似乎更能反映歷史的實情。

第四節　關於顏氏之儒

一、顏氏之儒指顏回一派

韓非所說的「顏氏之儒」，屬於「八儒」中比較有爭議的一派。孔門弟子中有八、九位顏氏，因此韓非所謂顏氏之儒具體何指人們意見不一。主要有四說。

其一，爲不可考說。皮鹿門曰：「《韓非子》言八儒有顏氏；孔門弟子，顏氏有八，未必即是子淵。」〔註 86〕周予同先生注云：「按《史記·仲尼弟子列傳》，除顏回外，尚有顏無繇、顏幸、顏高、顏祖、顏之僕、顏噲、顏何七人，故云顏氏有八。」其實，還有一位「顏濁鄒」，也可以看作孔子弟子。梁任公先生云：「顏淵先孔子卒，是否有弟子傳其學無可考。此文顏氏之儒，不知出誰何也。」〔註 87〕孔繁先生亦直接指出，顏氏之儒爲根本不可考證的。〔註 88〕

其二爲顏回說。郭沫若先生〈儒家八派的批判〉認爲，「『顏氏之儒』當指顏回的一派。顏回是孔門的第一人，他雖然早死，但在他生前已經是有『門人』的。」〔註 89〕這一意見得到了眾多學者的認可。如張岱之、李啓謙、趙吉惠、顏炳罡諸位先生皆同意郭說。陳寒鳴先生通過鈎稽有關史料，從政治志向、道德情操等方面剖析了顏子思想，肯定先秦「儒家八派」之一的「顏

〔註 86〕〔清〕皮錫瑞著，周予同注：《經學歷史》，北京：中華書局，2004 年，第 27 頁。

〔註 87〕梁啓超：《韓非子顯學篇釋義》，見陳奇猷：《韓非子新校注》第 1126 頁引。

〔註 88〕任繼愈主編：《中國哲學發展史·先秦卷》，第 275 頁。

〔註 89〕郭沫若：《十批判書·儒家八派的批判》，《郭沫若全集·歷史編》第 2 冊，第 143 頁。

氏之儒」爲顏子所創，進而論述了其傳承與影響。〔註90〕顏炳罡等先生也通過考察顏子年齡及孔門「門人」情況，肯定顏氏之儒乃指顏回學派。〔註91〕張覺先生也認爲，「前人大多認爲這裏所謂的『顏氏』不知指何人。其實，能成爲一個學派，一定是在言論行事方面較有造詣的。……八個人中只有顏回被孔子稱爲『賢』、『好學』，所以這『顏氏』應指顏回。」〔註92〕另外，也有學者指出，該派雖非顏回創立，但卻是宗師顏子的。如梁任公先生在另一處所說：「顏氏之儒，想是宗法顏回，如今一無可考了。」〔註93〕任公這一看法，得到了吳龍輝先生的認可。吳說：「顏氏之儒的祖師爲顏淵。顏淵先孔子而死，因此，獨立的顏氏之儒不可能由顏淵創建，只能由其後學完成。」〔註94〕劉郝霞也認爲，顏氏之儒絕非顏回所親創，但卻是秉承顏回思想，且以顏回的名義而創建的。〔註95〕

第三種意見爲「言偃說」。李零先生不同意郭沫若的說法，而提出一種新說：「惟『顏氏之儒』，多以爲是顏回的學派，則有疑問。案孔門弟子以『顏』爲氏者有九，未必即顏回。又據上博楚簡，言游之『言』與顏回之『顏』無別，它也可能是言游的學派。」〔註96〕其弟子胡蘭江表示支持。不過，李先生的另一弟子徐剛在其《孔子之道與〈論語〉其書》一書中則反對此說，而重申舊說。〔註97〕其另一弟子梁靜女士也認爲，可能是指顏淵。〔註98〕

第四種說法爲「顏濁鄒」說。見於龐樸先生主編、馬勇先生撰稿的《中國儒學》第一卷。《史記‧孔子世家》曰：「孔子以《詩》、《書》、禮、樂教，弟子蓋三千焉，身通六藝者七十有二人。如顏濁鄒之徒，頗受業者甚眾。」

〔註90〕陳寒鳴：〈顏回與顏氏之儒探析〉，《中國社會科學院研究生院學報》1991年第3期。

〔註91〕顏炳罡、陳代波：〈從顏氏之儒的思想特質看其與易學的關係〉，《周易研究》2004年第3期。

〔註92〕張覺：《韓非子校疏》，第1235頁。

〔註93〕梁啓超：《孔子》，載干春松編校：《儒家哲學》，上海：上海古籍出版社，2009年，第188頁。

〔註94〕吳龍輝：《原始儒家考述》，第114頁。

〔註95〕劉郝霞：〈顏回二考〉，《作家雜誌》2008年第12期。

〔註96〕李零：〈重見七十子〉，《讀書》2002年第4期。

〔註97〕徐剛：〈孔子之道與《論語》其書〉，北京：北京大學出版社，2009年，第182～183頁。

〔註98〕梁靜：〈簡帛文獻與早期儒家研究〉，陳偉主編：《簡帛》第5輯，上海：上海古籍出版社，2010年。

又載：「孔子遂適衛，主於子路妻兄顏濁鄒家。」馬勇先生據此以爲，顏濁鄒雖不在七十子之列，但似在三千人之內，也應該列爲孔門弟子。而且，他認爲，顏濁鄒如果得傳孔學，他一定是韓非所批評的那樣，不過是假借孔子作爲仕途進程的敲門磚而已。故而推測「儒家八派」中的顏氏之儒可能是指顏濁鄒及其後學。另外，《呂氏春秋・尊師》：「子張，魯之鄙家也；顏濁鄒，梁父之大盜也。學於孔子。……此六人者，刑戮死辱之人也，今非徒免於刑戮死辱也，由此爲天下名士顯人，以終其壽，王公大人從而禮之，此得之於學也。」將顏濁鄒與子張並列，似乎也可以證明韓非所說顏氏之儒應爲顏濁鄒一派。〔註99〕這一說法，因爲說服力較小，沒有得到學者的認同。

總的來看，顏氏之儒指顏回一派，在學界佔據主流。我們也持這一看法。細審學界對此問題之爭議，關鍵因素有二：其一，顏子生卒問題，其二，顏子有無門人問題。而這第一個問題直接關係到第二問題的答案。

二、顏子生卒年

關於顏子的年齡，《史記・仲尼弟子列傳》云：「少孔子三十歲。」而叢刊本《孔子家語・弟子解》無載，四庫本、同文本則同於《史記》。看來，在顏子生年的問題上，《史記》與《孔子家語》二者沒有分歧。而閻若璩（1638～1704，字百詩，號潛邱）《四書釋地又續》則以爲「三十」下脫「七」字，未知何據，不可從。

不過，對於顏子的卒年，則因爲記載不清而引起不同的說法。《史記》云：「回年二十九，髮盡白，蚤死。」至於「早死」在何歲，則未有詳說。《家語・七十二弟子解》對此有云：「年二十九而髮白，三十一早死。」《史記索隱》亦引《家語》，而作：「年二十九而髮白，三十二而死」。顯然，這兩種說法與《論語》中伯魚先於顏子去世的記載相矛盾。對此，王肅在《家語注》（四庫本）中解釋道：「此書久遠，年數錯誤，未可詳校。其年則顏子死時，孔子年六十一歲，然伯魚五十先孔子卒，卒時孔子且七十。此謂顏回先伯魚死。而《論語》云：『顏回死，顏路請子之車以爲之椁。子曰：『鯉也死有棺而無椁。』或爲設事之辭。』」《史記索隱》亦引王肅此注，文字稍異，云：「此久遠之書，年數錯誤，未可詳也。校其年，則顏回死時，孔子年六十一。

〔註99〕龐樸主編：《中國儒學》第 1 卷，第 68 頁。

然則伯魚年五十先孔子卒時，孔子且七十也。今此為顏回先伯魚死，而《論語》曰顏回死，顏路請子之車，孔子曰『鯉也死，有棺而無椁』，或為設事之辭」。並加「按語」云：「顏回死在伯魚之前，故以《論語》為設詞。」觀王肅此注之意，《論語》載孔子「鯉也死」一句為「設事之辭」。漢許慎（約58～147，字叔重）《五經異義》亦主此說。我們以為，這一推測恐怕站不住腳。朱子《四書或問》對此早已點出此說之不近人情。朱子所言極是。如果顏子早於伯魚卒，孔子絕不會以兒子之死來作假設，因為這確乎不符合人之常情，孔子絕不至說出這樣的話來。所以，我們當以《論語》的記載為可信，伯魚早於顏子去世乃事實陳述，絕非設事之辭。不過，王肅所說，《家語》所載年齡多有錯誤，則是對的。其實，不止《家語》，《史記》同樣如此。我們發現，將二書對校會發現二者互有不足，可互相校正。此處，關於顏子之「三十一」當為「四十一」之訛。因為古代記數中「三十」與「四十」只差一豎筆，極易出現錯訛。

　　對於顏子之卒年，學界共有七種說法，其一，魯定公六年說；其二，魯哀公二年說；其三，魯哀公四年說；其四，魯哀公五年說；其五，魯哀公十二年說；其六，魯哀公十三年說；其七，魯哀公十四年說。〔註100〕其中以持第七種說法即「魯哀公十四年說」者居多，如清儒毛西河、李鍇、江永，近人錢賓四，今人李零、顏炳罡、黃懷信、楊朝明等先生，不過毛西河以為《史記》所云「少孔子三十歲」為「四十歲」之誤。而李鍇則認為，顏子當少孔子三十歲，卒於魯哀公十四年，卒時當有四十一歲。李鍇《尚史》卷八十三〈孔子弟子傳〉云：

>　　《家語》「年二十九而髮白，三十二而死」，《列子》「顏子壽十八」，《後漢書》「顏子十八，天下歸仁」，諸說並誤。顏子卒於伯魚之後。
>
>　　按《譜》：孔子七十而伯魚卒，是顏子之卒當在孔子七十一之年。顏子少孔子三十歲，是享年四十有一矣。《史》不書卒年，而云『年二十九髮盡白』，亦誤。當是三十九也。」〔註101〕

劉寶楠（1791～1855，字楚楨）《論語正義》從之。郭嵩燾亦云：「孔子十九

〔註100〕參見宮雲維：〈顏子生平年代諸說述評〉，駱承烈編：《顏子研究》，北京：人民日報出版社，1994年，第40～46頁。宮氏對此七說皆表質疑。

〔註101〕張劍光先生同意「二十九」為「三十九」之誤的說法，因此他認為《史記》的斷句當是：「年三十九髮盡白蚤死」，則顏子享年三十九歲，當卒於魯哀公十二年。見張氏：〈顏回卒年小考〉，《文獻》1988年第2期。

生伯魚，伯魚年五十卒，則孔子當六十九。顏淵之卒尙在伯魚後，其年當及四十。」

關於顏子之年齡，雖然有三十一歲、三十二歲、四十一歲等不同說法，但我們可以看出「三十二歲」與「三十一歲」實爲一說，如此則只有兩說，一爲「三十一歲」，一爲「四十一歲」。而持「三十一歲」說者，或以爲顏子當少孔子四十一年，或以爲卒於魯哀公四年。

孔德立先生以爲，顏子當少孔子三十歲，而卒於魯哀公四年，享年三十一歲。贊同《家語》之說。其理由是，《論語・先進》所載「子畏於匡，顏淵後。子曰：『吾以汝爲死矣。』曰：『子在，回何敢死？』」孔子與顏子情同父子，不會因爲顏淵後至而埋怨他，合理的解釋是，孔子遇匡人之難時，顏子已經生了大病，因此掉隊，孔子爲之擔心，才有「吾以汝爲死矣」之語。離開匡地不久，又遇在陳絕糧之難，三十一歲卒於周遊列國途中。〔註 102〕蔣伯潛先生推斷，「顏子卒於旅次，旅次無他長物，故顏路請貨子之車以爲之椁也。」〔註 103〕並云，伯魚卒時當四十歲，《史記》所云「五十」或爲「四十」之誤，故伯魚亦卒於周遊途中。而且，據《論語・雍也》記載，哀公問孔子「弟子孰爲好學」，孔子答曰：「有顏回者好學，不遷怒，不貳過。不幸短命死矣。」〈先進〉載季康子問同一問題，孔子答之亦同。孔子返魯在魯哀公十一年。孔德立兄說，我們假設，在哀公和季康子問政之後，上引《論語》的問答緊接著發生，情理上完全講得通。若顏子還在，孔子不會說「不幸短命死矣」的話。因此顏子在魯哀公十二年之前既已去世。〔註 104〕

我們認爲，這種看法是不對的。子畏於匡當在孔子周遊列國的第二年，而在陳絕糧，當在周遊列國的最後幾年，二者絕非相差不久的事件，其間相距恐怕將近十年之久。

不過，支持顏子卒於周遊途中的最力的理由，一爲蔣伯潛所說，「卒於旅次，旅次無長物」，故顏路請以子之車爲之椁，一爲魯哀公、季康子問弟子孰爲好學一事，似當在孔子歸魯不久，按此二語之語氣，當時顏子已經去世。那麼，哪一種說法更爲合理？

〔註 102〕孔德立：《早期儒家人道思想的形成與演變──以子思爲中心》，成都：巴蜀書社，2010 年，第 54～55 頁。

〔註 103〕蔣伯潛：《諸子通考》，第 122 頁。

〔註 104〕孔德立：《早期儒家人道思想的形成與演變──以子思爲中心》，第 57 頁。

首先看顏子之生年。按《史記》、《家語》所載顏子皆少孔子三十歲，而又與《公羊傳》等記載相符，故較爲可信。崔適（1852～1924，字觶甫）《史記探源》等以顏子「三十二歲」卒，當孔子七十一歲時，故其當少孔子四十歲，《史記》等所言「三十」當爲「四十」之誤〔註105〕，理據不足，不從。因爲，第一，如果顏子少孔子四十歲，則當孔子開始周遊列國時，他不過十三四歲，恐尚不及「束脩」之年齡，未入孔門。而據《史記》，顏子當始終追隨孔子周遊。第二，我們知道，顏子之父顏路，少孔子六歲，則從常理推之，顏子之生年與伯魚之生年亦應在六、七歲至十餘歲之間，不可能相差過大，故顏子少孔子四十一歲，可信度不高。

其次，關於顏子之卒年。《論語・先進》記：「顏淵死，顏路請子之車以爲之椁。子曰：『才不才，亦各言其子也。鯉也死，有棺而無椁。吾不徒行以爲之椁，以吾從大夫之後，不可徒行也。』」由此是否可以得出顏子當卒於周遊旅次呢？似乎未必。

其一，關於伯魚之卒。以往學者一般以《史記》伯魚之卒年，結合《論語》伯魚早於顏子而卒的記載，定顏子之卒年。伯魚之生年，眾無疑問，爲少孔子二十歲，則按《史記》之說，伯魚當卒於魯哀公十一年，孔子時年六十九歲。則顏子卒年，最合理者當爲魯哀公十四年一說，其時孔子七十一歲矣。蔣伯潛、孔德立等學者或疑《史記》伯魚之卒年有誤，以爲當爲「四十而卒」，則如釜底抽薪，顏子之卒年亦提前十年矣。然而，此說循環論證，不足爲據。清儒崔東壁亦認爲「伯魚年五十」之說與顏子三十二而卒相牴牾，故不可信。〔註106〕我們知道，古時書籍流傳錯綜複雜，字形相近之字尤其是有些數字符號很容易在傳習、抄寫過程中出現訛誤。那時的二十、三十、四十分別寫作「卄」、「卅」、「卌」，比如漢石經《論語》中的三十、四十分別作「卅」、「卌」，在馬王堆帛書〈繆和〉中四十亦寫作「卌」。二十與三十、三十與四十字形如此接近，在傳抄過程中多一豎或少一豎的現象極易出現。不過，在古文字中，「五」與「四」寫法差別甚大，「五十」與「四十」二者相混或相訛的情況不太可能出現。因此，《史記》所載伯魚年齡，決不能輕

〔註105〕〔清〕崔適：《史記探源》，北京：中華書局，1986年，第175頁。
〔註106〕〔清〕崔述：《崔東壁遺書》，上海：上海古籍出版社，1983年，第320頁。按：崔述信顏子三十二歲而卒，而不信《史記》之伯魚五十卒之記載，失之偏頗。不可從。

易否定。而《家語》所載顏子年歲則可能出現訛誤。

因爲伯魚未曾隨孔子周遊，則其若卒於孔子周遊之時，則其喪葬不知何人操辦，這還不打緊。如果「吾不徒行以爲之椁，以吾從大夫之後，不可徒行也」是孔子解釋伯魚有棺無椁的理由，那麼這句話只能在返魯之後。因爲如果是在旅次，則根本無此可能。如果這句話是針對顏子死而言，也當是返魯之後才能說出的話。如果是在旅次，那麼顏路請以子之車爲椁，則屬於不合情理之至，而孔子亦不必以此爲理由回絕。如果是顏子卒於哀公十四年，則其時孔子已過七十，所謂「懸車致仕」之年，故顏路請以子之車爲之椁，而夫子亦云「以吾從大夫之後，不可徒行」云爾，便合於情理了。

其二，吾人知顏子生活貧困，「一簞食，一瓢飲，在陋巷」，則即使返歸魯國去世，其家恐亦無能力厚葬，故請之於夫子。而顏路請以子之車而爲之椁，則是欲厚葬之，據此則不可能在周遊途中。而《先進》又云：「顏淵死，門人欲厚葬之，子曰：『不可。』門人厚葬之。」如果顏子卒於旅次，顏路要求有棺有椁以厚葬顏淵，便不合情理，而門人欲厚葬並付諸實施，更屬匪夷所思。

其三，據情理推測，孔子周遊，顏路與顏淵父子當不會同時追隨，即顏路留守魯國的可能性較大。若此則顏路請於孔子，當在孔子返魯之後。

其四，在《禮記・檀弓上》有一則資料：「顏淵之喪，饋祥肉，孔子出受之，入，彈琴而後食之。」這則材料亦見於《孔子家語・曲禮公西赤問》。從這段記載來分析，祥肉是指大祥祭時的祭肉，而大祥是死後兩週年之祭名。如果以顏子卒於哀公四年，則其時孔子師徒正值周遊列國途中，則不知如何厚葬顏子，又如何依禮舉行祥祭，饋祥肉？從〈檀弓〉這則材料看，孔子受祥肉，「出」而「入」之描寫，顏淵之祥祭的時間當以孔子已返魯的推測爲勝。而如果顏子卒於魯哀公十四年，兩年後孔子方去世，完全有可能受「祥肉」。

那麼，魯哀公與季康子俱問弟子孰爲好學，孔子皆言「顏回不幸短命死矣」，是否能據此斷定顏子卒於周遊途中呢？恐亦未必。雖然從情理上推測，似乎哀公與康子之問當在孔子返魯之初，但實際情況要複雜得多，完全有可能是在孔子返魯後相當長一段時間。故而這一理由薄弱，不能據此認定顏子卒於孔子返魯之前。

其實，我們還可以從曾子之年齡推測顏子之卒年。曾子少孔子四十六

歲，魯哀公四年時約十四五歲。而《論語‧泰伯》記「曾子曰：『以能問於不能，以多問於寡，有若無，實若虛，犯而不校。昔者吾友，嘗從事於斯矣。』」歷代注家皆以爲此處所謂「吾友」當指顏子。另外，《大戴禮記‧曾子疾病》有曾子「將卒」時對其子所言，提到「吾無夫顏氏之言」，諸多注家已指出，這裏的顏氏亦指顏子，可見，曾子嘗與顏子相熟稔並十分友善，則其交往恐有較長時間。而如果顏子卒於哀公四年，則其時曾子即使得入孔門，亦爲時未久，與顏子不可能有過深之交往，則所謂「吾友」云云，恐無從說起。所以據此可知，顏子不可能卒於魯哀公四年。

另外，《史記‧孔子世家》記：「魯哀公十四年春，狩大野。叔孫氏車子鉏商獲獸，以爲不祥。仲尼視之，曰：『麟也。』取之。曰：『河不出圖，雒不出書，吾已矣夫！』顏淵死，孔子曰：『天喪予！』及西狩見麟，曰：『吾道窮矣！』」將顏子之死與西狩獲麟並提，則顏子卒於此年之可能性較大。另外，據《家語‧在厄》、《史記‧孔子世家》、《荀子‧宥坐》、《韓詩外傳》卷七、《說苑‧雜言》等文獻，皆有孔子師徒「厄於陳蔡」時，孔子與顏子的對話，則其時顏子尚在。而厄於陳蔡，當魯哀公六年，則顏子卒於哀公四年之說不可信，明矣。

綜合各家之說，我們以爲，顏子當少孔子三十歲，卒時爲四十一歲，其生卒年當公元前 521 年～481 年。

三、顏子應有門人

如果顏子果卒於四十一歲時，則其有學生自屬可能。據《論語‧先進》：

> 顏淵死，門人欲厚葬之，子曰：「不可。」門人厚葬之。子曰：「回也視予猶父也，予不得視猶子也。非我也，夫二三子也！」

對於此處「門人」是指孔子之門人，抑或是顏子之門人，歷代注家解說不一。南朝梁皇侃《義疏》已有二說，其一即云爲顏子之門徒。宋邢昺《注疏》亦主門人指「顏淵之弟子」，黃懷信師亦主此說。《論語‧里仁》亦有「門人」一語，皇侃疏曰：「門人，曾子弟子也。」邢昺《注疏》同，而黃懷信師以爲此處當爲夫子之門人。劉寶楠、錢賓四、楊伯峻等先生則以此二處所言「門人」皆指孔子弟子而言。那麼，弟子與門人又有何分別呢？

朱竹垞《經義考》有〈孔子弟子考〉和〈孔子門人考〉，將受業弟子稱爲

弟子，而把再傳弟子稱爲門人。〔註107〕洪适《隸釋》於〈孔宙碑〉下有按語云：「漢傳，開門授徒著錄有盈萬人者，其親受業則曰弟子，以久次相傳授則曰門生，未冠則曰門童，總而稱之亦曰門生。」宋歐陽修（1007～1072，字永叔）在《集古錄·跋孔宙碑陰》一文中認爲，「受業者爲弟子，受業於弟子者爲門人」。朱竹垞引此說，並云：「《論語》爲孔子而作，所云門人皆受業於弟子者也。」清儒陳澧（1810～1882，字蘭甫，學者稱東塾先生）認爲朱氏對歐陽永叔之說有誤解，他認爲：門人即弟子，只不過「門人者，統諸弟子而言之也。弟子者，專對師而言之也。」〔註108〕不過，呂誠之先生根據漢代儒學大師如董仲舒、馬融（字季長，79～166）等授徒之實況，提出：「孔子弟子三千，孟子後車數十乘、從者數百人之風，蓋自東周至秦，未之有改。」〔註109〕胡蘭江據此將孔子學生分爲三層：第一層是受業弟子或者叫作入室弟子，他們「接聞於夫子」，與孔子有面對面的交流；第二層是在籍弟子或者叫編牒弟子，他們由入室弟子代爲教授；第三層則是一些借資聲氣之徒，只能是在「大都會」時一瞻孔子風采，甚或只是慕名而來，意在藉重孔門的名望氣勢而已。〔註110〕我們覺得胡氏這一分析是有道理的。其所謂第二層，亦可稱爲門人。當然，弟子與門人的分別恐怕不易過於拘泥。這些由孔子入室弟子代爲教授的學生，由於與這些孔子弟子接觸較多，受其影響也就較大，自然也可以視之爲那些代授者的弟子。

顏子在孔門之中，最受孔子器重和賞識，其道德修爲、人格境界乃至思想都達到了相當高的層次，他當然有代孔子授徒的能力和資格。而胡蘭江以

〔註107〕林慶彰等主編：《經義考新校》，上海：上海古籍出版社，2010 年，第 5103～5104 頁。

〔註108〕〔清〕陳澧：《東塾集》卷二〈書朱竹垞孔子門人考後〉，《陳澧集》第 1 冊，上海：上海古籍出版社，第 87 頁。金鶚（1771～1819）對此表示反對。他說：「此說非也。古人著書自有體例，《論語》一書，凡孔子弟子皆稱門人，其非孔子之弟子則異其辭，如『子夏之門人問交於子張』，『曾子有疾，召門弟子』不直稱門人，所以別於孔子弟子也。夫子語曾子以一貫，此時曾子在夫子門，不得率其門人同侍，則問於曾子者，必夫子門人也。」程樹德同意金說。見程樹德《論語集釋》，第 263～264 頁。我們以爲，〈里仁〉篇孔子云「吾道一以貫之」，曾子本身已屬孔門後進，曾子向「門人」解釋，則此「門人」當不及曾子，其或爲孔子之更小之弟子，或爲曾子之弟子。可以胡蘭江女士所分三種類型之第二種當之。

〔註109〕呂思勉：《呂思勉讀史札記》，上海：上海古籍出版社，2005 年，第 735 頁。

〔註110〕胡蘭江：《七十子考》，北京大學中文系博士學位論文，2002 年，第 18～20 頁。

為，從客觀上看，顏子與孔子片刻不離，顏子想自己單獨收錄傳授弟子是不大可能的。從主觀上看，顏子對孔子亦步亦趨，收徒立派顯然與其作風不符。並且根據錢賓四先生「先進極之為具體而微，後進則別立宗派」的說法，否定顏子收徒立派之可能。對此，我們不敢苟同。從以上分析可以看出，顏子有能力亦有資格招收弟子，起碼也可以代師授徒，有其門人。錢賓四先生以先進、後進來區分是否別立宗派，並不可信。固然晚期後進弟子更有別立宗派之可能，但並不能絕對化。我們後面將論述漆雕氏之儒，漆雕開當為孔子早年弟子，亦有別立宗派之舉。退一步說，即使顏子主觀上不以別立宗派為念，待其去世後，尤其是隨後孔子去世後，那些曾經由顏子代授的門人便以顏子為宗師，形成一個相當獨立的「顏氏之儒」，並非不可能。

儘管上博簡中「言」「顏」字體相同，但在「顏氏之儒」可指顏子的情況下，不必曲為之解，將之假為「言」。另外，「顏氏」習見於典籍，如「顏氏之子」便見於《易傳・繫辭》和《家語・在厄》等，而「言氏」卻不經見，而「子游之儒」卻見諸《荀子》，由此旁證，亦可知作「顏氏」指「顏回」當為可信。

顏氏之儒有無著述，不見記載。〈漢志〉無錄，我們也只能「闕疑」了。不過，上博楚竹書剛剛搶救回來之時，較早見諸報端的報導中說，這批竹簡中有〈顏淵〉一篇，2011 年公佈的《上海博物館藏戰國楚竹書》第 8 冊中有〈顏淵問於孔子〉一篇，或即該篇。〔註111〕另外，《上海博物館藏戰國楚竹書》第 5 冊中有〈君子為禮〉一篇，內容以顏子與孔子問答為主，與《論語・顏淵》「顏淵問仁」章所記應為一事，只是所記有異，殊為珍貴。而《孔子家語》中有〈顏回〉篇，專記顏子事跡、言語。這些文獻材料，當是顏氏之儒所記所傳。不過，可惜的是，今天所見顏氏之儒的材料如此之少，由此「一斑」很難窺見顏子及顏氏之儒思想之「全豹」了。

顏氏之儒的組成，在今天看來也是一個難解之謎。

四、顏子與曾子、思孟之關係

在孔門之中，顏子最得孔子欣賞，而曾子亦得孔子「一貫之旨」，對於孔子之道的理解都是十分深刻的。而且，顏子「大智若愚」，曾子亦有「參

〔註111〕由於《上海博物館藏戰國楚竹書》第八冊出版於 2011 年，其時博士論文已經提交答辯，未及考論。本書修改時未暇深入研究，惟俟來日彌補此憾。

也魯」之性格，二者相近。儘管年齡相差十餘歲，分屬孔門先進與後進，但二人的感情卻十分融洽。《論語・泰伯》記曾子說：「以能問於不能，以多問於寡；有若無，實若虛，犯而不校。昔者吾友，嘗從事於斯矣。」注家都曾指出，此處所謂「吾友」即是指顏子。陳寒鳴先生據此認為：「先秦思想家中受顏子思想學響最大者為曾參。」「而曾參本人是以講求『仁』（『仁以為己任』）與氣節（『臨大節而不可奪』），以及在道德修養上注重內省（『吾日三省吾身』）與力行（行『孝』道）而著稱的。這與顏子十分相像。孔門諸弟子中，以曾參最為長壽。若以其對顏子敬服之心來推論，則其在顏子死後，代為教育顏氏弟子，使『顏氏之儒』多轉入他的門下，從而『顏氏之儒』與曾—思—孟之儒相融合，或有可能。」〔註 112〕我們認為，陳氏指出曾子與顏子之密切關係，富有啟發性。不過，陳先生推斷顏子去世後，顏氏之儒轉入曾門，並與思孟之儒相融合，恐怕還缺乏更有力的證據。

我們知道，曾子以「孝」著稱，而顏子也以孝聞，《家語・弟子行》曾記孔子引《詩》「永言孝思，孝思惟則」來評價顏子。二人又確乎皆重視內省，富於反省精神，氣質有相同相通之處。說顏子對曾子影響較大，完全可能。我們還可以推論，顏子對於曾子、子思、孟子一系有重大的影響，因此他們之間存在著思想上的密切關聯。除此之外，是否還可以從其他方面得到進一步論證呢？我們認為，除了直接的證據之外，我們還可以從《易傳》的分析入手，對顏子與曾子以及子思等的關係進行討論。

顏炳罡先生曾對《易傳》屬於思孟一系的說法表示了質疑。顏先生將〈中庸〉《孟子》與《易傳》進行了比較，認為二者屬於兩種不同的形上學路向。前者是「內在的道德形上學」，後者則是「結構的道德形上學」，並進而分析了顏氏之儒特徵，指出顏氏之儒與〈繫辭〉、〈大象〉、〈象傳〉、〈文言〉有著內在的聯繫，得出了〈繫辭〉、〈彖〉、〈象〉、〈文言〉、〈序卦〉有可能是顏氏之儒的作品的推論。〔註 113〕

我們認為，顏炳罡等先生對《中庸》、《孟子》與《易傳》的深層形上學路向進行的分析，有其道理，但是卻未必合理。牟宗三先生基於其儒學發展的「三系論」，在道德形上學的建構方面，他將《大學》單獨劃為一組，而將

〔註112〕陳寒鳴：〈顏回與顏氏之儒探微〉，《中國社會科學院研究生院學報》1991 年第 3 期。

〔註113〕顏炳罡、陳代波：〈從顏氏之儒的思想特質看其與易學的關係〉，《周易研究》2004 年第 3 期。

《論語》與《孟子》劃爲一組，《中庸》與《易傳》劃爲一組，認爲〈中庸〉與《易傳》相近，而與《孟子》則不同；而楊澤波先生則不同意牟氏的看法，將《論語》單劃爲一組，《大學》則爲一組，《中庸》、《易傳》、《孟子》爲一組，認爲後面的一組都是從天道入手，將道德的終極根據歸結於天，建立了道德的形上學。〔註114〕可見，對於《中庸》《孟子》與《易傳》等的形上學路向的異同，學者之間容有不同看法。我們知道，《易傳》是秉承孔子思想而來，反映的主要是孔子的思想，在孔子那裏，所謂內在道德形上學與結構的道德形上學，是混而不分的，不管是顏子還是思孟，都有內在道德形上學的傾向，也有結構道德形上學的苗頭。或者說在顏子和曾子、子思那裏，兩種道德形上學的分歧還不明顯，這兩種路向只有在其後學處才得到加強和凸顯。我們並不能據此將之完全劃分爲兩個陣營。

我們無法否認《易傳》與曾子後學尤其是「思孟學派」的關聯，我們也可以從中找到顏子與《易》的密切關係，那麼，我們是否可以由此得到進一步的推論，在易學的領域，顏子對曾子及思孟有較大的影響呢？換句話說，顏子與曾子、子思、孟子一系的關係十分密切呢？我們在《孟子》書中發現，孔子弟子後學中，曾子與子思出現的次數最多，其次就是顏子。而且，孟子還評價顏子是「具體而微」（〈公孫丑上〉）的聖人，得孔子眞傳之人。又稱「禹、稷、顏回同道」（〈離婁下〉）這是不是可以作爲一點佐證呢？

五、顏子與莊子之關係

顏子作爲孔門第一賢人，不僅爲儒家後學的曾子、思孟以至宋明新儒家所推崇，而且被道家學派的莊子所敬重。據考察，關於顏子的資料，《莊子》一書較之《論語》等儒門典籍還要多。這便引起了學者對顏子與莊子、儒家與道家關係的重新考察。於是，一種新的觀點產生了：莊子乃顏氏之儒的傳承人。持此說者有章太炎、鍾泰（1888～1979，號鍾山）、郭沫若、錢賓四、童書業（1908～1968，字丕繩，號庸安）、唐君毅、李澤厚、顏炳罡、楊朝明師等多位學界前修時彥。〔註115〕

〔註114〕楊澤波：〈孔孟建構道德形上學的差異及引申的兩個問題〉，《中國哲學史》2007年第4期。

〔註115〕楊朝明師在〈莊子故里考辨序〉（載潘建榮主編：《莊子故里考辨》，北京：中國書籍出版社，2008年）中對鍾泰先生「莊子出於顏氏之儒」的觀點表示肯

　　因為儒家、道家等類似的學派分類及名稱皆出於漢代，先秦時期諸子之間雖然也有學派意識，但卻並非呈水火之勢，除墨家作為一個有組織性的學術思想集團較為明顯，儒家也因有「宗師仲尼」的特徵而較易辨別之外，至於道家、法家則較為模糊。莊子，自從司馬遷《史記・老莊申韓列傳》將莊子歸於老子一系，班固進一步肯定了這一「道家」系譜之後，莊子便成了先秦道家的主要代表人物，也以道家的身份影響著兩千多年的中國文化史。

　　不過，如果從學術史的角度來看，莊子確乎與儒家存在著非常密切的關係。早在魏晉玄學盛行時期，《莊子注》的作者郭象（約252～312，字子玄），便有意識地對《莊子》思想與聖人孔子的關係進行了揭示，雖較為隱晦，但這是將莊子與儒家聯繫起來的較早源頭。到了唐宋時期，就有學者明確提出了莊子與儒家的親緣關係。如韓退之云：「蓋子夏之學，其後有田子方，子方之後，流而為莊周」〔註116〕，以孔子─子夏─田子方─莊子為線索將莊子與儒家進行了思想傳承系譜的建構。此後，蘇軾（1037～1101，字子瞻，號東坡居士）則提出：「余以為莊子蓋助孔子者……故莊子之言，皆實予而文不予，陽擠而陰助之，其正言蓋無幾。至於詆訾孔子，未嘗不微見其意。其論天下道術，自墨翟、禽滑釐、彭蒙、慎到、田駢、關尹、老聃之徒，以至於其身，皆以為一家，而孔子不與，其尊之也至矣。」〔註117〕退之之說，證據過於薄弱，不足憑信，而東坡之論，則頗有見地，可惜未曾展開論述。這二說對後世也有一定的影響。據楊儒賓先生考察，在明末清初有一股將莊子迎向儒家陣營的思潮，他稱之為「莊子儒門說」。如明末清初的高僧覺浪道盛（1592～1659）、方以智（1611～1671，字密之，號曼公）、王夫之（1619～1692，字而農，號薑齋，世稱船山先生）等是其中的代表。據楊氏分析，魏晉玄學、宋明理學時期，莊子都不是儒家的排斥對象，這是「莊子儒門說」的思想背景、文化土壤。〔註118〕

定，進而認為莊子故里當與魯國較近，受孔子儒學的影響較大。顏炳罡教授在〈孔子在中國文化史上的地位〉（載賈磊磊、孔祥林主編：《第二屆世界儒學大會學術論文集》，北京：文化藝術出版社，2010年，第441頁）一文中也肯定了章太炎先生以來關於莊子與顏子關係的看法，以論證孔子下開九流，為諸子之源的觀點。這些看法也都值得重視。

〔註116〕〔唐〕韓愈：〈送王秀才序〉，載余冠英、周振甫、啓功、傅璿琮主編：《唐宋八大家全集・韓愈集》，第392頁。

〔註117〕〔宋〕蘇軾：〈莊子祠堂記〉，載余冠英、周振甫、啓功、傅璿琮主編：《唐宋八大家全集・蘇軾集》，第649～650頁。

〔註118〕楊儒賓：〈儒門內的莊子〉，載劉笑敢主編：《中國哲學與文化》第4輯《道德、

在近代的學者中，章太炎先生首先提出了莊子與顏氏之儒的關係。他說：

> 儒家之學，在《韓非子·顯學篇》說是「儒分爲八」，有所謂顏氏
> 之儒。顏回是孔子極得意門生，曾承孔子許多讚美，當然有特別造
> 就。但孟子和荀子是儒家，記載顏子的話很少，並且很淺薄。《莊
> 子》載孔子和顏回的談論卻很多。可見顏氏的學問，儒家沒曾傳，
> 反傳於道家了。《莊子》有極贊孔子處，也有極誹謗孔子處；對於
> 顏回，只有贊無議，可見莊子對於顏回是極佩服的。莊子所以連孔
> 子也駁斥，也因戰國時學者託於孔子的很多，不如把孔子也駁斥，
> 免得他們借孔子作護符。照這樣看來，道家傳於孔子爲儒家；孔子
> 傳顏回，再傳至莊子，又入道家了。至韓退之以莊子爲子夏門人，
> 因此說莊子也是儒家。這是「率爾之論，未嘗訂入實錄」。他因爲
> 莊子曾稱田子方，遂謂子方是莊子的先生。那麼，〈讓王篇〉也曾
> 舉曾原、則陽、無鬼、庚桑諸子，也都列名在篇目，都可算做莊子
> 的先生嗎？〔註119〕

在另一處，太炎先生又說：「《莊子》書中，自老子而外，最推重顏子，於孔子尚有微辭，於顏子則從無貶語。」〔註120〕他以爲，書中所存在的非儒之語，可能出於莊子後學所爲。甚至可能與禪宗的呵佛罵祖相類。太炎先生這一推論，雖然證據亦不充分，而且其說多有可商之處，但是，他將莊子與顏氏之儒的關係揭示出來，很能予人以啓示。

郭沫若先生在〈儒家八派的批判〉中承章說而做進一步發揮。郭氏指出：

> 他（指顏子）很明顯地富有避世的傾向，因爲《莊子》書中關於
> 他的資料也就特別多，全書計凡十見，〈人間世〉、〈天運〉、〈至樂〉、
> 〈達生〉、〈田子方〉、〈知北遊〉諸篇各一，〈大宗師〉、〈讓王〉二
> 篇各二。這些資料在正統派的儒家眼裏都被看成爲「寓言」去了。
> 其實莊子著書的條例是：「寓言十九，重言十七」。「重言」是「耆

人權與和諧》，桂林：廣西師範大學出版社，2008年，第112～116頁。關於覺浪道盛、方以智、王夫之等之觀點，可參考方勇：《莊學史略》（成都：巴蜀書社，2008年）一書。此以上諸人之外，還有明代朱得之、焦竑、吳世尚、宣穎、陸樹芝等，可見這一思潮之綿延久遠、廣爲流佈。

〔註119〕章太炎：《國學概論》，北京：中華書局，2003年，第36頁。
〔註120〕章太炎著，吳永坤講評：《國學講演錄》，南京：鳳凰出版社，2008年，第209頁。

艾之言」，要占百分之七十。因之，不見於正統儒書的記載，我們是不好全部認爲假託的。特別值得重視的是論「心齋」與「坐忘」的兩節文章，……這兩節都是在《內篇》裏面的文字。要說是假託，莊子爲什麼要把這些比較精粹的見解託之於孔、顏而不托之道家系統的人，或率性假擬一些人名呢？因而我想，這些應該都是「顏氏之儒」的傳習錄而在莊子是作爲「重言」把它們採用了的。孔、顏當時不一定便眞正說過這樣的話，但有過這樣的傾向，而被顏氏之儒把它誇大了，這不能說是不可能。凡是形成了一個宗派的學說，對於本派的祖師總是要加以誇大化的，古今中外都是如此。」〔註121〕

這一見解，在〈莊子的批判〉中說得就更明白了。他說：

我懷疑他（指莊子）本是「顏氏之儒」。……莊子是從顏氏之儒出來的，但他就和墨子「學儒者之業，受孔子之術」而卒於「背周道而用夏政」一樣，自己也成立了一個宗派。……莊周並不曾自命爲「道家」，〈說劍篇〉雖然是假託，但他的後學說他「儒服而見（趙）王」，可見他們的一派依然是自命爲儒者。〈田子方篇〉裏面又有一段寓言，說莊公見魯哀公，哀公說「魯多儒士，少爲先生方者」，這是說莊周也是儒士，然而方法不同。儒之中本來也有多少派別，在孔子當時已有「君子儒」與「小人儒」；在荀子口中則有所非難的「賤儒」或「俗儒」。莊門雖自命爲儒士而要毀儒，那是絲毫也不足怪的。〔註122〕

他對於《莊子》書中很多地方菲薄儒家的現象，其解釋同太炎先生一樣，認爲那是後學者的呵佛罵祖的遊戲文字，而其中認眞贊儒或孔子的地方，則是非常嚴肅的。

童丕繩先生則說：「莊子可能本是儒家顏淵的後學，後來才學習楊朱、老子的學說，自成爲一家之的。」〔註123〕李澤厚先生也認同郭氏觀點，即

〔註121〕郭沫若：《十批判書·儒家八派的批判》，《郭沫若全集·歷史編》第 2 冊，第 144～145 頁。

〔註122〕郭沫若：《十批判書·莊子的批判》，《郭沫若全集·歷史編》第 2 冊，第 190、197～198 頁。

〔註123〕童書業：《先秦七子思想研究》，北京：中華書局，2006 年，第 157 頁。

莊周學派乃由顏氏發展而來。〔註124〕錢賓四先生則認為，「莊子思想，實仍沿續孔門儒家，縱多改變，然有不掩其為大體承續之痕迹者。……若謂莊子思想，誠有所襲於孔門，則殆與顏氏一宗為尤近」，「要之莊子關於人生哲學之理想，必有與孔子顏淵一脈相通之處。」〔註125〕唐君毅先生也指出，莊子對孔子之人格德行之境界，多有推崇。他認為，「莊子之學與顏回之學，明有相契應之處。」〔註126〕但他也指出莊子與孔子之學的不同，而分屬儒家與道家。彭昊先生對莊子出於儒門及與顏子之關係進行補證。〔註127〕從郭、唐、童、彭諸位先生的考證來看，莊子與顏子之間在人格、氣質、思想特色方面確實存在著不可忽視的相似性，這是確立莊子與顏子關係的十分重要的一條證據。但是，這只能證明莊子與顏氏之儒存在關係的可能性，或較大可能性，但卻有待直接證據的出現。

鍾鍾山先生在《莊子發微・序》中較之郭說更進一步，直接確立了莊子的「儒家」地位，並指出其與孔子、顏子之關係。鍾氏云：

> 然則莊子之為儒而非道，斷斷然矣。……莊子之學，蓋實淵源自孔子，而尤於孔子之門顏子之學為獨契，故其書中顏子之言既屢見不一，而若「心齋」，若「坐忘」，若「亦步亦趨」，「奔軼絕塵，瞠若乎後」云云，皆深微精粹不見於他書。非莊子嘗有所聞，即何從而識之？更何得言之親切如此？故竊謂莊子為孔門顏子一派之傳，與孟子之傳自曾子一派者，雖同時不相聞，而學則足以並時。」〔註128〕

鍾泰先生對於莊子與孔顏思想相通性的見解，確乎富有啟發性，但其論斷莊子之為儒，則稍嫌推論過當。

楊儒賓先生在前人基礎上，就莊子與孔子儒家的關係做了深入的探究。不過，他並沒有論證莊子與顏子之關係，而強調了莊子與孔子的密切關聯及

〔註124〕李澤厚：〈孔子再評價〉，載氏著《中國思想史論》上冊《中國古代思想史論》，合肥：安徽文藝出版社，1999年，第38頁。

〔註125〕錢穆：《莊老通辨》，北京：生活・讀書・新知三聯書店，2002年，第148頁，第152頁。

〔註126〕唐君毅：〈孔子在中國歷史文化的地位之形成〉，載氏著《中華人文與當今世界補編》，桂林：廣西師範大學出版社，2005年，第289頁。

〔註127〕彭昊：〈論「莊出於儒」〉，《湖南大學學報》2006年第3期。

〔註128〕鍾泰：《莊子發微・序》，上海：上海古籍出版社，2002年，第2～3頁。

莊子的「儒者身份」。他分析了《莊子》「內篇」中的孔子形象後認為,「內篇」
七篇裏,孔子及儒家聖賢形象較之老聃等顯然要突出和重要得多,而且雖然
孔子的話恐怕或者說絕不會出自真的孔子之口,而是代莊子立言,但顯然二
者是站在同一陣線的。楊先生不同意莊子是在藉重孔子的「重言」,而是出於
莊子對孔子之思想的呼應。而其中之所以會出現譏諷儒家的話,則是因為莊
子對孔子和儒家做出了區分,他認為戰國時期的很多儒家並不是真正的孔子
之傳,反而是偏離了聖人之道。楊氏這一分析是很有見地的。他也舉出了〈天
下篇〉的例子,認為莊子是將六經作為古之道術的嫡傳思想之身分,而最高
人格的聖人也與他所描述的孔子相通,而與老子卻存在差距。楊先生還分析
了莊子與孔子在地域上的密切聯繫,二人皆與宋國密不可分。而孔子身上有
諸多殷商文化的影子,而且從神話的角度去看,東夷文化的「鳥」圖騰等都
成為貫穿孔子與莊子的「孔道」,這也可以理解莊子會對孔子保有強烈的同情
與同感。另外,明代以來《莊子》有「《易》風《庸》魂」之說,楊先生對此
也進行了分析。通過詳細的考證、分析,他認為莊子屬於儒家是可以成立的。
〔註129〕應該說,楊先生對莊子儒門說的分析是有道理的,深富啟發性,有助
於我們對早期思想史的重新認識,也足以改變我們對先秦學派及學術史的傳
統成見,並可能會對今後儒學詮釋理路的轉變提供新的視角和可能。只是,
因為沒有足夠的史料予以支撐,而且忽視了莊子與孔子、儒學在根本處的歧
異,這一觀點也仍待重新檢視。

當然,也有學者對莊子出於儒家的觀點表示了不同意見。如崔大華先生
在分析了莊子與顏子的關係之後,指出:「無論是從師承關係或理論淵源上
說,把莊子思想,歸於子夏之門或顏氏之門,都是困難的。」〔註130〕這一看
法也自有其理由,我們在探究顏子與莊子關係時,對於這種反面的意見尚不
能視而不見,更不能不予理睬。

通過上述學者的分析可以看出,否定莊子與孔子、顏子或儒家的密切關
係,看來是不應該的。那麼,是否可以據此而得出「莊子為儒」的看法呢?
這個看法在現在看來還有些冒險。現在沒有資料證明莊子與顏氏之儒存在師
承關係,儘管存在著這一可能。我們所能同意的是,莊子可能受到孔子或顏

〔註129〕楊儒賓:〈儒門內的莊子〉,載劉笑敢主編:《中國哲學與文化》第 4 輯《道德、
　　　人權與和諧》,桂林:廣西師範大學出版社,2008 年,第 112～144 頁。
〔註130〕崔大華:《莊學研究》,北京:人民出版社,1992 年,第 350 頁。

子的很大影響，他對孔子與顏子的尊崇也是可信的，但畢竟莊子思想與正統的儒家思想甚至與孔子存在著極大的差異，即使他曾經學於顏氏之儒或別的儒家，但其思想已非儒家所能涵括、範圍，將之別立一家，是合適的。在這個意義上說，郭沫若先生的看法，倒不失爲一種較爲穩妥的意見。

第五節　關於漆雕氏之儒

漆雕氏之儒，不同於孟氏之儒、孫氏之儒等有傳世文獻可以考索，也不同於子思之儒有郭店簡和上博簡等出土文獻可以驗證，這一派，按照任繼愈主編《中國哲學發展史・先秦卷》的說法，屬於曾經存在但久已失傳的。〔註131〕〈漢志〉所載《漆雕子》十三篇，應是解開漆雕氏之儒的鑰匙，惜《隋書・經籍志》已不見著錄，可見其早已佚失不存了。因此，相對而言，對於漆雕氏之儒的研究成果十分稀少。既有研究，大多陳陳相因，鮮有新意，且多似是而非之論，廣爲流傳。茲據僅存之數則史料，論衡各家，綜合眾說，對漆雕氏之儒的若干問題予以辨正。

《論語》中關於漆雕氏的記載有一條，在〈公冶長〉篇：「子使漆雕開仕。對曰：『吾斯之未能信。』子說。」記載極爲簡略，而在《孔子家語》中也有一條，在〈七十二弟子解〉：「漆雕開，蔡人，字子若，少孔子十一歲。習《尙書》，不樂仕。孔子曰：『子之齒可以仕矣，時將過。』子若報其書曰：『吾斯之未能信。』孔子悅焉。」則較《論語》稍詳。《史記・仲尼弟子列傳》記曰：「漆彫開，字子開。孔子使開仕，對曰：『吾斯之未能信。』孔子說。」與《論語》同。

另外，在《韓非子・顯學篇》有一段十分珍貴的資料，使我們得以略窺漆雕氏之儒的一些思想特徵。文曰：

漆雕之議，不色撓，不目逃，行曲則違於臧獲，行直則怒於諸侯，
世主以爲廉而禮之。宋榮子之議，設不鬥爭，取不隨仇，不羞囹圄，
見侮不辱，世主以爲寬而禮之。夫是漆雕之廉，將非宋榮之恕也；
是宋榮之寬，將非漆雕之暴也。

我們所能利用的文獻基本僅此而已。下面，我們先依據史料對幾個關於漆雕氏之儒的基本史實如姓氏、名字、年齡、里籍、著作、組成等予以考察，

〔註131〕任繼愈主編：《中國哲學發展史・先秦卷》，第 276 頁。

將糾纏不清之處予以盡可能的澄清，然後再分析其思想主旨，概括其學派的特徵，並對一些流行的觀點予以批駁和糾正，力圖提出自己的新看法。當然，在史料不足的情況下，我們也只能做到有破無立，這也是無可奈何的事情。不過這總比大膽的瞎猜來得踏實一些。

一、漆雕之姓氏

清儒劉寶楠以爲：「依阮說，漆雕氏必其職掌漆飾彫刻，以官爲氏者也。」〔註132〕李零先生對此引用出土資料予以證實：

> 「漆彫開」，是以漆彫爲氏，名啓，字子開，孔門一期的學生。彫同雕，指在漆器上刻畫。戰國齊陶文有「桼（漆）彫里」，是製作漆器的工匠聚居的里名。此人是魯人，魯國也有這類居住區。孔門弟子中，以漆雕爲氏，還有漆雕哆和漆雕徒父，也是魯人，當與之同里。古代製造業經常使用勞改犯。此人受過刑，是殘疾人。孔門弟子有手工業者、勞改犯和殘疾人。古代歧視工商，工商不能做官，孔子讓漆雕開做官，比較值得注意。漆雕開說，『吾斯之未能信』，大概仍有自卑感，信心不足，孔子覺得他謙虛自抑，很高興。〔註133〕

我們以爲，當以劉寶楠等之說爲可信。漆雕氏恐非工匠之氏，而是負責漆雕工匠之官長由世掌其職，遂以爲氏。如此，則漆雕氏恐非所謂手工業者或勞改犯，李零所謂「古代歧視工商」，而漆雕因之自卑，則恐怕求之過深了。漆雕開當爲漆雕氏之後，隨著「王官失守」，他們亦轉而求學於孔子之門。

二、關於漆雕開之名字

《史記・仲尼弟子列傳》云：「漆雕開，字子開。」宋王伯厚云：「《史記》避景帝諱也。《論語》注以開爲名。」漢景帝名「啓」，馬遷因避諱而改。只是不知王氏所云，是上一「開」抑或下一「開」乃避諱而改。清閻百詩《四書釋地》云：「上開本啓字，漢人避諱所改。」便具體指出了漆雕開當是名啓，字子開。對於《論語》所謂「吾斯之未能信」，清宋翔鳳（1779～1860，字于庭）《過庭錄》云：「當是其名『啓』，古字作『启』。『吾斯之未能信』，『吾』字疑『启』字之訛。启即啓字。」清儒戴子高《論語注》亦以爲，「吾」

〔註132〕〔清〕劉寶楠：《論語正義》，北京：中華書局，1990，第169頁。
〔註133〕李零：《喪家狗——我讀〈論語〉》，第115頁。

－138－

當作「启」,乃古文「啓」之誤。與宋說同。今人毛子水(《論語今注今譯》)、程石泉(《論語讀訓》)等皆從此說。清人張椿《四書辯證》對此反駁道:

> 景帝諱啓,《漢書》〈人表〉、〈藝文志〉何以直稱漆雕啓?如謂《史記》諱啓作開,何以於微子啓作開,於夏后啓仍作啓?且《史記》避啓作開,而《論》、《孟》不必避一也,何以《孟子》稱微子啓,《論語》獨作漆雕開乎?……孔安國,史遷之師,而曰漆雕,姓,開,名,則開爲本字無疑。因開、啓義通,故或啓或開耳。

關於張氏這一反駁,我們認爲並無道理。這是他對漢代避諱並不瞭解之反映。古代行避諱之法,有「已祧不諱」之例,此點顧炎武《日知錄》、陳垣(1880〜1971,字援庵)《史諱舉例》〔註134〕已有論述。據潘銘基〈《史記》與先秦兩漢互見典籍避諱研究〉的考察,《史記》中不避景帝諱者24例,而《漢書》則全書不避景帝名諱。在《史記》中,對景帝諱有避有不避,對此,潘氏予以分析,指出「臣民名字大抵更易因避帝諱而易之」,故改微子啓爲微子開,漆雕啓爲漆雕開,而夏后啓則未改夏后開也。而班固《漢書》之所以不避景帝諱,是因距西漢已遠,已屬「已祧不諱」之列,可以不必諱也。故書中「開」、「啓」二字並見。

李零先生已正確地指出:「他的名、字,哪個是開,哪個是啓,也值得討論。……《論語》引用弟子名,見於陳述,一般是以字稱,我們估計,開是他的字,啓是他的名。《列傳》說他名開,字子開,名與字重,不合理,作開當是避漢景帝諱。〈弟子解〉說,『漆雕開,蔡人,字子若』,蔡人說未必可靠,若字則是啓字之誤,蓋顚倒其文,以名爲字,以字爲名。啓、開互訓,名、字相應。」〔註135〕

我們認爲,漆雕開,當是名啓,字子開。依例自可稱「漆雕開」。司馬遷作「漆雕開,字子開」,明顯屬於避諱。至於除了《漢書》之外,皆作漆雕開,而不作漆雕啓,是有原因的。《論語》作「漆雕開」,正如李零先生所說,是通例,引用弟子名,見於陳述,一般稱字。如果《論語》之「吾」果爲「启」(啓)之誤,則正合弟子對師自稱用名之例。而《論衡》作「漆雕開」不作「漆雕啓」,正與稱「宓子賤」不稱「宓不齊」相合。

〔註134〕詳見〔清〕黃汝成集釋:《日知錄集釋》,長沙:嶽麓書社,1994年,第819頁;陳垣:《史諱舉例》,北京:中華書局,2004年,第63頁。

〔註135〕李零:《喪家狗——我讀〈論語〉》(下)《附錄》,第83〜84頁。

　　而孔安國注云「開，名」，其實，恐怕孔氏之注已因避諱而改了。當然，亦有可能有其他原因，只是我們不得而知罷了。《家語》作「漆雕開，字子若」，顯以開爲名，與孔安國說相合。這正是因爲《家語》乃孔安國編次的緣故。李零先生以爲「若」乃啓之誤，可能是對的，至於何時「顛倒其文」，則不得而知了。

三、漆雕開之年齡

　　漆雕開之年齡，《史記》未載，而司馬貞《索隱》、張守節《正義》所引《家語》，及今本《家語》俱云「少孔子十一歲」。如依此推斷漆雕開當爲孔子早年弟子。如李零先生即以漆雕開爲孔門第一期弟子。

　　然而，也有學者對此提出質疑。以爲「十一」有誤。如清人宋于庭《論語發微》提出，「《正義》引《家語》或脫『四』字，應爲少孔子四十一歲」。錢賓四先生進一步分析：

> 玩其語氣，漆雕年當遠後於孔子，不止少十一歲也。漆雕亦與子張
> 諸人同其輩行，於孔門爲後起，故能於孔子卒後別啓宗風，自闢戶
> 牖。若其年與孔子相隨，則孔子沒後，爲時亦不能有久，無緣自成
> 宗派矣。（韓非所舉八家中，惟顏子乃孔門前輩，此由後儒推託，與
> 顓孫漆雕之自闢蹊徑者不同。）……〈漢志〉有《漆雕子》十二篇，
> 列曾子後，宓子賤前，疑其年世當在曾、宓之間。〈漢志〉每有自後
> 至先爲列者，此其例也。班《注》：「孔子弟子漆雕啓後。」宋翔鳳
> 《論語發微》謂後字當衍，是也。《正義》引《家語》或脫一四字，
> 少孔子四十一歲，差爲近之。〔註136〕

此說爲蔡仁厚《孔門弟子志行考述》所從。

　　牛澤群以爲，漆雕開當小孔子四十五至五十歲，受業於孔子返魯之後。〔註137〕與錢說相近。牛氏之理據，亦與錢氏相似。其說謂：「以上八儒，子張少孔子四十八歲，其他再傳弟子更小，故知八儒之形成，應在孔子卒後有相當一過程，幾經一代弟子，不然子思之儒當冠以曾子之儒，而子夏『居西河教授』，亦能成爲一儒。故子開至多與子張年齡相仿，若少孔子十一歲，孔子卒時已六十二歲，授徒傳學經相當過程，形成一派之影響與成就，何勝

〔註136〕錢穆：《先秦諸子繫年》，第93頁。
〔註137〕牛澤群：《論語札記》，北京：燕山出版社，2003年，第107頁。

其力？」〔註 138〕牛氏且以《家語》僞書，不足憑信，斥之甚厲。錢、牛此說似甚有力。

錢氏以爲「韓非所舉八家中，惟顏子乃孔門前輩，此由後儒推託，與顓孫漆雕之自關蹊徑者不同」，牛氏亦同意錢氏此說，其實，顏氏之儒當理解爲奉顏子爲宗之學派，顏子雖然早卒，但其有門弟子傳其學，後世目以「顏氏之儒」，漆雕氏之儒恐亦同此例。關於漆雕開之卒年，史籍未載。〔註 139〕不過，漆雕開之授徒講學，未必不能於孔子在世之時便已開始。漆雕開爲孔門早年弟子，習《尙書》，又頗具個性，且於人性論有其觀點，又有著作，故其在孔子卒後能開宗立派，別啓宗風，是順理成章之事。且子張與曾子、子夏年齡相若，爲何韓非所言八儒有子張之儒，而無曾子之儒、子夏之儒？牛氏之立說已自相矛盾。

《家語》僞書說在學界影響甚大，大多學者對此說之誤習焉不察，人云亦云，成見之深，足以令人忽視其中寶貴材料。如今，根據我們的研究，《家語》絕非僞書，其所載資料對於孔子和孔子弟子之研究，價值極爲重大。但是，我們也要意識到，眞書不一定所載都是眞實可靠的，非獨《家語》爲然，任何史料都當如此看待。因此，我們認爲，在無其他鐵證出現之前，關於漆雕開之年齡，只能從《家語》之說，漆雕開與顏路、曾皙一輩年齡相彷彿，屬於孔門最早期的弟子。

四、漆雕開之里籍

關於漆雕開之里籍，《史記》之《集解》、《索隱》皆引鄭玄之說云「魯人」，而所引《家語》並今本《家語》皆以爲蔡人。

劉九偉以爲：「『漆雕氏之儒』作爲儒家的一個學派具有明顯的地域特徵。也可以說，『漆雕氏之儒』就是以漆雕開爲首的儒家上蔡學派。」〔註 140〕劉海峰亦認同劉氏之說。〔註 141〕二氏所據乃方志文獻，亦包括地方之民間傳說。方志文獻固然可用，但利用方志文獻會遇到諸多麻煩。眾所周知，方志所載多有以傳說爲史實之弊。同一名人之里籍，可在諸多方志中找到，

〔註 138〕牛澤群：《論語札記》，第 106 頁。
〔註 139〕劉海峰氏曾據上蔡民間傳說推測漆雕開卒於孔子厄於陳蔡之時，只是聊備一說而已。詳見劉海峰：〈漆雕氏之儒考論〉，《齊魯學刊》2006 年第 5 期。
〔註 140〕劉九偉：〈漆雕氏之儒論〉，《天中學刊》2003 年第 4 期。
〔註 141〕劉海峰：〈漆雕氏之儒考論〉，《齊魯學刊》2006 年第 5 期。

尤其是時代愈古，傳說愈多，不同方志一般都予以記錄，如果逕以為史實，往往會大上其當。今日愈演愈烈之爭奪名人故里之風，皆由此起。如果漆雕開真如鄭康成之說，為魯人，而非《家語》所云之蔡人，則劉九偉立論之根基已失。所謂上蔡學派云云，只能是無稽之談了。

我們認為，《家語》所云「蔡人」之說可能有誤，當從鄭玄之說為魯人。此需辨明者，謂《家語》有誤，並非因其為偽書也。至於《家語》為何記為蔡人，則屬於事出有因，無所查據了。上引李零先生之說已指出：戰國齊陶文有「桼（漆）彤里」，是製作漆器的工匠聚居的里名。魯國有這類居住區。而且，如果上面關於年齡的判斷無誤的話，漆雕開作為孔子早期弟子，為魯人的可能性較大，因為從現在資料來看，孔子最早期的學生中可考者如仲由、顏無繇、冉耕、閔損、秦商等皆為魯人。而且據鄭康成所說，另一姓漆雕之弟子漆雕哆，亦是魯人。二人雖未必為父子，當亦為宗親。

五、關於「漆雕開刑殘」

《墨子‧非儒下》：「桼雕刑殘。」《孔叢子‧詰墨》作：「漆雕開形殘。」孫詒讓（1848～1908，字仲頌）《墨子閒詁》云：「《孔子弟子列傳》尚有漆雕哆、漆雕徒父二人，此所云或非開也。《韓非子‧顯學》篇說孔子卒後，儒分為八，有漆雕氏之儒，又云『漆雕之議，不色撓，不目逃，行曲則違於臧獲，行直則怒於諸侯』，此亦非漆雕開明甚，《孔叢》偽託，不足據也。俞正燮謂即漆雕馮。考漆雕馮見《家語‧好生篇》，《說苑‧權謀篇》又作漆雕馬人，二書無形殘之文。俞說亦不足據。」

《孔叢子》長期以來亦被視為偽書，但是據黃懷信先生等考證，此書絕非偽書。結合《孔叢子》所載，可知《墨子》所謂漆雕，正指漆雕開。孫仲頌不信《孔叢》，誤也。不過，他對俞氏之說之批評，當屬至當。

上引李零先生之說有云：「古代製造業經常使用勞改犯。此人受過刑，是殘疾人。孔門弟子有手工業者、勞改犯和殘疾人。古代歧視工商，工商不能做官，孔子讓漆雕開做官，比較值得注意。漆雕開說，『吾斯之未能信』，大概仍有自卑感，信心不足，孔子覺得他謙虛自抑，很高興。」我們以為，李先生此說不能自洽。因為，以漆雕為氏源於製作漆器的工匠的職掌，很明顯漆雕氏起源甚早，不應自漆雕開方有此氏也。那麼又謂「古代製造業經常使用勞改犯。此人受過刑，是殘疾人」，則自相矛盾矣。

關於「漆雕刑（形）殘」的理解有二。一是指漆雕氏行爲殘暴，二是指漆雕氏受刑身殘。前者以《墨子》爲本，後者以《孔叢子》爲源。

《墨子》原文作：「孔某所行，心術所至也。其徒屬弟子皆效孔某，子貢、季路輔孔悝亂乎衛，陽貨亂乎齊，佛肹以中牟叛，漆雕刑殘，〈罪？〉莫大焉。」刑，或本作形。吳毓江（1898～1977，號墨生）《墨子校注》云：「孫謂《孔叢》不足據，是也。此『漆雕』疑即《韓子》所載之漆雕。『漆雕刑殘』，猶言漆雕刑殺殘暴也。《韓子》下文又曰『是宋榮子之寬，將非漆雕之暴也』，正與此文意相類。」

當然，刑殘或形殘，皆可含有「因刑致殘」的意思，注家多以此爲解。不過，放在《墨子》的上下文中細繹文義，其以「亂」、「叛」等與「刑殘」相提並論，並俱歸之於「罪莫大焉」，則吳氏說「猶言漆雕刑殺殘暴」，指漆雕開非常重刑、非常殘暴，而非漆雕開本人受刑致殘，是符合《墨子》原意的。

而《孔叢子》作「形殘」，且下文「詰之曰」則明確指出：「漆雕開形殘，非行己之致，何傷於德哉？」，則「形殘」，只能指形體殘疾，而其故則可能即因「刑」而「殘」。但不能指「刑殺殘暴」，明矣。

二者孰是孰非，很難遽下論斷。不過，我們如果說「漆雕刑殺殘暴」，雖然符合《墨子》之原意，但《墨子》本身是在「非儒」，攻擊孔子及其弟子，甚至將陽貨、佛肹等都歸之孔子門人之列，顯然有「欲加之罪」、「強詞奪理」的味道。至於「漆雕刑（殺）殘（暴）」也就難以信從了。

如果說漆雕開曾受過刑，倒並不值得大驚小怪。牛澤群以爲「受刑身殘，不當在不仕並『從大夫後』門下弟子時，若以花甲又經年之身受刑身殘，亦屬不可思議」〔註142〕便屬於膠柱鼓瑟之言。我們知道，在孔子弟子中，確乎不乏手工業者、勞改犯和殘疾人。如孔子之女婿公冶長，便曾「在縲絏之中」，坐過牢。但孔子知道其「非其罪也」（《論語·公冶長》）。對於漆雕開之刑殘，《孔叢子》說「非行己之致，何傷於德哉」，可見二人正屬於同一情況。

那麼，漆雕開爲何會刑殘呢？吳氏將「刑殘」與「暴」聯繫起來予以解釋，則予人以啓迪。不過，關鍵是如何理解「暴」。在墨子和韓非子等「非儒」者眼中的「暴」，未必是眞的「暴」。不過，它卻從一個側面反映了漆雕氏的思想風格。其「不色撓，不目逃」和「行直則怒於諸侯」的作風，恐怕正是

〔註142〕牛澤群：《論語札記》，第 106 頁。

導致其「刑殘」的原因了。

六、漆雕氏之儒的著作

《漢書‧藝文志‧諸子略》「儒家」云:《漆雕子》十三篇,班孟堅自注:「孔子弟子漆雕啓後」。此處「十三」,或本作「十二」。

關於這一部《漆雕子》的作者,關鍵在於對「後」字的理解。學界主要有兩種意見,一種是認為「後」,是指漆雕開之後代。一種意見認為「後」字為衍文。

關於第一種意見,如羅焌(1874～1932,字庶丹)先生以為:「此著述之漆雕子,既為子開之後,當是孔子門人,疑非子斂、子文、馬人三子。蓋即韓子所稱之漆雕也。」〔註143〕顧實(1878～1956,字惕生)先生《漢書藝文志講疏》提出:「班注漆彫啓後者,蓋家學也。啓之後人所記歟?」〔註144〕李零先生也認為:「後字是表示該書出於漆雕啓的後人。」〔註145〕張覺先生亦持此說。〔註146〕鍾肇鵬先生明確指出,《漆雕子》十二篇,乃係漆雕氏之儒一家之學。〔註147〕這裏的「一家之學」即可理解為「漆雕氏」之家學,又可理解為「一家之言」的學派之學。不過,鍾先生以「後」作推測,似乎是指前者。吳龍輝先生更提出:「漆雕氏之儒當在孟子之後。……我認為,漆雕開只可看作漆雕氏之儒的祖師,但並非真正的創立者。創立漆雕氏之儒的人乃《漢書‧藝文志》所著錄的《漆雕子》十二篇的作者──漆雕啓的後人。」〔註148〕劉海峰先生同樣認為,「後」非衍文,當是指漆雕開之後人。《漆雕子》十三篇當為漆雕開之後人、弟子、再傳弟子共同著成,其主要內容當涉及《書》、《禮》中的微言大義以及漆雕氏的學派思想。〔註149〕

主張第二種意見的也不少。如宋于庭《論語發微》云:「《漢‧藝文志》『儒家漆彫啓後』,按《漢書》『後』字當衍,或解為開之後,不特文理記載

〔註143〕羅焌:《諸子學述》,上海:華東師範大學出版社,2008年,第144頁。

〔註144〕顧實:《漢書藝文志講疏》,上海:上海古籍出版社,2009年,第98頁。

〔註145〕李零:《喪家狗──我讀〈論語〉》(下)《附錄》,太原:山西人民出版社,2007年,第84頁。

〔註146〕張覺:《韓非子校疏》下冊,上海:上海古籍出版社,2010年,第1236頁。

〔註147〕鍾肇鵬:〈說漆雕氏之儒〉,《求是齋叢稿》上冊,成都:巴蜀書社,2001,第382頁。

〔註148〕吳龍輝:《原始儒家考述》,第115頁。

〔註149〕劉海峰:〈漆雕氏之儒考論〉,《齊魯學刊》2006年第5期。

不順，況《論衡・本性篇》云：『世子作《養書》一篇。密子賤、漆雕開、公孫尼子之徒，亦論性情，與世子相出入。』據此則開亦自著書，《七略》安得反不載也？《韓非子・顯學》有漆雕氏之儒，則開之學非無所見，蓋亦子張之流歟？」錢賓四先生對宋翔鳳之說表示同意。〔註150〕劉咸炘（1896～1932，字鑒泉）引周中孚（1768～1831，字信之，號鄭堂）《鄭堂讀書記》亦據〈漢志〉上載《曾子》、下載《宓子》，斷此十三篇即漆雕啓作，後字爲傳抄所誤加。〔註151〕郭沫若亦持此說，並分析道：「後字乃衍文。蓋啓原作启，抄書者旁注啓字，嗣被錄入正文，而启誤認爲后，乃轉訛爲後也。」〔註152〕

我們以爲，這第二種意見是可取的。從《論衡・本性》記述世碩、宓子賤、漆雕開、公孫尼子等性情論一段資料分析，可能王充是讀過這些人的著作的，當時〈漢志〉所載的這些著作都還未佚失，所以王充才十分肯定地說這些人都有性情論，而且大體相同，稍有差異。如果眞是這樣的話，那麼《漆雕子》的作者應該就是漆雕開。最起碼當時的《漆雕子》題名可能是「漆雕啓（開）」。因爲，在先秦時期大部分諸子著作，都是一個學派的集體作品，而往往冠以學派創立者的名字。正如〈漢志〉所載《曾子》、《宓子》、《世子》、《子思子》等一樣，《漆雕子》亦當列於漆雕開之名下，而不可能再標注「漆雕啓後」，因爲那樣顯然屬於畫蛇添足了。

我們再來觀察〈漢志〉對這些書籍的著錄及注釋：

《晏子》八篇。名嬰，諡平仲，相齊景公，孔子稱善與人交，有《列傳》。

《子思》二十三篇。名伋，孔子孫，爲魯繆公師。

《曾子》十八篇。名參，孔子弟子。

〔註150〕錢穆：《先秦諸子繫年》，第93頁。不過，錢先生在另一處有表現出較爲遊移不定的態度。他在《先秦諸子繫年・諸子擥逸》中云：「《論衡・本性篇》謂宓子賤、漆雕開、公孫尼子之徒，亦論性情，與世子相出入。余考公孫尼子乃荀子弟子，此書論性情，折衷孟、荀兩家之見，顯出荀子後。王氏謂漆雕開者，或即據《漆雕子》書中稱引所及。疑此十三篇書，亦出戰國晚世，而傳述漆雕子之說，與《宓子》十六篇同出後人撰述。班氏以其書名《漆雕子》，遂疑爲漆雕啓之後。或啓自有後人爲此書，亦未可知。要非《說苑》之漆雕馬人也。」見《先秦諸子繫年》，第572頁。

〔註151〕劉咸炘：《劉咸炘學術論集・子學編》上冊，桂林：廣西師範大學出版社，2007，第24頁。

〔註152〕郭沫若：《十批判書・儒家八派的批判》，《郭沫若全集・歷史編》第2冊，第148頁。

《漆雕子》十三篇。孔子弟子漆雕啓後。

《宓子》十六篇。名不齊，字子賤，孔子弟子。

《景子》三篇。說宓子語，似其弟子。

《世子》二十一篇。名碩，陳人也，七十子之弟子。

《魏文侯》六篇。

《李克》七篇。子夏弟子，為魏文侯相。

《公孫尼子》二十八篇。七十子之弟子。

《孟子》十一篇。名軻，鄒人，子思弟子，有《列傳》。

對作者之說明，大都採取「名，字，身份」之格式。以《曾子》、《宓子》、《世子》、《公孫尼子》等為例，皆先名，後注明身份：「孔子弟子」或「七十子之弟子」，而獨《漆雕子》之注不同。可以推測，可能原來之注亦同此例，作「漆雕啓，孔子弟子」，而後如郭沫若所說：「蓋啓原作启，抄書者旁注啓字，嗣被錄入正文，而启誤認為后，乃轉訛為後也。」如此則為「漆彫啓后（後），孔子弟子」，便不詞矣，故好事者改為現在這個樣子。當然，這只是一種大膽的臆測。

退一步說，即使《漆雕子》真是所謂「漆雕啓後」所作，那麼也是漆雕氏之儒的作品。

除此之外，很多學者對漆雕氏之儒的作品還有許多推斷。如梁任公、郭沫若等先生以降，學者多將《禮記·儒行》（《孔子家語·儒行》大體相同）歸於漆雕氏之儒。我們通過研究，〈儒行〉當是孔子與魯哀公對話之實錄，反映的本是孔子的思想，為孔門弟子整理流傳。郭沫若等先生以為其為漆雕氏之儒的作品，恐怕理據不足，失之偏頗，同時也降低了其文獻本身的意義。不過，蒙文通的看法卻值得關注，他指出：「以漆雕言之，則〈儒行〉者，其漆雕之儒之所傳乎？」〔註153〕如果我們確信〈儒行〉與漆雕氏之儒有所關聯的話，那麼，蒙文通先生的說法庶幾近之。因此，說〈儒行〉為漆雕氏之儒的作品，並不能理解為漆雕氏之儒所「作」，而只能理解為該篇乃漆雕氏之儒所「傳」。也就是說，漆雕氏之儒只能看作這一篇文獻的「傳述者」，

〔註153〕蒙文通：〈漆雕之儒考〉，載氏著《儒學五論》，桂林：廣西師範大學出版社，2007，第62頁。

不應看作該文的「作者」。正如，〈中庸〉、〈表記〉、〈緇衣〉、〈坊記〉等皆記孔子之言，為子思之儒所傳，可以稱之為子思之儒的作品一樣。〔註 154〕

陳奇猷先生進一步擴大了考察視野，他提出：「以此漆雕之議為準繩，在《呂氏春秋》中可辨別出若干篇為此派學者之著作，如〈忠廉篇〉〈不侵篇〉是也。」〔註 155〕此後，高專誠先生進一步指出：「非常值得注意的是，《呂氏春秋》中的〈忠廉〉、〈當務〉、〈士節〉、〈離俗〉、〈介立〉、〈誠廉〉、〈不侵〉、〈高義〉、〈直諫〉、〈貴直〉、〈士容〉等十數篇，許多人都認為是北宮、漆雕一派的言行記載，亦或與所謂的《漆雕子》屬一類的著作篇章。確實，這十幾篇所反映的觀念，有一股豪俠之『士』的氣派。當然，我們這裏所講的『派』並不一定指某種有一定教條或某幾位特定首領的宗派，而是講那個時代裏，有那麼一些人，敢於與異己的勢力抗爭，這就是所謂的『豪士』或『國士』的階層。」〔註 156〕

我們認為，能夠擴充關於漆雕氏之儒的文獻資料，當然是好事。但如果沒有出土文獻的佐證，我們現在很難就斷定其為漆雕之儒一系所有。我們看這些篇文獻中，所稱舉的人物，大多並非儒家，而是墨家、游俠之屬，將之歸為漆雕氏之儒的名下，似乎過於草率。其實，其實在這些論者看來，也不敢自信，而是將所謂「派」重新做了界定，而所謂「我們這裏所講的『派』並不一定指某種有一定教條或某幾位特定首領的宗派，而是講那個時代裏，有那麼一些人，敢於與異己的勢力抗爭」〔註 157〕，其實已經失去了學派意義，而是近乎泛濫的稱謂。可是，這樣的界定過於寬泛，對於研究漆雕氏之儒，根本毫無價值可言。我們以為，對於漆雕氏之儒的考察，還只能以《論語》及《韓非子》等所載的零星資料為根據。儘管十分遺憾，但卻相對穩妥。

另外，郭店楚簡問世之後，其中〈性自命出〉一篇，亦有學者推測有可能為漆雕氏之儒的作品，但這種可能性雖然存在，但學者在深入研究分析後，大多放棄了這一推論。〔註 158〕

〔註 154〕詳參宋立林、孫寶華：〈讀《儒行》札記〉，《管子學刊》2010 年第 3 期。

〔註 155〕陳奇猷：《韓非子新校注》，上海：上海古籍出版社，2000，第 1131 頁。

〔註 156〕高專誠：《孔子·孔子弟子》，第 342～343 頁。

〔註 157〕高專誠：《孔子·孔子弟子》，第 343 頁。

〔註 158〕丁四新：《郭店楚墓竹簡思想研究》，北京：東方出版社，2000，第 201～209 頁。

七、漆雕氏之儒的組成

梁任公先生云:「惟漆雕氏一派,即《論語》上的漆雕開,《漢書‧藝文志》有《漆雕子》十三篇,可見得他在孔門中,位置甚高,並有著書,流傳極盛。在戰國時,儼然一大宗派。至其精神,……純屬游俠的性質。孔門智、仁、勇三德中,專講勇德的一派,《孟子》書中所稱北宮黝養勇、孟施舍養勇,以不動心為最後目的,全是受漆雕開的影響。」〔註159〕看來,在任公先生眼中,北宮黝、孟施舍等皆屬漆雕氏之儒的行列。郭沫若則認為:「孔門弟子中有三漆雕,一為漆雕開,一是漆雕哆,一為漆雕徒父,但從能構成為一個獨立的學派來說看,當以漆雕開為合格。他是主張『人性有善有惡』的人,和宓子賤、公孫尼子、世碩等有同一的見解。……這幾位儒者都是有著作的。……這幾位儒者大約都是一派吧。」〔註160〕

劉咸炘先生則推測〈漢志〉所載魯仲連子、虞卿等人「為人不脫遊士之習,不似儒者,……入之儒家,殆以其行重節義,異於朝秦暮楚之流,有合於剛毅、特立,若漆雕之倫與?」〔註161〕似有將魯仲連、虞卿等亦歸入漆雕氏之儒行列的意思,更為不妥。

高專誠先生將宓子賤與巫馬施等都歸之於漆雕氏之儒予以論述。但他同時清醒地意識到,「本章敘述的這三位弟子的聯繫……有些表面化」,因為像宓子賤與漆雕開除了性情論上有相似之點外,其他方面看不出更多的相似之點。不過,他又從「重行」的角度將之聯繫起來,說道:「從大的方面講,這三位亦可以說是重行的一派。」〔註162〕但他對另外兩個漆雕氏是否與漆雕開有關係,則未置可否。

劉九偉則認為,這一派的組成,除了郭沫若所說的宓子賤等人之外,還當包括上蔡籍的三漆雕、曹卹、秦冉等人,甚至「在某種意義上講,他們才是漆雕氏之儒的正宗」〔註163〕。劉海峰先生除了認同所謂「上蔡」三人為漆雕氏之儒外,並對郭沫若、高專誠等先生的看法提出質疑,認為宓子賤、公

〔註159〕梁啟超著,干春松等編校:《儒家哲學》,第51頁。在另一處,梁任公亦有相似表述:「漆雕氏之儒,是漆雕開傳下來。……或者《孟子》書中的北宮黝、孟施舍,都是這一派,也未可知。」見《儒家哲學》,第188頁。

〔註160〕郭沫若:《十批判書‧儒家八派的批判》,《郭沫若全集‧歷史編》2,第148～149頁。

〔註161〕劉咸炘:《劉咸炘學術論集‧子學編》上冊,第25頁。

〔註162〕高專誠:《孔子‧孔子弟子》,第349頁。

〔註163〕劉九偉:〈漆雕氏之儒論〉,《天中學刊》2003年第4期。

孫尼子、世碩、北宮黝、巫馬施等人與漆雕開在思想上有相似或相同之處，
是否為同一學派不能輕下結論。〔註164〕

我們認為，上述這些說法大都不可信據。不過，劉海峰氏質疑郭沫若、
高專誠等則是可取的。如果因為世碩、公孫尼子、宓子賤與漆雕開在人性論
上有相近或相同的主張，而將之劃為一派，則無疑忽略了其思想的不同之處，
這一點高專誠已經指出。如果以有無著作來確定學派，那麼世碩、宓子賤、
公孫尼子皆有著作，為何卻未能列入「儒家八派」呢？至於因北宮黝與漆雕
開俱有「不色撓、不目逃」這一所謂「任俠」之風，便將之歸為一派，顯然
又忽略了《孟子》所謂「北宮黝似子夏」的說法了。如果依蒙文通先生所言，
將子夏、曾子、漆雕都歸之為一派，顯然不合適。

至於秦冉、曹卹，同為蔡人，則是以地域關係將之與漆雕氏劃為一派，
前面我們已經指出，漆雕開為魯人的可能性要大於為蔡人說。如果真是如此，
那麼將秦冉、曹卹劃為漆雕氏之儒的陣營，就有些不妥了。其實，更為關鍵
的是，以地域來劃分學派，在後世雖大盛，但以區域來劃分的標準，其實還
是思想主旨之一致或相近。所以，即使漆雕開為蔡人，與秦冉、曹卹同為「老
鄉」，亦難以簡單地確定其為同一學派，這是顯而易見的。

那麼，另外兩個漆雕氏，是否可以劃為漆雕氏之儒的陣營呢？我們先來
看這幾個人與漆雕開的關係。

根據《孔子家語》和《史記》所載孔門弟子資料，孔門共有漆雕氏三人，
一是漆雕開，一是漆雕徒父（《家語》作漆雕從），一是漆雕哆（《家語》作漆
雕侈，鄭玄云魯人）。據《世本・氏姓篇》（秦嘉謨本）：「漆雕氏：有漆雕開、
漆雕徒父、漆雕哆。」則此三人當為同宗。李零先生指出，「漆雕哆（字子斂）：
魯人（《目錄》）。哆，是張口，字通侈，與斂含義相反。漆雕徒父：魯人。《索
隱》引《家語》字固，今本《家語》作『漆雕從，字子文』，疑文有誤，徒父
乃字，其名為國，同下鄭國字子徒例，而錯寫成固；今本《家語》，從是徒之
誤，文是父之誤。」〔註165〕李氏之說，可備參考。

《家語・好生》篇有「漆雕憑」，揆諸語境，當為孔子弟子，然不見於
〈弟子解〉，這個「漆雕憑」在《說苑・權謀》篇作「漆雕馬人」。盧文弨（1717
～1796，字召弓）曰：「『馬人』二字疑『馮』之訛。《家語・好生篇》作『漆

〔註164〕劉海峰：〈漆雕氏之儒考論〉，《齊魯學刊》2006年第5期。
〔註165〕李零：《喪家狗——我讀〈論語〉》之《附錄》，第91頁。

雕憑」，《左氏》襄二十三年《正義》引《家語》作『平』。」〔註166〕葉德輝
（1864〜1927，字煥彬）云：「疑一人，名馮（憑），字馬人。孔子弟子漆雕
啓之後，他無所見，或即馬人。」〔註167〕我們懷疑，憑、馮、從乃一人。
憑、馮皆屬蒸部韻，而從乃東部韻，東、蒸旁轉，則從或爲憑之假字。而且，
從與憑義近，徒與從可互訓，徒與憑亦可互訓。《論語》「暴虎馮河」之馮（憑），
即「徒」義。馬人或是憑字之傳抄致訛，抑或爲徒父之形近而訛。此人名從
或馮、憑，而字徒父，正合名字相關之例。孔子讚譽「漆雕憑」爲「君子哉，
漆雕氏之子！」可見此人年輩較小，可能爲漆雕開之後。此正如孔子屢稱顏
子爲「顏氏之子」，而顏子與乃父顏路同爲孔子學生之例。

　　當然亦存在另外一種可能。如果《墨子》和《孔叢子》所說漆雕開「刑
（形）殘」，是指其曾受刑徒，而其子取名徒父云云，或正與此有關。而漆雕
哆，據鄭玄云亦爲魯人，則與啓、憑恐亦爲同宗。

　　那麼，即使我們確定三位漆雕氏的關係，是否能夠說其皆爲漆雕氏之儒
呢？似乎仍難以斷定。因爲，在孔門之中，同爲父子，思想風格等截然迥異
者，便有一個突出的例子，曾點與曾參父子，很難以歸爲同一學派。當然，
如劉海峰等推測的那樣，漆雕氏之儒包括漆雕哆、漆雕徒父等人以及其後人，
則亦未嘗沒有可能。只是沒有堅強的證據，而只能算是臆測之辭了。

　　其實，考察一個學派的成員，最關鍵的要看其師承和學術主張。如果沒
有明確的師承關係，思想和學術主張又不見得一致，那麼我們就無由去斷定
一個人屬於這一個學派。

　　我們所能推定的是，從韓非子的語氣來看，漆雕氏之儒既然作爲儒門一
大宗派，自然會代有傳人，不管是其子孫後代，還是弟子及再傳弟子，都會

〔註166〕向宗魯：《說苑校證》，北京：中華書局，1987年，第335頁注引。
〔註167〕陳奇猷：《韓非子新校注》，第1131頁引。而錢賓四先生對此提出異議。他說：
　　　　「今按漆雕開從遊，當在孔子晚年。（參讀《考辨》第二九。）而漆雕馬人事
　　　　嘗事臧氏三世。文仲卒於魯文公十年，前孔子之生尚六十六年。及事文仲者，
　　　　豈得與孔子相問答？《說苑》妄也。即謂果有其人，亦在漆雕開前。（李氏《尚
　　　　史》云：「《說苑》馬人嘗事臧氏三世，與開不仕者正相反，非開，明矣。而
　　　　弟子中又無所謂漆雕馬人者。《家語》作漆雕憑，亦無之。」此辨開非馬人，
　　　　而並疑馬人之無其人。）烏得爲其後人哉？葉說殊疏。」見錢穆《先秦諸子
　　　　繫年》，第572〜573頁。其實，錢先生之說不可從。因爲《說苑》及《家語》
　　　　所載孔子與漆雕馬人（憑）的對話並非虛構。其之所以產生誤解，在於「事」
　　　　字，此「事」字，並非服侍事奉之義，而是假爲「視」，作「看待」講。詳參
　　　　楊朝明、宋立林：《孔子家語通解》，濟南：齊魯書社，2009年，第114頁。

有其一定的影響的。只是，限於史料的闕如，我們也只能遺憾地說，漆雕氏之儒的組成，已無從查考。將宓子賤、北宮黝等歸爲漆雕氏之儒，並不可靠。

第六節　關於孫氏之儒

一、孫氏之儒當爲公孫尼子一派

韓非所謂「孫氏之儒」到底爲誰？學界的主流看法是指戰國晚期的荀子一派。清儒顧千里曰：「孫，孫卿也。」〔註168〕梁任公〔註169〕、郭沫若〔註170〕、梁啓雄（1900～1965，字述任）〔註171〕、王遽常（1900～1989，字瑗仲）〔註172〕等皆主此說。李耀仙〔註173〕、吳龍輝〔註174〕等皆從之。大部分思想史論著涉及此問題者，基本都持這一看法。〔註175〕荀卿又稱孫卿。梁啓雄《荀子傳徵》對此有考。他引顧炎武《日知錄》、謝墉（？～1795，字昆城）《荀子箋釋序》、江瑔（1888～1917，字玉泉）《讀子厄言》及劉師培（1884～1919，字申叔）之說，認爲孫爲本字，作荀乃是音同而轉。〔註176〕但是，這一說法有一個問題需要解決。韓非子乃是荀子的弟子，他所批評的「儒家八派」中，是否會包括他的老師，是個疑問。不過，周予同對此有評述，他說：「有人以爲，〈顯學〉篇乃斥儒者，諒韓非不致詆毀其師，故孫氏只能指公孫尼子。我看這不成其爲理由。『儒分爲八，墨離爲三』，說的是客觀存在的事實，『愚誣之學，雜反之行』，則表明韓非對儒墨的評價。韓非似乎還沒

〔註168〕〔清〕王先謙：《韓非子集解》，北京：中華書局，1998年，第456頁。

〔註169〕梁啓超：《儒家哲學》，第188頁。

〔註170〕郭沫若：《十批判書·儒家八派的批判》，《郭沫若全集·歷史編》第2冊，第150頁。

〔註171〕梁啓雄：《韓子淺解》，北京：中華書局，2009年，第492頁。

〔註172〕王遽常：《諸子學派要詮》，上海：中華書局、上海書店聯合出版，1987年，第131頁。

〔註173〕李耀仙：〈闢韓非「儒分爲八」說〉，載氏著《先秦儒學新論》，第88頁。

〔註174〕吳龍輝：《原始儒家考述》，第116頁。

〔註175〕如任繼愈主編《中國哲學發展史·先秦卷》，張豈之主編：《中國儒學思想史》，趙吉惠等主編：《中國儒學史》、劉蔚華等主編：《中國儒家學術思想史》、王鈞林《中國儒學史·先秦卷》等皆從此說。

〔註176〕梁啓雄：《荀子簡釋》，北京：中華書局，1983年，第411～412頁。他考察了文獻記載之後，指出：古書均作孫，只有司馬遷《史記》作荀。可見，荀子原應作孫卿。

有墮落到以主觀的好惡來歪曲客觀事實的地步，何況荀子是當時著名的儒家大師，韓非即使有心迴護老師，卻又怎能抹殺眾所周知的事實呢？」〔註177〕周氏的反駁似乎很有力，但我們認為，韓非之「儒分為八」並非是客觀事實的描述，而是在詆毀和攻擊儒家。他之「儒分為八」說本身便極為主觀，並未完全以客觀事實為依據。並且，韓非子雖然與荀子思想出現了極大的分歧，從儒家滑向了法家，成為法家思想的集大成者，但韓非子確實對乃師並無詆毀之意。《韓非子·難三》有「燕子噲賢子之而非孫卿，故身死為僇」之語，可見對乃師之尊崇。〔註178〕

不過，另外一種看法也有較大影響。這種不同來自《韓非子》版本的不同。太田方云：「《玉海》引《韓子》『孫』上有『公』字。」〔註179〕看來是另一種版本作「公孫」。這一看法得到了另一記載的印證：〈聖賢群輔錄〉正作「公孫氏」。若此，則指公孫尼子一派。〔註180〕這一看法的支持者以日人津田鳳卿（1817，《韓非子解詁全書》）及皮鹿門（1907，《經學歷史》）、唐敬杲（1935，《韓非子》）、楊遇夫（《漢書窺管》）、陳奇猷（《韓非子新校注》）、李學勤等先生為代表，郭沂先生亦同意此說。儘管〈聖賢群輔錄〉所言「公孫氏傳易為道」之說不可信，但其作「公孫氏」卻值得注意。我們猜想，〈聖賢群輔錄〉之所以如此，恐有版本之依據，也即是說，他所見到的韓非〈顯學〉可能即作「公孫」，這與太田方、津田鳳卿所說是一致的。

儘管誰也不會否認，荀子乃是戰國儒家極為重要的代表人物，也是先秦儒家的集大成者，我們也不敢說韓非所說「儒分為八」之中絕對不包括荀子，但是就上面的分析而論，我們更傾向於韓非所列「孫氏之儒」當指「公孫氏

〔註177〕周予同：〈從孔子到孟荀〉，載朱維錚編：《周予同經學史論著選集》（增訂本），第811頁。

〔註178〕此意陳奇猷已闡明。並云：「且公孫氏本可省為孫氏，王先謙《荀子集解》卷首云『孫卿者，蓋邾伯公孫之後，以孫為氏也』，即其例。《聖賢群輔錄》云『公孫氏傳易』，當即此人。」見陳奇猷：《韓非子新校注》，上海：上海古籍出版社，2000年，第1127頁。

〔註179〕張覺：《韓非子校疏》下冊，第1236頁引。

〔註180〕當然，也有學者據此認為此公孫氏乃公孫段。清儒朱竹垞《經義考》云：「儒分為八，其一公孫氏傳《易》者也，《群輔錄》有明徵而未詳其名。考《晉書》太康二年，汲郡人不準發魏王冢，得竹書《易》五篇，《公孫段與邵陟論易》二篇，此則公孫氏之《易》矣。……今考定傳《易》者為公孫段。」見林慶彰等主編：《經義考新校》，第10冊，上海：上海古籍出版社，2010年，第5102頁。不過，這一看法可靠性不大。故幾乎無人從之。

之儒」，公孫氏就是在戰國時期也有相當影響的大儒公孫尼子。

二、公孫尼子之師承

（一）公孫尼子非公孫龍

關於公孫尼子的時代與身份的記載不多。我們所知者只有兩條相互矛盾的說法。一則見於〈漢志〉：「《公孫尼子》二十八篇。」注云：「七十子之弟子。」一則見於〈隋志〉：「《公孫尼子》一卷。」注云：「尼似孔子弟子。」一說為七十子弟子，為孔門再傳；一說為孔子弟子。那麼，哪一種說法對呢？

查《史記・仲尼弟子列傳》和《孔子家語・七十二弟子解》，均無公孫尼子其人。不過，二傳所列孔門弟子中皆有名公孫龍者。〈仲尼弟子列傳〉云：「公孫龍，字子石，少孔子五十三歲。」〈七十二弟子解〉作：「公孫龍，衛人，字子石，少孔子五十三歲。」龍，另本作「寵」。

郭沫若先生根據〈隋志〉的說法，推論《史記》所載之公孫龍就是公孫尼子。他說：「我疑心七十子裏面的『公孫龍字子石，少孔子五十三歲』的怕就是公孫尼。」他的理由是：「龍是字誤，因有後來的公孫龍，故聯想而致誤。尼者泥之省，名泥字石，義正相應。子石，《集解》引『鄭玄曰楚人』。《家語》作『公孫龍，衛人』，那是王肅的自我作古。」〔註181〕其實，此說亦非郭氏之發明。朱竹垞〈孔子門人考〉中已謂：「或疑公孫氏為龍。」〔註182〕只是不知出自何人。繼郭氏之後，也有學者續有論說。如阮廷焯（1936～1993）云：「《說文・尸部》：『尼，從後近之。』是『尼』有近義。《小爾雅・廣詁》：『尼，近也。』『石』與『碩』通（《莊子・外物》：『無石師而能言。』《釋文》：『石，本作碩』）。玄應《一切經音義・三》引《小爾雅》：『碩，遠也。』則名尼字子石，以對文成義，似較郭說為勝。」又云：「今檢本書（《公孫尼子考佚》）佚文『良匠』一事，陳禹謨本《北堂書鈔》引，誤作『公孫龍子』；『孔子有病』一事，《天中記》卷四十引，亦誤作『公孫龍子』，是其明證。」並引周廣業（1730～1798，字勤圃）《意林注》云：「《論衡・本性》篇曰：『宓子賤、漆雕開、公孫尼子之徒，亦論性情。』尼子與子賤、漆雕開同列，則為孔子

〔註181〕郭沫若：《青銅時代・公孫尼子與其音樂理論》，《郭沫若全集・歷史編》第 1 冊，北京：人民出版社，1982 年，第 491 頁。

〔註182〕林慶彰等主編：《經義考新校》，第 10 冊，上海：上海古籍出版社，2010 年，第 5102 頁。朱氏對此說並不認可。不過，其理由並不充分。

弟子無疑。」進而說:「〈隋志〉之說,或據《論衡》推知,故作此疑似之言耳。而班〈志〉以爲七十子弟子,顯失其實也。」〔註183〕在二氏基礎上,廖名春先生認爲,《史記》所載公孫龍之年齡有誤,當與曾子、子張等相彷彿。而且根據《說苑》、《鹽鐵論》、《春秋繁露》等書關於子石的記載,認爲公孫子石在孔子死後,影響能與曾子並稱,且成爲一大學派。而此公孫龍,當即公孫尼子,亦即韓非所列「儒家八派」之一「公孫氏之儒」。田君也持公孫龍即公孫尼子的觀點。〔註184〕

我們認爲,郭氏等關於公孫龍即公孫尼子的論證是不充分的。

第一,〈漢志〉較〈隋志〉爲早,以〈隋志〉所載懷疑〈漢志〉的說法有些冒險。而且〈隋志〉明言「似」,顯見其未敢肯定也。

第二,《論衡・本性》所載儒家性情論諸家並列漆雕開、宓子賤與公孫尼子,並不能就此得出公孫尼子與漆雕開、宓子賤等同爲孔門弟子的結論。因爲前面還有一個世碩。世碩乃孔門七十子弟子。而阮氏亦自云:「〈隋志〉之說,或據《論衡》推知,故作此疑似之言耳。」然而卻又得出「而班〈志〉以爲七十子弟子,顯失其實也」的結論,實在是先入爲主,成見障目。

第三,郭沫若、阮廷焯等以爲「龍」字屬於字誤,尚需一辨。郭沫若以有另一公孫龍而致誤,此屬臆測,實難信從。「龍」與「尼」字形差別甚顯,難以發生形訛。如虞萬里先生引王引之(1766~1834,字伯申)《經義述聞・

〔註183〕阮廷焯:《先秦諸子考佚》,臺北:鼎文書局,1980年,第33~34頁。轉引自廖名春〈《緇衣》作者問題新論〉,載《儒家思孟學派論集》第167頁。

〔註184〕田君:〈公孫尼子與《樂記》新考〉,《交響:西安音樂學院學報》2009年第3期。田先生在文中列出幾條證據,從尼與龍的形、音、義等三個層面予以論證,認爲公孫龍乃公孫尼之訛。對於這幾條證據,筆者專門請教了古文字學者侯乃峰博士,他對該文的論證提出以下幾點看法:「一、公孫龍字子石,《經義述聞》所錄《春秋名字解詁》第562頁認爲「龍」讀爲「礱」,意思爲礱石(磨刀石),已將「名」與「字」的關係解釋的很清楚了。而此文卻認爲名字「義未比附」。——該文也引《春秋名字解詁》,但恐沒細查看過。二、該文所引甲骨文字形的「龍」字形,說「皆無左旁」,顯然是誤解,甲骨文標準的字形作🐉,龍身部份後來演變(通過添加飾筆等方式)而成爲「龍」字右部,該文作者將甲骨文方向顛倒的「龍」字形拿過來作例子,謬誤顯然。——而且,他所引的那個字形是不是「龍」字,尚存爭議。三、說「尼」與「龍」字形「相似」,更是不可信,二者的區別還是很明顯的,恐沒有訛混的可能。四、龍身與龍頭部份字形分離,可能要到秦漢時期才完成,該文將不同時代的字形放在一起比較,並認爲字形相近,也是不妥當的。」在此謹對侯兄之賜教表示感謝。

名字解詁・楚公孫龍字子石》之說云：「龍讀爲礱，礱亦厲石也。《說文》：『礱，
磨石也。從石龍聲。』」〔註185〕可見不煩改字而名與字自然相應。公孫龍，司
馬貞《史記索隱》云：「《家語》作『寵』，又云『礱』，《七十子圖》非『礱』
也。按：字子石，則『礱』或非謬。鄭玄云楚人，《家語》衛人。」兩〈傳〉
皆無作「尼」者，《史記・仲尼弟子列傳》與《家語・七十二弟子解》所載孔
門弟子姓名當皆有所本，雖然多有歧誤，但此人並無異說，不當懷疑。阮廷
焯之說，更爲迂曲牽強。因「尼」字訓「近」，然後將「石」字義先訓爲「遠」，
以使二者相合以證明作「龍」字誤，實在是繞了個大圈子，其牽強自不待言。
不過，郭說以爲「尼」是「泥」之省，此說僅見於《小爾雅・廣詁》宋翔鳳
訓纂所說：「尼，又通塗泥之泥。」古無此說，亦難信從，且古訓之中，未見
泥與石對舉者，故郭說「輕率無據」（虞萬里先生評語），亦不可從。

　　第四，公孫龍名列〈仲尼弟子列傳〉前三十五位，按司馬遷的說法：「自
子石已右三十五人，顯有年名及受業聞見於書傳。」確實是孔門較爲重要的
人物，所謂「聞見於書傳」，只不過《史記》和《家語》亦僅載其名字年齡而
已，並無事迹可言。可以推知，其地位與影響不至於與曾子、子張等並駕齊
驅。阮廷焯、廖名春等先生據漢代典籍之說法，故意誇大公孫龍之地位與影
響，以便將之與公孫尼子聯繫起來，用意是很顯然的。我們看漢代典籍所載
子石之言行，與〈樂記〉、〈緇衣〉、〈性自命出〉等有明顯差異，不可能爲同
一人。此子石，是否即公孫龍本不敢必，即使皆指公孫龍，是否即儒家之公
孫龍又屬懸疑。〔註186〕對此，我們認爲阮、廖之說顯然值得商榷。虞萬里先
生對廖先生將秦漢間關於公孫龍的傳聞統統歸之於公孫尼子的做法表示不敢
苟同〔註187〕，是有道理的。

　　因此，我們認爲，公孫尼子當以〈漢志〉所載，爲孔門七十子弟子。其
實，這也是學界的較爲公認的看法。虞萬里先生推斷其生卒年爲公元前 430
年至前 370 年前後。〔註188〕大體可從。

〔註185〕虞萬里：《上博館藏楚竹書〈緇衣〉綜合研究》，第449頁。
〔註186〕《史記・索隱》：「然《莊子》所云『堅白之談』，則其人也。」《史記・正義》：
　　　　「《家語》云衛人，《孟子》云趙人，《莊子》云『堅白之談』也。」皆將此公
　　　　孫龍視爲名家之公孫龍。我們認爲，其誤顯然，不值一駁。《孔叢子》載有其
　　　　佚文，其年代與孔子相差遠甚，不可能爲孔門弟子。其實，古人名字相同並
　　　　不奇怪。
〔註187〕虞萬里：《上博館藏楚竹書〈緇衣〉綜合研究》，第450頁。
〔註188〕虞萬里：《上博館藏楚竹書〈緇衣〉綜合研究》，第449頁。對於公孫尼子的

（二）公孫尼子之師承

關於公孫尼子之師承，《漢書·藝文志》注云：「七十子之弟子。」學者也有探討。主要有六種看法，不過其中一種看法因爲視公孫尼子爲公孫龍，師從孔子，前已否定。其實，只有五說可以討論。其一，師從子夏說；其二，師從子游說；其三爲師從子思說，或與思孟爲一系說；其四，與仲良氏之儒有關說；其五爲荀子門人說。

關於子夏弟子說。因爲沈約（331～513，字休文）有「〈樂記〉取《公孫尼子》」、張守節《史記正義》有「〈樂記〉者，公孫尼子次撰也」等說法，大家皆據〈樂記〉予以考察。考《禮記·樂記》今存十一篇。而〈漢志〉中〈樂記〉單獨著錄，云二十三篇。此說當本於劉向、歆父子的《別錄》、《七略》。孔穎達《禮記正義》保留著這二十三篇的篇目。對照此目，當知《禮記·樂記》所載爲前十一篇。其中有〈魏文侯〉，記載魏文侯問樂於子夏事。楊公驥（1921～1989）先生據此謂其爲子夏后輩。〔註189〕郭沂先生更直接地認爲公孫尼子當爲子夏弟子。〔註190〕惜乎其並未作說明與考證。我們認爲，此說儘管缺乏實證，但亦未必完全排斥。

關於子游弟子說。陳來先生在考察〈性自命出〉的學派歸屬時，提到：「從哲學方面看，〈性自命出〉既引子游語，所論情性又與〈樂記〉接近，應與孔門中子游、公孫尼子有關，或許公孫尼子就是子游的弟子。」〔註191〕我們認爲，這種推測有很大合理性。如果承認〈樂記〉出於公孫尼子，則很明顯其承接了孔門樂教。在孔門弟子之中，子游深諳此道。《論語·陽貨》載子游爲武城宰而行禮樂之教，以致「絃歌之聲」盈耳。如此，則子游與公孫尼子之間可能存在著一定的師承關係。

關於「爲思孟一系」說。吳靜安（1915～2007）先生曾專門討論公孫尼子與思孟的關係。〔註192〕李學勤先生根據〈緇衣〉歸屬的兩種說法，提出

時代，也有學者提出爲漢武帝時人，見丘瓊蓀：《〈樂記〉考》，收入《樂記論辨》。此說謬甚，因未引起影響，故姑置不辯。
〔註189〕楊公驥：〈公孫尼子的樂記及其藝術理論〉，《樂記論辨》，北京：人民音樂出版社，1983年，第23頁。
〔註190〕郭沂：〈當代儒學範式——一個初步的儒學改革方案〉，載《國際儒學研究》第16輯，北京：九州出版社，2008年，第239頁。
〔註191〕陳來：〈荊門竹簡之《性自命出》篇初探〉，載姜廣輝主編：《中國哲學》第20輯，第309頁。
〔註192〕吳靜安：〈公孫尼子學說源流考〉，《南京教育學院學報》1985年第1期。

公孫尼子與子思的密切關係。又據《春秋繁露・循天之道》所引「公孫之養氣」一段「《公孫尼子》佚文」強調「中和」，而與〈樂記〉、子思《中庸》有共通之處，公孫養氣與孟子養氣說有關聯，從而肯定公孫尼子與思孟的密切關係。〔註193〕隨著郭店簡的發現，有學者在考察後認為，公孫尼子可能屬於子思弟子，或至少與子思有密切接觸。楊儒賓先生提出一個「初步的想法」：「公孫尼子（甚至包括世子）可能和思孟同屬一個系統，但他比較接近子思。」〔註194〕對此，虞萬里先生也有類似看法。〔註195〕陳來先生指出：「從政治思想上看，此篇（指〈性自命出〉）與《中庸》一致。很可能，子游、公孫尼子、子思就是一系，所以〈緇衣〉才會有子思所作、公孫尼子所作兩種說法（也可能〈緇衣〉中有的章節重出於《子思子》和《公孫尼子》）。」〔註196〕

　　公孫尼子與仲良氏之儒有關，是李學勤先生提出來的。李先生根據〈聖賢群輔錄〉所載「仲良氏傳《樂》，爲移風易俗之儒」的說法，將仲良氏之儒與〈樂記〉的作者公孫尼子聯繫起來。李先生認為，此仲良氏即《禮記・檀弓》提到的仲梁子。他在考察《毛詩》的譜系及仲梁子、〈樂記〉等之間的關係後認為，公孫尼子可能與仲良氏之儒有關。對此，我們認為，〈聖賢群輔錄〉的記載雖然有其價值，但從它關於其他幾派的論述看，它對某氏傳某經的記載，多不可信。此說仲良氏傳《樂》恐亦未必可靠。李先生據此爲說，前提就存在問題，故結論必有可議之處。而且，仲梁子之情況，除《鄭注》云「仲梁子，魯人也」，《孔疏》引《鄭志》：「仲梁子，魯人，當六國時，在毛公前。」兩條記載外，別無他見，況且毛公本人之時代亦不清晰，故仲梁子爲孔門幾傳，其師承如何，不得而知。李先生由〈檀弓〉引仲梁子論禮，《毛詩傳》引仲梁子說詩，推論仲梁子傳樂，是合乎情理的。〔註197〕我們認為，由禮樂並行、詩樂相通而得出仲梁子傳樂，這一推論過於迂曲。很顯然，儒家六經之教儘管相通，但畢竟不同。〈聖賢群輔錄〉分言六派傳六經，便是明證。

　　而李存山先生也提出了公孫尼子與仲良氏之儒的關係。不過，與李學勤

〔註193〕李學勤：《周易經傳溯源》，長春：長春出版社，1992年，第86～87頁。
〔註194〕楊儒賓：〈子思學派試探〉，載《郭店楚簡國際學術研討會論文集》第623頁。
〔註195〕虞萬里：《上博館藏楚竹書〈緇衣〉綜合研究》，第449頁。
〔註196〕陳來：〈荊門竹簡之《性自命出》篇初探〉，載姜廣輝主編：《中國哲學》第20輯，第309頁。
〔註197〕李學勤：《周易經傳溯源》，第87～89頁。

先生的意見不同，他遵從梁任公先生之說，認爲仲良氏之儒當指《孟子》中提到的陳良。他說：「陳良的儒學背景當是與世碩、公孫尼子和子思子的背景相同，他們之間可能學有往來或師從關係，思想上有相互切磋和相互吸收的關係。」〔註198〕對於李存山先生以陳良爲仲良氏之儒的看法，我們並不同意。詳見下文。不過，他認爲，世碩、公孫尼子和子思子的背景相同，皆爲孔門再傳弟子，他們之間學有往來或師從關係，思想上有相互切磋和吸收的關係，則頗具啓發意義，與我們上面的考述相合。

關於荀子弟子說。此說見於錢賓四先生《先秦諸子繫年‧諸子擱逸》，云：

〈隋志〉《公孫尼子》一卷，云：「似孔子弟子。」又《隋書‧音樂志》引沈約〈奏答〉，謂：「《樂記》取公孫尼子。」陸德明《經典釋文》引劉瓛云：「〈緇衣〉，公孫尼子作。」余考〈緇衣篇〉文多類《荀子》。〈樂記〉剿襲《荀子》《呂覽》《易‧繫》諸書，其議論皆出荀後。則公孫尼子殆荀氏門人，李斯、韓非之流亞耶？沈欽韓曰：「《荀子‧強國篇》稱公孫子語」，則其爲荀氏門人信矣。楊倞以公孫子爲齊相，殊無據。蓋本下文荀卿子説齊相而妄臆之爾。又篇中譏之曰云云，正公孫子譏子發，而楊倞謂公孫子美子發，荀子譏之，亦誤。〈漢志〉謂是七十子弟子者已失之。〈隋志〉乃謂其似孔子弟子，則所失益遠矣。〔註199〕

錢先生認爲：「大抵〈漢志〉說七十子弟子，皆約略言之，非可據也。」故對〈漢志〉之說不予理睬，而提出新說。不過，此說雖然新穎，但根本不能成立，已經郭沫若氏批駁。儘管郭說亦有諸多錯謬，但很明顯，賓四先生之說，問題更大。其將〈緇衣〉等歸之於荀子，已經出土文獻證僞。而且〈樂記〉與《荀子》《呂覽》等之關係，當屬後者引用沿襲前者。而〈樂記〉與《易傳》之關係，則當屬於前者引用後者，但《易傳》當與孔子有關，非戰國晚期之書。另外，〈強國篇〉所提到的「公孫子」有人認爲是「荀子」〔註200〕，而郭沫若以爲不如斷其爲荀子先輩更爲合理。無論如何，不當是荀子門人明甚。

〔註198〕李存山：〈讀楚簡《忠信之道》及其他〉，載姜廣輝主編：《中國哲學》第 20 輯，第 276 頁。

〔註199〕錢穆：《先秦諸子繫年》，第 573～574 頁。

〔註200〕王夢鷗：〈公孫尼子與《樂記》〉，載鄭良樹編：《續僞書通考》上冊，臺北：學生書局，1984 年，第 623 頁。

　　綜合以上，我們認為，第二、三種說法較為合理。當然，第一種說法也屬可能。那麼，是否可以綜合第二、三種說法，將子游、子思、公孫尼子等聯繫起來，看作一系？因為在郭沫若、姜廣輝等先生考證子游、子思、孟子為一系，公孫尼子與子思有可能的師承關係的基礎上再進一步，便可以將二說合二為一，建立子游、子思、公孫尼子與孟子為一系的看法。我們認為，這種看法只是一種基於幾個點而來的猜測，可能與實際情況相差甚遠，作為一種假設可以存在。其實需注意的是，四者之間的關係恐怕並非單線的，其影響可能是非常複雜的。我們知道，在韓非所提到的「儒家八派」之中，除了無子游氏之儒外，其他如子思之儒、孟氏之儒和公孫氏之儒都在其列。由此可知，三者之間雖存在著一致性，但其學說和思想的分歧或差異還是非常明顯的。簡單地將之歸為一系的做法，過於牽強。

三、公孫氏之儒的著作

　　公孫尼子之著作，《漢志·諸子略》「儒家類」著錄有《公孫尼子》二十八篇，自注云：「七十子之弟子。」而在「雜家類」又有《公孫尼》一卷。不知二者有何關係。《隋志·子部》著錄《公孫尼子》則僅有一卷，注云：「尼，似孔子弟子。」〈唐志〉同。此後則不見著錄。可見《公孫尼子》亡於宋代。清儒馬國翰（1794～1857，字詞溪）《玉函山房輯佚書》有輯本一卷；洪頤煊（1765～？，字旌賢）亦有輯本，存《問經堂叢書》中。

　　《隋書·音樂志》引南朝梁沈約云：「〈樂記〉取《公孫尼子》。」唐張守節《史記正義》亦云：「其〈樂記〉者，公孫尼子次撰也。」沈休文、張守節所言定有其依據，而查考今存於《初學記》、《意林》諸書所引《公孫尼子》，皆在〈樂記〉之中，可知沈、張之說不誣。則〈樂記〉當出於《公孫尼子》二十八篇之中。

　　對於〈樂記〉是否屬於公孫尼子之作，學者之間爭議很大。肯定公孫尼子「作」〈樂記〉者，有清儒錢曉徵、康長素；現代學者蔣伯潛、錢賓四、郭沫若、呂驥、沈文倬（1917～2009，字鳳笙）、錢玄（1910～1999）、李學勤、王鍔等先生。反對此說者有宋人黃震（1213～1280，字東發），現代學者任銘善（1913～1967，字心叔）、蔡仲德（1937～2004）、孫堯年、丘瓊蓀、劉心明等學者。在反對者中有三種意見：一種認為〈樂記〉的作者為西漢的劉德，持此說者以蔡仲德等為代表；一種意見認為作者當是「孔子以後到西

漢中期以前儒家論樂的綜合性著作」，持此說者以孫堯年、劉心明等爲代表；第三種意見以爲是西漢時期的公孫尼所作，丘瓊蓀持此說。在這三種意見之中，以第三種最爲無據，沒有太多的影響；而第一種意見則較占上風。

試以劉心明的反駁爲例。他舉出四點證據否定〈樂記〉爲公孫尼子所作說。第一，持肯定說的學者在援引沈約之說時存在理解的偏差。他認爲沈約的話包含兩層意思，其一，沈約並不否認河間獻王等人「採《周官》及諸子言樂事者以作〈樂記〉」的事實；其二，沈約認爲河間獻王等人在編輯〈樂記〉時曾取材於《公孫尼子》一書。劉氏此辨有誤。

關於河間獻王等所作《樂記》與《禮記・樂記》是否一書，學界有爭議。《漢志・六藝略》「樂類」著錄有：《樂記》二十三篇。《王禹記》二十四篇。並在〈序〉中說：「漢興，制氏以雅樂聲律，世在樂宮，頗能紀其鏗鏘鼓舞，而不能言其義。六國之君，魏文侯最爲好古，孝文時得其樂入寶公，獻其書，乃《周官・大宗伯》之〈大司樂〉章也。武帝時，河間獻王好儒，與毛生等共採《周官》及諸子言樂事者，以作《樂記》，獻八佾之舞，與制氏不相遠。其內史丞王定傳之，以授常山王禹。禹，成帝時爲謁者，數言其義，獻二十四卷《記》。劉向校書，得《樂記》二十三篇。與禹不同，其道浸以益微。」細讀此文，我們覺得《樂記》二十三篇與《王禹記》二十四篇絕非一書。顧實先生《漢書藝文志講疏》在此段下疏曰：「此即《王禹記》二十四篇，亦名〈樂記〉者也。與二十三篇《樂記》絕不相蒙，不可不辨也。」張舜徽（1911～1992）先生《漢書藝文志通釋》亦云：「上文首列《樂記》二十三篇，次列《王禹記》二十四篇，判然二物，不辨自明。」二位先生所言極是。呂驥、李學勤先生等都力主此說。趙德波對〈漢志〉所謂劉德等《樂記》「與制氏不相遠」的論斷進行了分析，指出：「由上面的分析我們知道制氏懂得聲律，知道雅樂歌舞的演奏方法，而不知道這些樂舞所表現的意義，河間獻王的《樂記》和八佾之舞的性質與制氏之樂舞當相去不遠，這樣河間獻王所作的這部《樂記》當爲樂舞演奏方法的記錄，這和今本〈樂記〉的性質大相徑庭。」「王禹二十四卷《樂記》應爲對河間獻王等所作的《樂記》記錄的樂舞的意義闡釋。『劉向校書，得〈樂記〉二十三篇，與禹不同，其道浸以益微。』如何不同，劉向雖然沒有細說，但『其道浸以益微』表明劉向校書時王禹本〈樂記〉就影響不大，後來伴隨著劉向校得二十三卷本《樂記》的出現，王禹本《樂記》變得更加沒有市場，一個『益』字境界全出。由現存《禮記・樂記》十

一篇可知，劉向校得的《樂記》基本上是講音樂之普遍道理的，正如孫堯年所言：『不重在器數，而重在義理；不重在藝術技巧，而重在闡陳樂的政治和哲學意義。』相比之下王禹本所言乃「雅樂」之義理——具體歌舞之意義，二者相去遠矣！」〔註201〕所論甚是。

蔡仲德等先生以《樂記》之作者爲「劉德」，即是因其將二書相混淆之故。劉心明先生亦持此論。他指出的沈約之語的第一層含義，其實屬於偷換概念。因爲此〈樂記〉非彼《樂記》」，即使沈約承認河間獻王等人「採《周官》及諸子言樂事者以作《樂記》」的事實，亦不意味著沈約承認《禮記・樂記》的作者爲河間獻王等人。劉氏說的第二層意思更屬於誤讀原文。觀沈約之語，其云「〈樂記〉取《公孫尼子》」，是與〈月令〉取《呂氏春秋》，〈中庸〉、〈表記〉、〈坊記〉、〈緇衣〉，皆取《子思子》等相提並論的，所言〈月令〉、〈中庸〉、〈表記〉、〈坊記〉、〈緇衣〉、〈檀弓〉與〈樂記〉皆《小戴禮記》之篇目也，上文亦云「案漢初典章滅絕，諸儒捃拾溝渠牆壁之間，得片簡遺文，與禮事相關者，即編次以爲《禮》」，可見其所言「取」乃《禮記》所取，非河間獻王等作《樂記》所取也。

第二，第一個明確說《樂記》作者是公孫尼者是唐代的張守節。張說並無事實根據。張守節《史記・樂書正義》云：「其〈樂記〉者，公孫尼子次撰也。」張氏所說有無根據，我們不得而知。但因爲他沒有列出證據，我們便據此否定之，則屬於過猶不及了。其實，在《公孫尼子》早已亡佚的情況下，我們無緣親驗其書，則張說與沈說一樣，雖然無法拿出確鑿的證據予以證實，但也無法證僞。

第三，關於《公孫尼子》的佚文問題，今存 18 條佚文，僅有 2 條見於今本〈樂記〉。因此劉氏推論，如此只能證明〈樂記〉確曾取材於《公孫尼子》，卻不能證明公孫尼子就是〈樂記〉的作者。〈樂記〉所採錄的只是《公孫尼子》中討論音樂的部分，決非整部《公孫尼子》。其實，劉氏此論是自說自話。沈約頁〈樂記〉取《公孫尼子》，正如說〈中庸〉等取自《子思子》一樣，是說〈樂記〉原本屬於《公孫尼子》的一部分，沈說絕沒有說〈樂記〉取自整部《公孫尼子》的意思。同時，今本〈樂記〉僅存 11 篇，其他 12 篇僅有存目。而《公孫尼子》本有二十八篇，亦不止包括〈樂記〉二十三篇。則其他 16 條

〔註201〕趙德波：〈再論《樂記》的作者與成書年代〉，《北京化工大學學報》（社會科學版）2007 年第 2 期。

佚文不在今本〈樂記〉是非常正常的。因此，我們只要證明在現有的《公孫尼子》佚文中，有〈樂記〉的內容，就可以印證沈約之說可信。

第四，劉氏主張〈樂記〉的取材來源，除了《公孫尼子》之外，還有《荀子》和《呂氏春秋》等其他的子書。而這無疑是否定〈樂記〉作於公孫尼子的有力證據。他認為，如果〈樂記〉作於公孫尼子之手，其中絕不應當有《荀子》的內容。那麼，是否《荀子》襲用〈樂記〉呢？劉氏的答案是否定的。他的理由是，劉向在編定《荀子》一書所寫的《孫卿書書錄》中，非但沒有任何疑問，而且盛讚「其書比於記傳，可以為法」。如果荀子抄襲〈樂記〉，則劉向不可不知，既知道則不會不言。〔註202〕

對於〈樂記〉與《荀子·樂論》相合的部分，到底是孰前孰後，學者間意見不一。沈文倬、李學勤等先生通過比對，認為當是《荀子》襲用了〈樂記〉的內容。沈先生最為有力的證據是，《荀子·樂論》以「非墨」為鵠的，尤其是在引墨子「樂者聖王之所非也，而儒者為之過也」後，引〈樂記〉之「樂施」篇「樂者，聖人之所樂也，而可以善民心，其感人深，其移風易俗，故先王著教焉」（最後一句改為「先王導之以禮樂而民和睦」）一段相駁，而

〔註202〕 李澤厚、劉綱紀主編的《中國美學史》也持此種看法。他們說：「在〈樂記〉中，和〈樂論〉相同或基本相同的文字，以片斷零星的形式分散出現在〈樂論〉、〈樂象〉、〈樂情〉、〈樂化〉四篇之中，完全不管〈樂論〉原文的次序和結構，在需要的時候就去除其中的幾句或幾段塞進去，有時稍作改寫，使之與上下文銜接。這只能解釋為〈樂記〉作者在寫作〈樂記〉時採取引述了〈樂論〉的文字。……如果反過來說，是荀子的〈樂論〉抄了〈樂記〉的文字，那就是說〈樂論〉是荀子把分散在〈樂記〉中的若干句、段抄出來，然後重新加以編排，拼湊敷衍成文的。很難設想如此編排拼湊的東西，能具有像〈樂論〉那樣一氣呵成、嚴密完整的結構。……而且荀子這樣的思想家、文章家，恐怕也不需要幹這種抄襲成文的事情。另外就文章的水平說，〈樂論〉大大超過〈樂記〉，是先秦散文中很有氣勢的優秀之作，這顯然是荀子文章所特有的風格，與〈樂記〉的雜湊不同。」對此，趙德波進行了反駁。趙氏的理由是：「其一，不能在沒有證據的條件下說『荀子這樣的思想家、文章家，恐怕也不需要幹這種抄襲成文的事情』，不對《荀子》作一系統的考證不能下如此之結論。再說，荀子之文大多為論辨文，行文之中難免會引用當時所謂的經典來證成己說，這並非抄襲的問題。試想現今我們寫議論性質的文章引用經典不也是一常用的手段嗎？事實上，荀子作為儒家的集大成者，其〈樂論〉顯然也是繼承和借鑑了前人的優秀成果，其中很可能就包括了公孫尼子的思想。其二，李、劉二人忽視了中國古代散文發展由粗轉精的規律，既然荀子的文章水平大大超出了〈樂記〉，那麼正常情況下應是荀文晚出。」見趙德波：〈再論《樂記》的作者與成書年代〉，《北京化工大學學報》（社會科學版）2007年第2期。

在此段前冠之以「君子以爲不然」。可見，荀子稱〈樂記〉之作者爲君子，非其自作可知。沈文倬先生說：「凡此引〈樂記〉之文，據《墨子》之說和自撰之文，界劃清楚，承轉分明，兩相對勘（文之異同，句之漏脫或顛倒，姑置不論），處處可證〈樂論〉抄襲〈樂記〉而不是〈樂記〉抄襲〈樂論〉的。」〔註203〕

　　其實，在古代並沒有現在的著作權觀念，學者引用甚至襲用他書，並不被視爲抄襲。而是作爲公言來引用的，是得到普遍認可的。郎瑛（1487～1566，字仁寶）《七修類稿》對此有說：「其餘立言之士，皆賢聖之流。一時義理所同，彼此先後傳聞。其書原無刻本，故於立言之時，因其事理之同，遂取人之善以爲善，或呈之於君父，或成之爲私書，未必欲布之人人也。後世各得而傳焉，遂見其同似。」〔註204〕章實齋亦有類似的看法：「古人之言，所以爲公也。未嘗矜於文辭而私據爲己有也。志期於道，言以明志，文以足言。其道果明於天下，而所志無不申，不必其言之果爲我有也。」〔註205〕如司馬遷《史記・樂書》便將〈樂記〉悉數引用，卻並不標明，且篇次顛倒錯亂。張守節《正義》云：「以前劉向《別錄》篇次與鄭〈目錄〉同，而〈樂記〉篇次又不依鄭〈目〉。今此文篇次顛倒者，以褚先生升降，故今亂也。」

　　其實，我們看到在〈樂記〉中還有襲用〈繫辭〉的一段文字。而《荀子・勸學》亦曾襲用子思之文。《說苑・建本》載子思曰：「學所以益才也，礪所以致刃也，吾嘗幽處而深思，不若學之速；吾嘗跂而望，不若登高之博見。故順風而呼，聲不加疾而聞者眾；登丘而招，臂不加長而見者遠。故魚乘於水，鳥乘於風，草木乘於時。」《孔叢子・雜訓》篇略同，子思這段話基本上被荀子化用到了〈勸學〉之中。〔註206〕而這段話在《大戴禮記・勸學》作「孔子曰」。則這些話在荀子看來，應當屬於公言，故直接化入自己的文章之中，而未標明其所自出。如果以此判定抄襲，則屬於以今律古，顯然是不恰當的。至於《呂氏春秋》與〈樂記〉相合之部分，亦當作如是觀。〔註207〕

〔註203〕沈文倬：《宗周禮樂文明考論》，杭州：浙江大學出版社，2006年，第42頁。

〔註204〕郎瑛：《七修類稿》，上海：上海古籍出版社，2009年，第247頁。此條首先爲胡蘭江、李銳博士等指出。

〔註205〕葉瑛校注：《文史通義校注》，北京：中華書局，1994年，第169頁。

〔註206〕這一例子已經薛永武〈從先秦古籍通例談《樂記》的作者〉（《文學遺產》2005年第6期）一文指出。

〔註207〕這一點亦有學者進行了討論。李學勤先生持此論，見其《周易經傳溯源》，第

既然劉氏所提及之四點證據皆不足據，那麼反對者之意見自然落空。而且，王鍔先生還注意到《禮記・祭義》篇徵引〈樂記〉的兩段內容，而據其考證〈祭義〉當是戰國中期的作品，因此可知〈樂記〉當略早於〈祭義〉，與公孫尼子的時代是相符的。〔註208〕

更為重要的是，在郭店簡中有〈性自命出〉一篇，在思想和用詞上都與〈樂記〉關係密切，甚至有學者推測該篇便出自公孫尼子之手。關於〈性自命出〉與公孫尼子之關係，我們將在第五章詳論。

另外，董仲舒《春秋繁露・循天之道》篇引「公孫之養氣」：「裏藏泰實則氣不通，泰虛則氣不足，熱勝則氣□，寒勝則氣□，泰勞則氣不入，泰佚則氣宛至，怒則氣高，喜則氣散，憂則氣狂，懼則氣懾，凡此十者，氣之害也，而皆生於不中和。故君子怒則反中而自說以和；喜則反中而收之以正；憂則反中而舒之以意；懼則反中而實之以精。」孫詒讓以為當是《公孫尼子》佚文。〔註209〕這一見解得到了大多數學者的認可。

第七節　關於樂正氏之儒與仲良氏之儒

關於樂正氏之儒和仲良氏之儒，學界關注較少。這本是受制於材料缺乏的無可奈何之事。不過，相較而言，樂正氏之儒較之仲良氏之儒，還算可以稽考的。

85～86 頁。陳野在〈從文獻比較中看《樂記》的撰作年代〉(《杭州大學學報》1987 年第 3 期) 一文中也作了細緻地比較和分析，其結論是《呂氏春秋》中的〈適音〉、〈音初〉運用了〈樂記〉的觀點。〈樂記〉中的同文的篇章應早於《呂氏春秋》產生。

〔註208〕趙德波雖然否定了「劉德說」、「荀子說」，但他也不同意「公孫尼子說」。他認為，相比之下「公孫尼子說」比「荀子學派說」和「河間獻王、毛生說」更具說服力。然而雖然郭店楚簡的重見天日給「公孫尼子說」提供了新的證據，但是該證據還是旁證不是直接證據，在現有資料的基礎上「公孫尼子說」還是不能成為定論。他的結論是：〈樂記〉並非成於一人一時，其大部分的原始篇章應出於孔門「七十子後學」之手，且其大部分篇章應成於《荀子・樂論》之前，之後雖經過了秦漢儒生的潤色加工和部分的附益，但其材料的性質沒變。我們認為，「公孫尼子說」當然無法定論，但無疑公孫尼子是最有可能的〈樂記〉「作者」。

〔註209〕〔清〕孫詒讓：《札迻》，北京：中華書局，1989 年，第 43 頁。他認為，「養氣」當是篇名。〔清〕蘇輿《春秋繁露義證》(北京：中華書局，1992 年，第 447 頁) 從之。

一、樂正氏之儒當指樂正子春學派

在先秦儒家中，有兩個樂正氏，一位是曾子弟子樂正子春，一位是孟子弟子樂正克。王遽常先生云：「樂正氏未詳。孟子弟子有樂正克。又《禮記・樂記》（林按：當作〈祭義〉）有樂正子春。不知孰是。」〔註210〕孔繁先生稱：「無論樂正子春或樂正克，因無著作傳世，各種推測的可靠性都是有限的。」〔註211〕

儘管如此，學者們還是進行了各自的推論。兩種意見各有申說，梁任公、胡適之、陳奇猷、顏炳罡、梁濤等先生認爲指曾子弟子樂正子春。如梁先生說：「曾子弟子有樂正子春。此文樂正氏疑即傳曾子學者。孟子弟子亦有樂正子，當屬孟氏一派也。」〔註212〕梁啓雄《韓子淺解》從之。陳奇猷云：「此以指曾子弟子之樂正子春爲是。子春以孝名聞，且有信兒見信於齊，則亦其時之大儒也。」〔註213〕

而皮錫瑞、郭沫若、吳龍輝等先生則認爲指孟子弟子樂正克。如皮鹿門《經學歷史》云：「（孟子）於《春秋》之學尤深，如云『《春秋》，天子之事』，『其義則丘竊取』之類，皆微言大義。……〈群輔錄〉云樂正氏傳《春秋》，不知即孟子弟子樂正克否？其學亦無考。」皮氏雖然傾向於認爲是樂正克，但尚未坐實。到了郭鼎堂，則認爲樂正氏之儒就是樂正克，且《禮記》〈大學〉、〈學記〉等應爲樂正氏之儒的典籍。其理由是：「第一，在孟派裏面樂正克是高足。第二，以樂正爲氏是學官的後裔，……先代既爲學官，當有家學淵源，故論『大學之道』。第三，樂正克，孟子稱之爲『善人』，爲『信人』，又說『其爲人也好善』。而〈大學〉僅僅一七四三字的文章便一共有十一個善字露面。……〈學記〉，亦言『大學之道』，與〈大學〉相表裏。」〔註214〕

我們認爲，〈聖賢群輔錄〉所說「某氏傳某經」，揆諸各家之學術特色，皆不足據，故皮氏據此立論，並不可靠。而郭氏所列之理由，其中第一、二條沒有說服力。因爲樂正子春在曾子門下也是高足弟子；而樂正子春亦爲以

〔註210〕王遽常：《諸子學派要詮》，第 132 頁。
〔註211〕任繼愈主編：《中國哲學發展史・先秦卷》，第 278 頁。
〔註212〕梁啓超：《韓非子顯學篇釋義》，《飲冰室合集》第 10 冊《專集》之七十九，北京：中華書局，1989 年。
〔註213〕陳奇猷：《韓非子新校注》，第 1127 頁。
〔註214〕郭沫若：《十批判書・儒家八派的批判》，《郭沫若全集・歷史編》第 2 冊，第 141 頁。

「樂正」爲氏，故此兩條理由皆不能排斥樂正子春。其三云樂正克與「善」之關係以確定其與〈大學〉之關係，其理由之單薄，一觀便知。另外，《韓非子‧說林下》載有樂正子春的事迹〔註215〕，這從另一個側面證明，韓非子所說「樂正氏之儒」當是指樂正子春。

對郭氏之說，顏炳罡先生也予以了反駁，他說：「韓非儒分爲八的樂正氏之儒，梁啓超、胡適之等認爲就是樂正子春，我們贊同這個說法。郭沫若認爲是孟子的弟子樂正克，似乎不妥。因爲樂正克與孟子思想大致相當，韓非不會將其以『取捨相反不同』理由與孟氏之儒並列，樂正克，立別門派，史無記載。」〔註216〕黃開國先生也說：「儒家八派當是某一學派的代表人物，而曾子弟子樂正子春是儒家孝道派的代表人物，孟子的弟子樂正克究竟創立了什麼學派卻說不清，所以，韓非子講的樂正氏之儒當爲樂正子春，而非孟子弟子樂正克。只是後來孟子的地位不斷上升，人們注重曾子與「思孟學派」的聯繫，而逐漸忽略了樂正子春在曾子弟子中原有的特殊地位，才有對樂正氏之儒的異說，使本來不應該發生問題的地方，出現了問題。」〔註217〕顏、黃二位先生之批駁是成立的。

我們知道，學派之分化，當出於思想之歧異。子思與孟子雖然有思想上的傳承關係，其思想亦有很多相同或相近之處，但畢竟孟子在晚年與子思之思想差距拉大，分化出孟氏之儒。而樂正克思想未見與孟子之大的歧異，不足以分化爲新的學派。樂正子春與子思同爲曾子弟子，子思與曾子之思想發生了較大的分歧，獨立爲子思之儒；而樂正子春基本上繼承了曾子的孝論並做了進一步的發展，形成樂正氏之儒。

但是，這裏有一個問題，即同樣是學派分衍，孟氏之儒自子思之儒分化

〔註215〕《韓非子‧說林》下云：「齊伐魯，索讒鼎，魯以其雁（通「贋」）往。齊人曰：『雁也。』魯人曰：『眞也。』齊曰：『使樂正子春來，吾將聽之。』魯君請樂正子春，樂正子春曰：『胡不以其眞往也？』君曰：『我愛之。』答曰：『臣亦愛臣之信。』」而《呂氏春秋‧秋季紀‧審己》：「齊攻魯，求岑鼎。魯君載他鼎以往。齊侯弗信而反之，爲非，使人告魯侯曰：『柳下季以爲是，請因受之。』魯君請於柳下季，柳下季答曰：『君之賂以欲岑鼎也，以免國也。臣亦有國於此。破臣之國以免君之國，此臣之所難也。』於是魯君乃以眞岑鼎往也。」《新序》亦略同。這兩個故事非常相近，但後二者皆以事件的主角爲柳下惠。可能樂正子春與柳下惠二人皆以「信」爲人所傳頌，故有傳聞異辭。無論如何，在韓非子眼中，樂正子春以「信」著，爲一大儒。

〔註216〕顏炳罡：〈「儒分爲八」的再審視〉，載龐樸主編：《儒林》第1輯，第145頁。

〔註217〕黃開國：〈論儒家的孝道學派〉，《哲學研究》2003年第3期。

而出，子思之儒的名號仍在，但樂正氏之儒與子思之儒皆從曾氏之儒分化而出，而韓非子所言八儒卻無曾氏之儒的名號。這是何故？李耀仙先生就提出了這個問題。他說：「如說『樂正氏之儒』即『曾氏之儒』的嫡傳，亦難令人信服，須知一派的開創者，即同時是該派派旨的制訂者，故得以其名立派，論如其後代傳人能另闢蹊徑，自具聲聞，可以從原派中分衍出來，以其名另立一派，但原派仍然延續下來，如『孟氏之儒』立而『子思氏之儒』不廢是也，因此，要說『樂正氏之儒』是由『曾氏之儒』分衍出來，則可；要說『樂正氏之儒』即『曾氏之儒』的嫡傳，以『樂正氏』的名義來代替曾氏的名義，則不可。」〔註218〕李先生所說的這一問題確實存在。不過，對於這一問題，我們推想其原因可能是，韓非子所說「儒分為八」並非事實陳述，而頗具主觀隨意性，故曾子之儒存在，而韓非子未嘗提及而已；當然還有一個可能，那就是曾子門下雖然有七十多名弟子，但子思與樂正子春則無疑是兩大弟子，但二人「別立宗派」之後，曾子之儒也就無法獨立存在了；而孟子雖然從子思之儒裏分化出來，但子思之弟子仍有勢力，且又有家學傳流，故仍能獨立存在。〔註219〕

樂正子春在曾子門下地位甚隆。據《禮記‧檀弓》記載：「曾子寢疾病，樂正子春坐於床下，曾元、曾申坐於足，童子隅坐而執燭。」由此可見，樂正子春在曾子門下的特殊地位。而且子春言孝，往往以「吾聞之曾子，曾子聞諸夫子」言明思想淵源，足見其以曾子嫡傳自居的。黃開國先生便將之視為曾門的「正宗嫡傳」。

據學者研究，今《大戴禮記》之「曾子十篇」中有多篇當屬於樂正子春學派，如〈曾子本孝〉、〈曾子立孝〉、〈曾子大孝〉、〈曾子事父母〉等，雖然未必為子春手著，但起碼乃其弟子所記樂正子春之孝道理論。〔註220〕而〈曾子

〔註218〕李耀仙：《先秦儒學新論》，第 86 頁。
〔註219〕而顏炳罡先生則以為，曾子思想比較龐雜，而樂正子春等對曾子的思想各有發展，進入戰國中後期，單居離、沈猶行等門人的影響式微，而樂正子春之子孫及其弟子沿著曾子孝道觀念充分發揮之，形成迥異其他學派的樂正氏之儒。如此，以樂正氏之儒代替曾子之儒更能體現該學派的特徵，凸顯它與其他學派的不同。見其〈「儒分為八」的再審視〉。顏先生的分析自有其道理，但我們認為，韓非子非學術史家，他之列儒家八派，並非客觀的陳述。梁濤先生對此也有解釋。他說韓非子所列儒家八派有樂正氏之儒而無曾氏之儒，說明曾子之後又有樂正子春一派興起，其影響甚至壓倒了曾子。見〈「仁」與「孝」——思孟學派的一個詮釋向度〉，《儒林》第 1 輯，第 154 頁。
〔註220〕詳參劉光勝《大戴禮記‧曾子》研究，清華大學博士學位論文，2010 年，

大孝〉一篇，不僅被收入《大戴禮記》，而且被全部收入《禮記‧祭義》和《呂氏春秋‧孝行篇》，只是段落分合與個別字句有差異而已。因此陳奇猷推測：「《呂氏春秋》有〈孝行篇〉，主旨是言孝道，多引曾子語，並述樂正子春下堂而傷足事，可知〈孝行篇〉爲樂正氏學派之著作。」〔註221〕

　　顏炳罡先生將曾子與樂正子春及其弟子歸爲一派，稱之爲「孝行派」，認爲這一派沒有很深刻的理論建樹，對孔子思想的理解甚至趕不上有若、子游，但他們謹愼的處世方式和高尚的孝行還是贏得了世人和孔子後學的高度認同，具有很高的威望。這一派的思想以「孝本論」爲特色。〔註222〕姜廣輝先生同樣將曾子一系，包括樂正氏之儒列入「踐履派」。〔註223〕這一看法恐怕並不完全符合曾子－樂正氏之儒的特點。曾子－樂正氏之儒雖然強調和重視踐行孝道，但是他們對於孝道也進行了理論建構，形成了「孝道派」。黃開國先生將先秦儒家的孝論分爲「孝治派」與「孝道派」。前者以《孝經》爲代表；後者以〈曾子大孝〉等爲代表，其代表人物就是樂正子春。我們認爲，黃氏這一區分是精到的。

二、關於仲良氏之儒

　　在「儒家八派」之中，仲良氏之儒屬於最爲隱晦不彰的一派，其資料幾乎一片空白。按照任繼愈《中國哲學發展史‧先秦卷》的說法，這一派屬於無法考證的一派。

　　當然，歷代學者對此還是有所推論。梁啓超、郭沫若、李存山等認爲或許即陳良一派。如梁任公說：「《孟子》稱『陳良、楚產說周公、仲尼之道，北方之學者未能或之先。』仲良，豈陳良之字，如顏子淵稱顏淵，冉子有稱冉有耶？」郭沫若在任公先生基礎上，提出了自己的分析，他說：「『仲良氏之儒』無可考，或許就是陳良的一派。孟子說：『陳良，楚產也。悅周公、仲尼之道，北學於中國。北方之學者未能或之先也』（《孟子‧滕文公上》）。他是有門徒的，陳相與其弟辛，『事之數十年』，足見他在南方講學甚久，門徒一定是不少的。以年代言，屈原就應該出於他的門下。屈原的思想純是儒家

　　　　第101～106頁。
〔註221〕陳奇猷：《韓非子新校注》，第1127頁。
〔註222〕顏炳罡：〈「儒家八派」的再審視〉，載龐樸主編：《儒林》第1輯，第145頁。
〔註223〕姜廣輝：〈郭店楚簡與道統攸繫〉，載姜廣輝主編：《中國哲學》第21輯，第
　　　　15頁。

思想，他在南方必得其所承受。唯仲良而氏之，與陳良復有不同。或許『陳』是誤字，因有陳相、陳辛而抄書者聯想致誤的吧。」〔註224〕如果說，梁任公先生的推測還有可能的話，那麼過郭沫若先生的推測顯得尤爲大膽，也更爲不可靠，也僅僅算是一種「聯想」而已。

在郭店簡出土之後，陳良再次受到重視。不少學者對郭店一號墓的墓主人做了種種猜測，其中就有學者如姜廣輝先生推測墓主人可能就是陳良。〔註225〕而李存山先生雖然並不認定墓主人是陳良，但在對簡文思想進行分析後，他認爲簡文所反映的可能正是仲良氏之儒即陳良一派的思想。〔註226〕他也是認可梁、郭之說的。

對此陳奇猷先生進行了分析，認爲這一看法靠不住，他認爲仲良氏之儒當指仲梁子。因爲，仲良之「良」，據盧文弨曰：「張本作『梁』。」顧廣圻也說：「《藏》本『良』作『梁』。按梁、良同字也。」陳奇猷進而指出：「良，《迂評》本亦作『梁』，字同。《漢書・古今人表》中上有仲梁子，但列與齊襄王（起公元前二八二）同時，而孟子生於周烈王四年、即齊威王七年（公元前三七二），卒於周赧王二十六年、即齊愍王三十五年（公元前二八九），孟子卒年下距襄王即位六年之久。考〈古今人表〉之體例，凡列某人與某王同時，必爲生於某王之時（如孟子列與齊威王同時，則孟子生於齊威王七年即其例），是仲梁子生於襄王之時，未及見孟子，故梁氏謂仲梁子即孟子所稱之陳良，未確。《小戴記・檀弓上篇》『曾子曰：尸未設飾，故帷堂小斂而徹帷。仲梁子曰：夫婦方亂，故帷堂小斂而徹帷』。據此可得二事：第一、《小戴記》爲漢人所輯，採有各家解禮之說，而此條之文亦顯見其爲注釋曾子之語，當非與曾子同時，與上所說仲梁子在孟子後無衝突。第二、《小戴記》雖引仲梁子說僅此一條，然可知其爲傳曾子之學者。《詩・定之方中》毛《傳》引仲梁子語，則仲梁子亦傳《詩》，毛《詩》源自子夏，然則仲梁子乃兼有曾子、子夏二家之學派。鄭注〈檀弓〉云：『仲梁子，魯人。』又案：《左傳》定五年有仲梁懷，蓋其先也。」〔註227〕李學勤、李零、吳龍輝、胡蘭江等學者皆從

〔註224〕郭沫若：《十批判書・儒家八派的批判》，《郭沫若全集・歷史編》第 2 冊，第 149～150 頁。

〔註225〕姜廣輝：〈郭店楚簡與早期儒學〉，載氏著：《義理與考據》，北京：中華書局，2010 年，第 5～6 頁。

〔註226〕李存山：〈讀楚簡《忠信之道》及其他〉，載姜廣輝主編：《中國哲學》第 20 輯，第 275～277 頁。

〔註227〕陳奇猷：《韓非子新校注》，第 1126～1127 頁。

其說。

關於仲梁子，僅見於《禮記・檀弓上》和《詩經・定之方中》的《傳》及《正義》所引《鄭志》。

《禮記・檀弓上》記：「曾子曰：尸未設飾，故帷堂小斂而徹帷。仲梁子曰：夫婦方亂，故帷堂小斂而徹帷。」鄭注：「仲梁子，魯人也。」孔穎達《正義》曰：「案《春秋》定五年，魯有仲梁懷，是仲梁，魯人之姓，故知『仲梁子，魯人也』。」〔註228〕《詩・定之方中》「定之方中，作于楚宮」之《傳》引仲梁子曰：「初立楚宮也。」孔穎達引《鄭志》張逸問：「仲梁子何時人？」鄭玄答曰：「仲梁子，先師，魯人，當六國時，在毛公前。」孔氏進而解釋說：「毛公，魯人，而春秋時魯有仲梁懷，為毛所引，故言魯人，當六國時，蓋承師說而然。」〔註229〕

另外，〈聖賢群輔錄〉云：「仲良氏傳《樂》，為移風易俗之儒。」李學勤先生認為此說可信，並予以進一步申說。他指出：「按〈檀弓〉所記，曾子、仲梁子都對喪禮的帷堂提出理由，兩人未必同時，但說明仲梁子對禮制頗有研究。由《詩傳》所引，又知道仲梁子曾經說《詩》。古代禮樂並行，樂與詩相通，所以仲梁子傳樂，為移風易俗之儒，是合乎情理的。」〔註230〕李先生據此推斷〈樂記〉的作者公孫尼子與仲良氏之儒有關。

我們認為，陳奇猷先生考證仲良氏之儒指仲梁子，是可信的。但〈群輔錄〉所謂「仲良氏傳《樂》」的說法可靠性不高。李先生過於信賴〈群輔錄〉之說，據此為說，甚為迂曲，不可憑信。儘管《禮》、《樂》、《詩》三者相通，但畢竟有所區分。既然仲梁子擅於《禮》與《詩》，則當謂傳《禮》或傳《詩》，不當謂其傳《樂》也。

李存山先生以為郭店楚簡當屬於仲良氏之儒的推測，證據十分薄弱，也難以信從。所以，關於仲良氏之儒，除了可以推測其與曾子、子夏相關，或為二子之弟子，精於《禮》、《詩》之外〔註231〕，該學派的基本情況和主要思想特徵，難以一窺究竟了。

〔註228〕〔唐〕孔穎達：《禮記正義》卷第八，李學勤主編：《十三經注疏》標點本，北京：北京大學出版社，1999年，第234頁。

〔註229〕孔穎達：《毛詩正義》卷第三（三之一），李學勤主編：《十三經注疏》標點本，北京：北京大學出版社，1999年，第197頁。

〔註230〕李學勤：《周易經傳溯源》，第89頁。

〔註231〕胡蘭江女士雖然充分肯定了陳奇猷的說法，但她又說更傾向於認為仲良氏之儒是傳子夏之學的。見《七十子考》，北京大學博士學位論文，2002年，第20頁。